修订本
图文版

陈振家 编著

的

智
源

中国社会科学出版社

图书在版编目（CIP）数据

邓小平的智源（修订本）／陈振家编著. —— 北京：中国社会科学
出版社，2003.1（2014.12修订重印）

ISBN 978-7-5004-3740-4

Ⅰ.①邓… Ⅱ.①陈… Ⅲ.①邓小平（1904～1997）－生平事迹
Ⅳ.A762

中国版本图书馆CIP数据核字(2002)第107475号

出 版 人　赵剑英
责任编辑　萧　莲　　王　磊
责任校对　林福国　　姚　颖
责任印制　李寡寡

出版发行　中国社会科学出版社
社　　址　北京鼓楼西大街甲158号（邮编 100720）
网　　址　http://www.csspw.cn
　　　　　中文域名：中国社科网　　010—64070619
发 行 部　010—84083685
门 市 部　010—84029450
经　　销　新华书店及其他书店

印刷装订　三河市君旺印务有限公司
版　　次　2003 年 1 月第 1 版
印　　次　2014 年 12 月第 3 次印刷

开　　本　787×1092　1／16
印　　张　24.25
字　　数　400 千字
定　　价　48.00 元

凡购买中国社会科学出版社图书，如有质量问题请与本社联系调换
电话：010—64009791

邓小平（1904～1997）是我国改革开放的总设计师。

邓小平理论是一面光辉的旗帜，已经当之无愧地载入了史册。邓小平的智慧有着鲜明的实践性、现代性与国际性，质朴明白，是建设具有中国特色的社会主义取之不尽、用之不竭的理论宝库。

邓小平早年到法国留学，与周恩来并肩战斗，成为中国共产党早期活动家之一。在长期的革命生涯中，他历任中央秘书长、红七军政委、八路军一二九师政委、总前委书记、二野政委、国务院副总理、中共中央总书记、中共中央副主席、中国人民解放军总参谋长、中央军委主席、中央顾问委员会主任等职，是全党全军全国各族人民公认的杰出领导人，在党所领导的革命和建设的各个历史时期都做出了重大贡献。

邓小平是继承和发扬马克思列宁主义、毛泽东思想的党中央第一代、第二代领导人。他的思想在"古为今用，洋为中用"方面，在总结实践经验方面，可以说浩如烟海，博大精深。本书整理出四十个命题，以历史为经，以国际、国内重大事件、人物、专题为纬，勾勒出一个基本框架，以期突出地表现他在建设有中国特色社会主义的实践和理论方面的伟大建树。当然，本书疏漏也在所难免，特就正于广大读者与方家。

编者

北京双榆树三然书斋

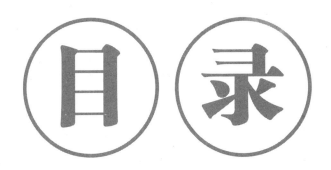

从"年龄大一岁,开明增一分" 到"废除领导职务终身制"

《史记·五帝本纪》：尧曰：谁可顺此事？答曰：嗣子丹朱开明。

在1964年全军政治工作会议上，邓小平讲："年龄大一岁，开明增一分。"邓小平"三起三落"，1981年重提选拔中青年干部问题。1989年9月4日给中共中央政治局写信，正式提出辞去军委主席的职务，身体力行地废除干部领导职务终身制。

开明，聪明，通达事理之意。《史记·五帝本纪》：尧曰："谁可顺此事？"放齐曰："嗣子丹朱开明。"丹朱居丹水，名为丹朱。因丹朱傲慢荒淫，尧因禅位于舜。据《史记·五帝本纪》记载，传说尧在帝位的时候，为寻求嗣位者，煞费苦心。他听说舜是一个有本事有德行的人，就把注意力集中在他身上，并将自己的两个女儿嫁给舜，让这两个女儿去考察舜的能耐。舜的出身很贫穷，父亲是个双目失明的瞎子，娶了一个后妻，生下了舜的弟弟象。象长大以后，与瞎子老

1964年元月11日，邓小平在全军政治工作会议上提出了军队干部年轻化的问题，他在那次会上说："年龄大一岁，开明增一分。"七八年后，邓小平在中共省、市、自治区委员会书记座谈会上说："老干部第一位的任务是选拔中青年干部。"他说："解决干部年轻化这样一个大问题，我们老同志要开明，要带头。不这样，解决不了问题。""所以，问题的关键是老同志带头，真正要开明，真正要从大局着眼。"[1] 1981年，中央决定设立中央顾问委员会和中央纪律检查委员会，容纳一批老同志。中央委员会成员比较年轻一点，这是为后事着想。那时，邓小平77岁，叶剑英84岁，陈云76岁，李先念72岁，杨尚昆74岁，彭真79岁，薄一波73岁，王震73岁，党中央第二代领导集体着手安排接班人的问题。

1979年11月2日，邓小平就提出老同志应有自知之明。他说："我们老同志的经验是丰富的，但是在精力这个问题上应该有自知之明。就以我来说，精力就比过去差得多了。一天上下午安排两场活动还可以，晚上还安排就感到不行了。这是自然规律，没有办法。"他还说："我今天讲的话，对高级干部来说不是那么愉快的。你看，现在老干部倒了霉了，对生活待遇作了规定，要受到一些限制，特殊化基本上是不能搞了，又提到退休的问题，提到庙里的菩萨让出来，新的菩萨去座位的问题，等等。这不是矛头都对着老家伙了？我看，不能这样认识，在这个问题上我们要自觉。我自己就有这个想法，如果党允许我今天退休，我马上就退休。这是真话，不是假话。"[2]

1985年9月23日，邓小平在中国共产党全国代表会议上讲话说："一批老同志以实际行动，

带头废除领导职务终身制，推进干部制度的改革，这件事在党的历史上值得大书特书。"〔3〕

培养接班人，是邓小平从实践中得来的经验教训。1975年邓小平主持中央工作时，王洪文就说十年后再看。1979年7月29日，邓小平在接见中共海军委员会常务扩大会议全体同志时说："现在也有十年后再看的问题。我们对林彪、'四人帮'的影响不能低估，不能想得太天真了。要想得远一点。一定要趁着我们在的时候挑选好接班人，把那些表现好的同志用起来，培养几年，亲自看他们成长起来。"〔4〕

1958年10月1日，邓小平在首都各界人民庆祝中华人民共和国成立35周年盛典上发表讲话。

废除领导职务终身制，既是政治制度改革的内容，又是实现新老干部的交替的重大课题。让出位子，选适合的人到位子上去坐，说起来容易，办起来却比外科医生做心脏手术还困难，来不得一丝一毫的马虎。先说让位子，邓小平多次呼吁，造舆论，并身体力行。本来，华国锋下来之后，党的总书记、主席的位子、国家元首的位子，邓小平都可以坐上去，但他始终不去坐。

爹一起谋害舜，派舜到粮仓的屋顶上去补漏。舜回到家中，问尧的两个女儿："父亲派我去修粮仓，我去还是不去？"两个女人说："去呀。"舜做好必要准备，爬上了屋顶。父亲和弟弟象突然抽去梯子，并放火烧粮

3

1958年10月1日，邓小平在首都各界人民庆祝中华人民共和国成立35周年盛典上发表讲话。

仓，想把舜烧死。但舜想起两个女人要他带上的两只大斗笠，于是他一手举起一只，像张开一双大翅膀，飞到了平地上，化险为夷。后来瞎子老爹和弟弟象又要他去挖井，舜凭直觉发觉情形不对，回到家中又向自己的两个女人讨教。两个女人说："这是要害你，你可得当心，凡事预则立。"舜心中有数了，他事先在井底挖了一条暗道，进入井中作业，他脱下衣服，佯置入井底，其实则躲到一旁，瞎子老爹和弟弟象往井中填土，井被填平，舜却从暗道里逃出来，未损一根毫毛。瞎子

1984年10月22日，邓小平在中顾委第三次会议上说："要说服老一点的同志把位子腾出来，要不然年轻的干部没有位子呀。整个形势是安定团结的，要说疙瘩比较多的，解决得不够好的，是在这个问题上。其他方面出这个那个毛病不要紧，但是这个问题不解决好，将来要出大问题，要犯大错误。请年纪大一些的同志腾出位子来不容易呀，但是这件事我们必须办。这条路我们必须走。"[5]为了腾位子，邓小平想出了两个办法，一个是"半退"，一个是"全退"。1985年9月23日，邓小平同退出中顾委的老同志谈心。1922年入党的何长工在座谈会上说："党中央对退下来的同志非常关心，我从内心感激党。到今年12月8日，我就85岁了，党号召废除领导干部职务终身制，我完全拥护。"何长工1929年在井冈山的斗争中左腿负伤，从此只能策杖而行。解放后，他曾和李四光一起长期主持地质部的工作，他拖着受伤的腿，几乎走遍祖国大陆东西南北。1975年后又听从党的安排，重回军队工作。这次退出中顾委，是他写信给党中央提出的，为的是让位于年轻同志，支持年轻同志进入领导岗位。85岁的帅孟奇接着说："小平同志提出废除干部终身制的主张好，干部到一定年龄退下来是应该的。"[6]

邓小平在党的十三大上，来了个半退：退出中共中央委员会，只当军委主席。"八九风波"那样的大事，他不能不管，不管不行。邓小平说过：那场风波迟早要来，只不过是迟早的问题，好就好在有老同志在，才能够顶住，不然连事件的性质都难以确定。事后三个月，政局平静下来了，邓小平在致中共中央政治局的信中说："我向中央请求辞去现在担任的中共中央军事委员会主席职务。"他表示："退下来后，我将继续

忠于党和国家的事业。"[7]90年代初，经济滑坡，政策受阻，"左"的思潮重新抬头，邓小平又出面管了一下，发表视察南方的谈话，并语重心长地说："中国要出问题，还是出在共产党内部。对这个问题要清醒，要注意培养人，要按照'革命化、年轻化、知识化、专业化'的标准，选拔德才兼备的人进班子。我们党的基本路线要管一百年，要长治久安，就要靠这一条。"[8]

再说让出位子选人坐的问题，也不是那么好解决的。邓小平自己就说过："'文化大革命'结束，我出来后，就注意这个问题，于是我们推荐别人，真正要找第三代，但没有解决问题，两个人都失败了，而且不是在经济上出问题，都是在反对资产阶级自由化的问题上栽跟头。这就不能让了。我在一九八九年五月底说过，现在就是要选人民公认是坚持改革开放路线并有政绩的人，大胆地放进新的领导机构里，使人民感到我们真心诚意搞改革开放。"[9]1989年11月12日，邓小平在京西宾馆会见了参加中央军委扩大会议的全体同志，他说："军委领导更换了人。我认为，确定以江泽民同志为核心的党中央，是我们全党做出的正确选择。江泽民同志是合格的军委主席，因为他是合格的党的总书记。"[10]

邓小平是务实的，他心心念念所想的问题是发展中国的经济，增强社会主义中国的综合国力，改善老百姓的生活。他不务虚名。1989年3月，他说："我们搞四化，搞改革开放，关键是稳定。""不要怕外国人议论，管他们说什么，无非是骂我们不开明。多少年来我们挨骂挨得多了，骂倒了吗？总之，中国人的事中国人自己办。中国不能乱，这个道理要反复讲，放开讲。不讲，反而好像输了理。要放出一个信号：中国不允许乱。"[11]

宰甫卣铭文

5

老爹和弟弟象着急了，说是要请舜饮酒，其实是想毒死他。他又向自己的两个女人求救，两个女人在他身上抹了解毒的药，舜又一次得以逃脱。尧还要舜到山林川泽荒野之地去生存，用暴雨雷电考验他，然而他始终没有迷路，安然无恙地归来。最后，尧赐给舜琴瑟、纸帛与干戈，让他登上王位。

邓小平的智源

据《淮南子·形训》:
"东方曰东极之山,曰开明
之门。"明指太阳。日出东
方,则天下大明,故以"开
明"指东方。后世所谓开
明君主,是指开通明白的帝
王。18世纪欧洲一些国家在
文艺复兴之后,出现开明君
主运动,自上而下对腐朽的
宗教条规、等级特权进行改
革,并以设立学校、奖励发
展工业等措施,推动社会进
步,其中较为显赫的是彼得
大帝的改革。彼得大帝,又
称彼得一世,1682年与其兄
伊凡五世同时即位,共同掌
政,而由其姊索菲亚摄政。
1689年索菲亚被推翻后,彼
得掌握实权,1697年化名出
国旅行,考察西欧文化、科
学和技术。因国内近卫军谋
叛,于1698年仓促返国。
彼得一世积极兴办工场,发
展贸易,改革军制,建立正
规的陆海军,加强中央集权
制;对外方面,1700—1721
年发动北方战争,战胜瑞
典,取得波罗的海出海口;
1722—1723年对波斯战争
后,获得里海沿岸一带,并

民主共和政体的确立,美国花了二三十年,
两位总统六届任期才初步形成惯例。民主共和原
则,包括国体、政体,特别包括国家领导体制的
重要内容,孙中山没有完成,毛泽东留了个尾
巴,邓小平一举去掉了这个尾巴,废除了领导职

邓小平在留法勤工俭学时的留影

　　1978年12月召开的中共十一届三中全会，是新中国成立以来党的历史上具有深远意义的伟大转折。这是邓小平和陈云在会议上

务终身制。[12]邓小平的退隐，是光辉的退隐，在历史的长河中，将永远灿烂。

两次对土耳其进行战争，企图占领黑海港口。彼得大帝于1721年改沙皇称谓为皇帝。沙皇这一称号，由古罗马政治家恺撒的名字转音而来。但一般仍称俄国皇帝为沙皇。

从质朴无华的《周易》、《老子》 到邓小平的哲学智慧

邓小平的智源

邓小平说:"我们讲了一辈子马克思主义,其实马克思主义并不玄奥。马克思主义是很朴实的东西,很朴实的道理。"

邓小平的哲学智慧是中国式的。

商代记录日食的甲骨文

邓小平视察南方的讲话中曾专门谈到朴朴实实的理论,朴朴实实的哲学。他说:"学马列要精,要管用的。长篇的东西是少数搞专业的人读的,群众怎么读?要求都读大本子,那是形式主义的,办不到。我的入门老师是《共产党宣言》和《共产主义ABC》。最近有的外国人议论,马克思主义是打不倒的。打不倒,并不是因为大本子多,而是因为马克思主义的真理颠扑不破。""我们讲了一辈子马克思主义,其实马克思主义并不玄奥。马克思主义是很朴实的东西,很朴实的道理。"[13]

江泽民在学习《邓小平文选》第三卷报告会上的讲话中说:"他文风朴实,不讲空话,在简明扼要的论述中,总是蕴含着深刻的思想内容。"[14]

能够把理论把思想讲得很透彻,同时又能做到深入浅出的,往往是大思想家大理论家。所谓"是真佛只说家常话",此之谓也。

邓小平喜欢朴实的东西,他自己的东西也很朴实。

《老子》、《周易》、《论语》几乎都是大白话,但里面蕴含着极为深刻的智慧和道理。邓小平1987年出版了《建设有中国特色的社会主义》一书,外文书名译作《当代中国的基本问题》。邓小平的这本书阐明了九个问题:

社会主义发展道路问题;
社会主义发展阶段问题;
社会主义根本任务问题;
社会主义发展动力问题;
社会主义的外部条件问题;
社会主义发展的政治保证问题;
社会主义发展的战略步骤问题;
社会主义发展的领导力量和依靠力量问题;

10

"一国两制"和平统一祖国的问题。

江泽民在十五大报告中说邓小平理论是贯通哲学、政治经济学、科学社会主义等领域，涵盖经济、政治、科技、教育、文化、民族、军事、外交、统一战线、党的建设等方面的，比较完备的科学体系，又是需要从各方面进一步丰富发展的科学体系。

邓小平的哲学智慧充满辩证法。

毛泽东曾经说过："不应当把马克思主义的理论当成死的教条。对于马克思主义的理论，要能够精通它、应用它。精通的目的全在于应用。如果你能应用马克思列宁主义的观点，说明一两个实际问题，那就要受到称赞，就算有了几分成绩。被你说明的东西越多，越普遍，越深刻，你的成绩就越大。"〔15〕

1962年2月6日，邓小平在扩大的中央工作会议上的讲话中说："不建立核心，处于涣散的状况，这个党委的工作是做不好的。""而'班长'的事情很多，谁也不能说样样事情就处理得那么周到。看来，有一些事情，不原谅也是不行

老子

人类祖先的原始思维与智慧，在于人类祖先直观地认识到一切事物都在运动变化之中，猜测到对立面的统一和斗争。《周易》这部奇书，将阳爻与阴爻按不同的序列作排列组合，产生出不同的卦象，这些卦象有如万花筒一样，变幻无穷，对《周易》的解释学的书籍，从古至今已达三千种，这部

浑天仪

奇书历朝历代众说纷纭，在当代早已突破国界，在全球范围内引起广泛深刻影响，甚至连许多自然科学的学者也埋头研《易》，总想从这种厚朴的文字符号后头发现点什么。

《周易》说："一阴一阳谓之道。"月晕而风，础润而雨。自古以来人们总想透过现象看本质，总想拨开迷雾见晴天。人们喜欢喜鹊，人们讨厌乌鸦，人们卜测凶吉，人们深受巫术文化的影响，总想通过直觉、感悟等等来体察世界。《周易》的编码据说是文王坐牢的时候推演出来的。自然界、人类、人类部落与社会并不呈现居静不动的状态。正因为万事万物都在动，于是便引起远古男女的好奇。他们总想找到一把开启万物奥秘的钥匙，以便于好好地过日子。《周易》的产生以及对它的解释，成为爱好哲学思维的人们的浓厚兴趣所在，当然它也成为儒、道、佛……各家学人的智慧之源，以至于趋之

的。而'班长'本人，既然知道不容易当，那就要照毛泽东同志在七届二中全会上所讲的，要学会'弹钢琴'。这是不容易学会的。我们恐怕是永远要学的。哪一天都得要讲'要学会'，不能说'都会了'（毛泽东：会了，又可以不会的）。遇到新的对象又不会了，到了新的地区又不会了，可不容易学会哩。"[16]

邓小平的哲学智慧，就在于他时时都在考虑全局性的问题，同时又给自己的工作定好位。他总是实话实说，从不言过其实。

谈到长征，他的作用是什么？他回答女儿说："跟到走。"[17]

谈到抗日，他干了些什么？他回答女儿说："吃苦。"[18]

1988年7月26日，八十四岁高龄的邓小平在北戴河游泳

"在解放战争中，邓政委有句名言：把千军万马置于党中央视线之下。"[19]

邓小平的一辈子很少谈论自己，有一次高兴了，与日本首相中曾根康弘谈了一次，话不多，却勾勒了自己的一生。他是这样说的：

谈到我个人的经历，你在毛主席纪念堂的展览室里看到的那张有我在里面的照片是在巴黎照的，那时只有19岁。我自从18岁加入革命队伍，就是想把革命干成功，没有任何别的考虑，经历也是艰难的就是了。我1927年从苏联回国，年底就当上中共中央秘书长，23岁，谈不上能力，谈不上知识，但也可以干下去。25岁领导了广西百色起义，建立了红七军。从那时起干军事这一行，一直到解放战争结束。建国以后我的情况你们就清楚了，也做了大官，也住了"牛棚"。你问我觉得最高兴的是什么？最痛苦的是什么？在我一生中，最高兴的是解放战争的三年。那时我们的装备很差，却都在打胜仗，这些胜利是在以弱对强，以少对多的情况下取得的。建国以后，成功的地方我都高兴。有些失误，我也有责任，

1980年夏，邓小平视察四川农村

若鹜，呷呷之声不绝于耳。按《四库全书总目经部·易类一》的说法，易道广大，无所不全。旁及天文、地理、乐律、兵法、韵学、算术，以逮方外之炉火，皆可援《易》以为说。古代男女祖先的采集、耕作、婚配、征伐、狩猎、生死、炊饮等等日常生活与紧急事变，总要有所对策与盘算，《周易》简便易行，往往卜一卦，打一课，总算有所慰藉和依托。他们这样搞，也是没有办法的办法。然而我们不可低估这种似乎非理性的巫术的作用。我们的祖先就是这样走过来的，我们中国人今天的生活形态，也许就与当日的某一卦有关。中国人的方位感（坐北朝南），中国人的时间感（逝者如斯夫），中国人的性别感（男左女右），中国人的图腾意识（龙凤呈祥），中国人的次序感（先来后到），中国人的生死观（红白喜事），中国人的聪明术（装聋作哑、大智若愚），中国人的办事方法（抓大放小），中

13

国人的变通方法（反弹琵琶），中国人的性命观（食色，性也），中国人的生命观（生肖文化），中国人的老年观（枯枝发芽、鹤发童颜），中国人的安危观（居安思危、否极泰来），中国人的荣辱观（荣者自安安，辱者定碌碌），中国人的学习观（教学相长），

1982年9月1日至11日，中国共产党第十二次全国代表大会在北京隆重举行。图为大会会场。大会根据邓小平同志提出的建设有中国特色的社会主义的指导思想，提出了全面开创社会主义现代化建设新局面的宏伟纲领。本次大会还通过了新修改的《中国共产党章程》

因为我不是下级干部，而是领导干部，从1956年起我就当总书记。那时候我们中国挂七个人的像，我算是一个。……我一生最痛苦的时候当然是"文化大革命"的时候。……粉碎"四人帮"以后，就出来工作，从1977年到现在是七年，我相信没犯大错误。但究竟怎样，让历史去评价吧！[20]

邓小平哲学智慧在于朴实、平易、简洁而丰富。

1949年7月，邓小平撰文《打破帝国主义封锁之道》，支持毛泽东的外交政策"一边倒"，即倒向社会主义国家。

1950年，邓小平把西南地区的政权工作归结为"90万"、"90万"、"6000万"、"60万"四个数字。头一个90万就是起义、投诚、俘虏的国民党官兵有90万怎么消化。还有一个90万，就是土匪，如何把他们消灭。6000万就是西南地区占人口90％的基本群众，如何把他们发动起来，搞土改闹翻身。最后一个60万是提高我们60万干部战士的素质。邓小平的目标感最为明确，寥寥几个数字就将问题的性质、任务点出来。

1953年10月10日，邓小平在全国粮食工作

八路军第一二九师领导人在山西辽县（左权县）桐峪镇合影。左起：李达、邓小平、刘伯承、蔡树藩

会议上提出四项政策"只能穿一条连裆裤"。这四项政策是粮食统销政策的内涵，包括计划收购、计划供应、由国家严格控制粮食市场和中央对粮食实行统一管理四个部分。邓小平说："中国山头很多，粮食问题又出了几千万个山头。如果不强调统一领导，分工负责，就会出乱子。"[21]

1978年5月，邓小平会见了美国总统国家安全事务助理布热津斯基，提出只要美国与台湾断交、撤军、废约，达到这三条，只要花两秒钟，中美之间就可以建交。邓小平直来直去，他说毛

中国人的医药观（久病成良医，是药三分毒），中国人的梦幻观（日有所思，夜有所梦）……无不闪烁着朴素的辩证法的光辉，也无不与一部奇上加奇、朴而又朴的《周易》有关。

朴，据《辞海》的解释，是未经加工的木材。《老子》曰："朴散则为器"。老子是春秋时的思想家，道家的创始人。一说即老聃，姓李名耳，字伯阳，楚国苦县（今河南鹿邑东）厉乡曲仁里人，做过周朝"守藏室之史"，孔子曾向他问礼。后退隐，著《老子》。一说老子即太史儋，

15

1944年11月7日，美国总统特使赫尔利少将到达延安。图为毛泽东、朱德在延安热情欢迎赫尔利

或老莱子。《老子》一书是否为老子所作，历来有争论。《老子》曰："人法地，地法天，天法道，道法自然。"《老子》提出"反者道之动"的命题，猜测到一切事物都有正反

1937年9月17日，毛泽东向八路军总部发出新的战略部署，八路军渡过黄河，奔赴抗日前线。图为东渡黄河的任弼时（前左一）、邓小平（前左二）、罗荣桓（后左一）

泽东是军人，周恩来也是军人，我也一样。据布热津斯基回忆，邓小平不在无关紧要的问题上浪费时间，只集中在关键目标上，这一点使他和卡特总统深感敬畏。1979年1月1日中美建交，大年初一邓小平访美。

邓小平有把复杂问题简洁化的能力。关于中国未来发展的走向，他概括为三个字：三步走；关于国家的统一大业，他提出一国两制；关于七国制裁中国，他想到八国联军；关于治国方略，他提出两手抓，两手硬；关于对江青的评价，他说是零分以下，也就是小于零；关于脱贫致富，他允许一部分人先富起来；关于基本路线，他提出要管一百年；关于军队消肿，他提出百万大裁军；关于基本法，他不承认"三脚凳"；关于国际总体格局，他提出取消一条线战略，默认大三角；关于包产到户，他提出不管黄猫白猫，抓住老鼠就是好猫；关于反右倾，拔白旗问题，他

图为1984年国庆节邓小平容光焕发，乘检阅车驶出天安门检阅三军

提出一揽子解决；关于拨乱反正，他提出十三项措施；关于姓社姓资，他提出"三个有利于"；关于苏联和东欧剧变，他提出只要中国坚持改革开放，就能处之泰然，红旗不倒……1990年3月3日，邓小平同几位中央负责同志谈话时说："对国际形势还要继续观察，有些问题不是一下子看得清楚，总之不能看成一片漆黑，不能认为形势恶化到多么严重的地步，不能把我们说成是处在多么不利的地位。实际上情况并不尽然。世界上矛盾多得很，大得很，一些深刻的矛盾刚刚暴露出来，我们可以利用矛盾存在着，对我们有

两面的对立，并意识到对立面的转化，认为一切事物的生成变化都是有和无的统一（"有无相生"）。"天之道，损有余而补不足，人之道则不然，损不足以奉有余"，老子其说与《圣经》"马太效应"暗合，当是对不良统治者的抨击。《老子》对"道"有着精辟的论述："道可道，非常道；名可名，非常名。""视之不见名曰夷，听之不闻名曰希，博之不得名曰微。此三者不可致诘，故混而为一。其上不皎，其下不昧，绳绳不可名，复归于无物。是谓无状之状，无物之象，是谓惚恍。迎之不见其首，随之不见其后。""道常无名朴。""复归于朴。""水善利万物而有静，居众人之所恶，故几于道矣。"

1997年2月24日，邓小平遗体火化，北京道路两旁十多万群众饱含深情为灵车送行。群众打出的标语上写着："再道一声，小平您好。"

利的条件存在着，机遇存在着，问题是要善于把握。"[22]真是任凭风浪起，稳坐钓鱼台，邓小平的哲学智慧是中国式的。邓小平的谋略也是中国式的。东方人的朴实敦厚的智慧和作风，在他那里达到了极致！甚至东方美学的"留白"、"浑然天成"、"言有尽而意无穷"的韵味，也浓浓地浸润在邓小平的哲学智慧中，这也就是为什么邓小平，这个早年留学法国的四川人，为什么酷爱运用"中国特色"这四个字的缘由吧，有比较才有鉴别。

从《诗经》"素丝五总"的诗句到邓小平的总揽全局

毛泽东说过：我看邓小平这个人比较公道，他跟我一样，不是没有缺点，但是比较公道。他比较有才干，比较能办事。

毛泽东评价邓小平说：人才难得。

《诗经·召南·羔羊》篇曰："素丝五总。"古丝八十根叫总。所谓"八五四十，五八四十"，"总而言之，言而统之"，即从此来也。素丝聚束在一起密密麻麻，如何理出个头绪来，这就需要有总括梳理的能力。

邓小平总揽全局的能力是在革命斗争的实践中逐渐形成的。早在抗日战争时期，在根据地建设和群众运动方面，他就有过悉心的研究和透彻的总结。他提出，一个革命根据地除了必须具备的地理、敌情、时机等条件外，其本身必须具备着革命的武装、政权、群众组织和党等四种力量，这四种力量又是缺一不可、互相配合、互相匹配的。这四种力量中，党的领导是核心。邓小平进一步指出："有了武装就有了一切，或有了群众就有了一切的说法，只有在一定条件下才是对的。""如果我们没有根据地，则抗日与民主政治的建设乃至反攻将无所依托，切不可忘记历史上没有根据地时候的痛苦。"[23] 关于群众运动的规律，邓小平不仅提出要在政治上打垮地主阶级的统治；他还提出要保障群众的人权、政权、财权、地权。在群众运动中不能提倡侮辱地主人格的行为，如打人、吐口水等。尤其在党的领导上，应防止这些现象成为风气，因为这些做法，会失掉社会同情，有碍团结地主抗日，也妨

20

碍争取落后群众卷入斗争。"〔24〕

邓小平统御全局的智慧在淮海战役中发挥得非常之好，受到了毛泽东的赏识。七届二中全会闭幕的第二天，也就是1949年3月14日，中央召集了一个座谈会，议题是对各大区的人事安排提出方案并做出决定，出席会议的除中央领导外，还有各大区的主要负责人，包括西北的彭德怀，东北的高岗，华北的聂荣臻，华中的邓子恢和林彪，中原的陈毅、邓小平。

会上第一个发言的是邓小平。毛泽东让邓小平提出华东管辖范围和人事安排。邓小平显然已经经过充分的准备，他深知毛泽东委以他"点将"之任务的重要性，邓小平拿出一个名单，边念边解释：

初任政务院副总理的邓小平，时年48岁

中共中央华东局由邓小平、刘伯承、陈毅等十七人组成，邓小平为第一书记。

华东区管辖的范围有上海、南京、杭州、芜湖、镇江、无锡、苏州、武进、南通、宁波等城市，地跨山东、江苏、浙江、安徽、江西等省份。

华东区共有军队二百万人。

上海市由陈毅任市长。

南京市由刘伯承任市长。

邓小平还谈到其他许多有关人事安排建议，谈了部队过江后新区筹粮办法，谈了城市筹款办法，谈了货币使用办法，还着重谈到接管上海的工作。对于邓小平细致而又周全的报

21

《诗经·国风·召南》
羔羊

羔羊之皮，素丝五总。
退食自公，委蛇委蛇！

羔羊之革，素丝五总。
委蛇委蛇，自公退食！

羔羊之缝，素丝五总。
委蛇委蛇，退食自公！

译文：

羔羊皮袄蓬松松，白色
丝带作纽扣。洋洋自得出公
所，回家去吃饭，摇摇摆摆
怡然自得。

羔羊皮袄毛茸茸，白色
丝带有五条，摇摇摆摆怡然
自得，从公所回家吃饭去。

羔羊皮袄缝起来，穿
在身上暖烘烘，白色丝带聚
来管总。摇摇摆摆回家去吃
饭，不再办公。

告，毛泽东欣然表示赞同。他说："人事配备，现在就这样定，将来有变动再说。"此次会议后，毛泽东再次召集邓小平、陈毅等商讨渡江作战问题。后来邓小平告诉女儿毛毛说，毛泽东当时亲口对他说："交给你指挥了。"

毛泽东对邓小平说这句话，不是第一次。在淮海战役时，毛泽东也这样说过一次。[25]

1950年12月中旬，进军大西南之役，刘、邓率二野从川东、贵州进军，以大迂回、大包围的动作，切断敌人退往滇缅边境的道路，遵中央统一部署，贺龙率领一野十八兵团滞留胡宗南兵团于秦岭。两个野战军协同作战，消灭从成都突围出来的胡宗南主力李文兵团，短短几天之内，胡宗南几十万大军被消灭于成都平原，这时，二野部队比一野先期逼近成都。但邓小平与刘伯承商量，从全局考虑，既然二野占了重庆，那么成都应留给贺龙率领的一野十八兵团，因为十八兵团在大西南战役功不可没，应与二野平分秋色。为此，邓小平以素来说话如刀砍斧削般的果断，命令二野一兵一卒不许进成都。这样二野的将士虽已望到成都的城廓，闻到了成都小吃的麻辣香，但他们还是即刻奉命离去。邓小平的大局意识再显光芒。[26]

1952年7月，邓小平调到中央工作，开始了他政治生涯中的又一重要时期。到北京以后不久，就遭遇高、饶事件。在这一斗争中，邓小平又一次体现出他的大局意识，他拒绝了高岗高官厚禄的利诱。那时候，高岗、饶漱石为了搞垮刘少奇、周恩来，达到分裂党的目的，利用各种场合与机会，散布所谓"军党论"，把党分为"红区的党"和"白区的党"两大块，说"党是军队创造的"，并且自封为"代表根据地和军队的党"的领头人物。他提出，党中央和国家机关现

1963年10月，邓小平和周恩来在天安门城楼上

在掌握在以刘少奇为首的"白区的党"手里，因此，应该改组中央和政务院。对中央各大区的负责人，他们先是拉拢林彪，后来又找邓小平。时隔二十余年后，邓小平回忆说："这个事情，我知道得很清楚。毛泽东同志在1952年底提出中央分一线、二线之后，高岗活动非常积极。他首先得到林彪的支持，才敢于放手这么搞。那时东北是他自己，中南是林彪，华东是饶漱石。对西南，他用拉拢的方法，正式和我谈判，说刘少奇同志不成熟，要争取我和他一起拱倒刘少奇同志。我明确表示态度，说刘少奇同志在党内的地位是历史形成的，从总的方面讲，刘少奇同志是好的，改变这样一种历史形成的地位不恰当。高岗也找陈云同志谈判，他说，搞几个副主席，你一个，我一个。这样一来，陈云同志和我才觉得问题严重，立即向毛泽东同志反映，引起他的注意。高岗想把少奇同志推倒，采取搞交易、搞阴谋诡计的办法，是很不正常的。所以反对高岗的斗争还要肯定。"〔27〕邓小平在大是大非面前旗帜鲜明，为粉碎高、饶联盟作出了卓越的贡献。

八大之前，中共七届七中全会第三次会议召开，那一天是1956年9月13日，毛泽东把邓小平

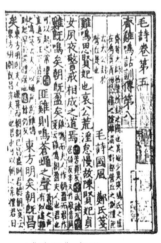

《诗经》书影

作为党的总书记向全会作了推荐。

毛泽东：中央准备设四位副主席，就是少奇同志，恩来同志，朱德同志，陈云同志。另外，还准备设一个书记处。书记处的名单还没有定，但总书记准备推荐邓小平同志。四位副主席和总书记的人选是不是恰当？当然，这是中央委员会的责任，由中央委员会去选举。但是要使代表们与闻，请你们去征求征求意见，好不好？对于我们这样的大党，这样的大国，为了国家的安全、党的安全，恐怕还是多几个人好。

邓小平：我讲两句。对总书记这一职务，中央讲了很久，我也多次提出，只有六个字：一不行，二不顺。当然，革命工作，决定了也没有办法，但我自己是诚惶诚恐。请同志们好好地考虑一下。

毛泽东：党章上现在准备修改，叫做"设副主席若干人"。首先倡议设四位副主席的是少奇同志。一个主席，一个副主席，少奇同志感到孤单，我也感到孤单。一个主席，又有四个副主席，还有一个总书记，我这个"防风林"就有几道。"天有不测风云，人有旦夕祸福"，这样就比较好办。除非一个原子弹下来，我们几个恰恰

1942年1月，中共制定根据地土地政策。图为晋察冀根据地农民游行，拥护减租减息政策

在一堆，那就要另外选举了。如果只是个别受损害，或者因病，或者因故，要提前见马克思，那么，总还有人顶着，我们这个国家也不会受影响。不像苏联那样，斯大林一死就不得下地了。我们就是要预备那一手。同时，多几个人，工作上也有好处。设总书记完全有必要。我说我们这些人（包括我一个，总司令一个，少奇同志半个，不包括恩来同志、陈云同志跟邓小平同志，他们是少壮派），就是做"跑龙套"工作的。我们不能登台演主角，没有那个资格了，只能维持维持，帮助帮助，起这么一个作用。你们不要以为我现在在打"退堂鼓"，想不干事了，的确是身体、年龄、精力各方面都不如别人了。我是属于现状维持派，靠老资格吃饭。老资格也有好处，因为他资格老。但精力就不行了，比如写文章，登台演说，就不行了。同志们也很关心我们这些人，说工作堆多了恐怕不好，这种舆论是正确的。那么，什么人当主席、副主席呢？就是原来书记处的几个同志。这并不是说别的同志不可以当副主席，同志们也可以另外提名，但是按照习惯，暂时就是一个主席，四个副主席。我是准备了的，就是到适当的时候就不当主席了，请求同志们委我一个名誉主席。名誉主席是不是不干事呢？照样干事，只要能够干的都干。

请同志们酝酿酝酿，看这样是否妥当。中心的目的就是为了国家的安全，多几个人，大家都负一点责任。关于秘书长改为总书记，那只是中国话变成外国话。

邓小平：我还是比较安于担任秘书长这个职务。

毛泽东：他愿意当中国的秘书长，不愿意当外国的总书记。其实，外国的总书记就相当于中国的秘书长，中国的秘书长就相当于外国的总书

1947年9月13日，中共中央制定了《中国土地法大纲》。大纲的颁布实施，深受农民拥护。图为河北农民在墙上书写土地法大纲

26

记。他说不顺，我可以宣传宣传，大家如果都赞成，就顺了。我看邓小平这个人比较公道，他跟我一样，不是没有缺点，但是比较公道。他比较有才干，比较能办事。你说他样样事情都办得好呀？不是，他跟我一样，有许多事情办错了，也有的话说错了；但比较起来，他会办事。他比较周到，比较公道，是个厚道人，使人不那么怕。我今天给他宣传几句。他说他不行，我看行。顺不顺要看大家的舆论如何，我观察是比较顺的。不满意他的人也会有的，像有人不满意我一样。有些人是不满意我的，我是得罪过许多人的，今天这些人选我，是为了顾全大局。你说邓小平没有得罪过人？我不相信，但大体说来，这个人比较顾全大局，比较厚道，处理问题比较公正，他犯了错误对自己很严格。他说他有点诚惶诚恐，他是在党内经过斗争的。〔28〕

1959年4月，毛泽东在中共中央八届七中全会上说：

我这个人叫毛泽东，我挂正帅，就是大元帅，邓小平为副总司令，副元帅，我们两个人，一正一副。邓小平，你挂帅了，一朝权在手，就把令来行，你敢不敢呀？你是书记处的书记，你也是常委的书记，你也是政治局的总书记，你也是中央委员会的总书记，你也是我的总书记。

然而，邓小平心中有数，在毛、刘、周、朱、陈、林、邓七人中，他排位第七。所以每次开会的时候，他不可能坐在毛泽东身边。1966年10月25日，毛泽东在听取批判刘少奇、邓小平的汇报时说：邓耳聋，一开会就在离他很远的地方坐着，对他是敬鬼神而远之，从来不找他，从

1959年以来，六年不汇报工作。

　　"文化大革命"开始，邓小平被定为党内第二号走资派，属打倒之列。然而，诚如毛毛在《我的父亲邓小平：文革岁月》中所说："毛泽东之心，实如大海之深，深不可测啊。"〔29〕在戚本禹对刘少奇不点名的批判文章发表后不久，对刘少奇的批判升级了。刘少奇的家被抄，其时是1967年的4—5月间。一天，中央办公厅主任汪东兴来到邓小平家，找邓小平谈话。汪东兴对邓小平说，主席最近刚回到北京，让汪东兴来看看邓小平。毛泽东让汪东兴向邓小平转达他的三个意思：第一，要忍，不要着急；第二，刘、邓可以分开；第三，如果有事可以给他（毛泽东）写信。〔30〕

　　这就是说，大元帅给副元帅交了底，两位政治家之间有了某种默契。从那以后，中央设了个邓小平专案组，可他的"专案组"却设在"贺龙专案组"之内，连邓小平的女儿在事隔二十多年

27

山东翻身的农民在丈量分配地主的土地

后写回忆录时也觉得奇怪，无法解释。

毛泽东对邓小平是寄予了某种嘱托之意的。

在这之后是江西的"牛棚"生活与1973年复出，1976年初的第二次被打倒，但邓小平仍然保留了党籍，"以观后效"。

毛泽东高瞻远瞩，他要邓小平忍，邓小平便忍了。

真理往往在少数人手里。邓小平是守纪律的，是顾全大局的，他在等待时机。"四人帮"被粉碎之后，1977年5月4日，叶剑英元帅八十大寿，即将复出的邓小平携夫人前往祝贺。中国十大元帅中此时尚在世的除刘伯承因病未出席外，另外两名健在的元帅聂荣臻、徐向前也在座，还有王震等一批老将军在座。邓小平高兴地说："啊，老帅们都在这里了！"叶帅连忙前来迎接，愉快地说："小平同志，你也是老帅嘛，你是我们老帅中领班的！"

回顾"文革"后期，毛泽东在讨论关于八大军区司令员对调的政治局会议上说："我给你们请个军师，此人姓邓名小平，发个通知，让他担任政治局委员和军委委员，放开手脚叫他工作。"1989年9月4日，邓小平对中央几位领导同志说："'文化大革命'后期，毛主席把八大军区司令对调，这是因为懂得领导军队的艺术，就是不允许任何军队领导干部有个团团，有个势力范围，军队就有这个传统，经常调过来调过去。战争年代形成过山头，当时我们靠马克思主义觉悟，靠共产党员的组织纪律性，没有形成什么派。"[31]

邓小平担任过许多带总字的职务，例如总前委、副总理、总书记、总参谋长……诚如毛泽东所说，这个人比较顾全大局、比较厚道、比较公道、会办事，人才难得。

1992年10月19日,邓小平与出席中共十四大的全体代表亲切见面

　　历史选择邓小平作为党和国家第一、二代领导层核心人员,是因为他德、才、识兼备。他厚道,他公正,他能干,他有着历史的、国际的大局眼光。

　　在"文化大革命"的非常岁月中,有一次为基辛格访华之事,江青组织人围攻周恩来,说他"迫不及待"要取代毛泽东。这时,周恩来已被查明是患了癌症,并开始大量便血。会议期间,毛泽东向前来汇报会议情况的王海容、唐闻生发问:"邓小平发言了没有?"毛泽东是要了解刚刚复出不久的邓小平的态度。那时,邓小平连政治局成员都不是,只是一个列席者的身份。在会上,他一直沉默,没有发言。在所有的人差不多都发言之后,到最后一两天,他发了一个言。发言开始,他不得不按毛泽东对每一个与会者的要求批评周恩来。但寥寥数语之后,他即把话锋一转，开始讲怎样看待国际战略形势的问题。他分析了当前的国际战略态势，分析了中美、中苏、美苏之间错综复杂的战略关系，讲到看待国际关系和国与国关系，不能凭一次谈判和某一句话来进行判断，关键要看大的形势。他认为，目前来看，要讲打仗，大家都还没有准备好，特别是美苏两家自己没有准备好。但是，如果真的打起仗来也不可怕，以前用小米加步枪我们打败了日本侵略者，今天就是用小米加步枪，也能打赢。邓小平不发言则已，一发言就讲了这么长，而且都是从国际战略角度来分析谈论，在发言的时候，他的思路，早已大大超出了本次会议批周的主旨，毛泽东听后高兴地说："我知道他会发言的，不用交待也会发言的。"一时兴起，他马上想派人找邓小平来，然而当时夜已深，习惯于深夜办公的毛泽东没能将邓小平找来。[32] 显然邓小平的见识引起了毛泽东的高度重视。

邓小平关于世界局势大背景的认识，到了20世纪90年代就更加清晰分明了。1990年4月7日，邓小平在会见加拿大前总理特鲁多时说：要求全世界所有国家都照搬美、英、法的模式是办不到的。世界上那么多伊斯兰国家就根本不可能实行

美国的所谓民主制度，穆斯林人口占了世界人口的五分之一。中华人民共和国不会向美国学习资本主义制度，中国人口也占了世界人口的五分之一。还有非洲，非洲统一组织的强烈的普遍的呼声就是要求别国不要干涉他们的内政。这是世界局势的一个大背景。[33]

　　邓小平驾驭全局的本领，在党的十一届三中全会以后的新时期里达到了炉火纯青的程度。无论是拨乱反正，把全党工作重点转移到以经济建设为中心上面来，还是坚持"实践是检验真理的唯一标准"的大讨论；无论是农村改革，还是城市经济体制的改革；无论是对外全方位地开放，还是科教兴国战略的实施；无论是1989年的政治风波，还是坚持"一国两制"收回香港澳门、完成和平统一祖国的大业……都显示了邓小平作为改革开放"总设计师"的高超领导艺术和统揽全局的政治智慧。

从《诗经·邦家之基》到"一个中心，两个基本点"，坚持党的基本路线一百年不动摇

《诗·小雅·南山有台》语曰:"邦家之基"。

《诗·周颂·丝衣》语曰:"自堂徂基。"

邓小平指出:改革开放和坚持四项基本原则这两个基本点是相互依存的。

34

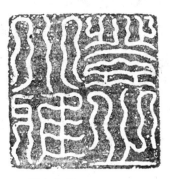

登之小雅

1992年初,邓小平在视察南方的讲话中说:"要坚持党的十一届三中全会以来的路线、方针、政策,关键是坚持一个中心,两个基本点。不坚持社会主义,不改革开放,不发展经济,不改善人民生活,只能是死路一条。基本路线要管一百年,动摇不得。"〔34〕

一个中心,两个基本点,用邓小平的话来说:"搞社会主义现代化建设是基本路线。要搞现代化建设使中国兴旺发达起来,第一,必须实行改革开放政策;第二,必须坚持四项基本原则。……这两个基本点是相互依存的。"〔35〕

"一个中心,两个基本点",是十一届三中全会以来的基本路线,这个路线要管一百年。在这个精练、形象的科学概念中,其实有七次提到基本这个词。第一项基本原则,是坚持党的领导,一次;第二项基本原则,是坚持社会主义道路,二次;第三项基本原则,是坚持无产阶级专政,三次;第四项基本原则,是坚持马列主义毛泽东思想,四次;第一个基本点,是改革开放,五次;第二个基本点,是坚持四项基本原则,六次;坚持"一个中心,两个基本点",是党的基本路线,一百年不动摇,七次。从这个分析可以看出,党的基本路线展开来说,要有七次说到基本。归结成"一个中心,两个基本点"九个字,一下就能让人记住,也易懂。关键词是两个字:基本。

"一个中心,两个基本点",是在1987年党的十三大报告中提出的。1987年3月,邓小平在审批《关于草拟十三大报告大纲的设想》时写道:"这个设计好。"改革开放从1979年算起,到1987年,经历了八个年头。在这整整八年的时间里,要把一个世界上人口最多、历史最悠久、积压历史旧账最厚的国家的人们,统一到一个目标下面来，确非易事。这是一个动态平衡过程。

这八年，作为中国改革开放的总设计师邓小平，分清轻重缓急，有条不紊地做了许多事情。一是清查了"四人帮"，清算了他们的罪行，整顿了全国各级领导班子；二是加强了民主与法制，建国后20多年来没有出台的刑法和刑事诉讼法都通过并公布了；三是平反了一大批冤假错案，包括将1957年被错划的右派改正过来；四是摘掉了知识分子头上的"臭老九"的帽子以及地主、富农、资本家的帽子；五是总结了"文化大革命"和30年的经验教训，恢复了党的八大的名誉和传统；六是对毛泽东思想作出了正确的解释，指出了毛泽东晚年"左"的错误；七是开展科教兴国战略；八是公安、检察、司法工作、民族工作、统战工作、群众团体工作走上正轨；九是工作重心真正转移到以经济建设为中心上面来；十是提高职工工资，安排大量知青返城就业；十一是农民分田到户，责任到人，家庭联产承包，乡镇企业异军突起，农民吃得饱饭，新屋一间间盖起来了，并且大批富余劳动力离开了束缚他们的土地进城进镇打工，发财致富；十二是恢复高考制度，结束了国家管理人才、企业管理人才、各级政府管理人才青黄不接的状态；十三是扩大企业自主权，允许发展民营企业和个体户；十四是开办了经济特区，合理利用外资，三来一补，引进技术、设备和资金，引进先进的管理经验，由点到面，由南向北，逐步推开，形成强大的冲击波，整个中国热气腾腾，蒸蒸日上；十五是实现了中美建交，中日和平条约缔结，奠定了外交工作的新格局；十六是进行了反对资产阶级自由化的斗争，坚持在发展社会主义

诗经，是中国最早的诗歌总集，本只称《诗》，儒家列为经典之一，故称《诗经》。编成于春秋时代，共三百零五篇，合为"风"、"雅"、"颂"三大类。《风》有十五国《风》，《雅》有《大雅》、《小雅》，《颂》有《周颂》、《鲁颂》、《商颂》。《风》指"国风"，是各地的民歌，包括周南、召南等十五国国风，反映劳动生活、热爱生活及当时人们的忧乐；《雅》是正乐，是宫廷京畿一带的民歌，分大、小雅，

35

陈望道翻译的《共产党宣言》第一个中文全译本书前的马克思肖像。

多是贵族作品。《大雅》是西周作品，反映西周及农耕生活情况，也有讽刺时事之诗。《小雅》产生于西周末年、东周及春秋时代纲纪废弛、社会混乱的情况。《颂》多为歌功颂德、祷告祈福之作，是祭祀宗庙的舞曲和歌辞。《诗经》大抵是周初至春秋中叶的作品，产生于今陕西、山西、河南、山东及湖北等地，相传周王室有派专人（称"行人"或"遒人"）收集民间诗歌的制度，称为"采诗"，这些诗反映了周初经济制度和生产情况。诗的形式以四言为主，运用赋、比、兴手法，描写生动，语言朴素优美，音节自然和谐。长期以来，《诗经》一直受到很高的评价，它对

物质文明的同时，抓紧社会主义精神文明建设，两手都要抓，两手都要硬。

1987年，邓小平在总结历史经验时，特别精辟地指出："从1949年建国到现在38年，这中间我们又确实有不少失误。我们建设社会主义的方向是完全正确的，但什么叫社会主义，怎样建设社会主义，还在摸索之中。社会主义的第一个任务是要发展社会生产力。1949年取得全国政权后，解放了生产力，土地改革把占人口80％的农民的生产力解放出来了。但是解放了生产力以后，如何发展生产力，这件事做得不好。主要是太急，政策偏'左'，结果不但生产力没有顺利发展，反而受到了阻碍。1957年开始，我们犯了'左'的错误，政治上的'左'导致1958年经济上搞'大跃进'，使生产遭到很大破坏，人民生活很困难。1959、1960、1961年三年非常困难，人民饭都吃不饱，更不要说别的了。1962年开始好起来，逐步恢复到原来的水平，但思想上没有解决问题，结果1966年开始搞'文化大革命'，搞了10年，这是一场大灾难。当时很多老干部受迫害，包括我在内。我是刘少奇之后第二号'走资本主义道路的当权派'，刘少奇是'统帅'，我是'副统帅'。这十年中，许多怪东西都出来了，要人们安于贫困落后，说什么宁要贫困的社会主义和共产主义，不要富裕的资本主义。这就是'四人帮'搞的那一套。……"〔36〕

改革开放搞了八年多，情形怎么样？邓小平接着说："这八年多的经历证明，我们所做的事情是成功的，总的情况是好的，但不是说没有干扰。几十年'左'的思想纠正过来不容易，我们主要是反'左'、'左'已经形成了一种习惯势力。现在中国反对改革的人不多，但在制定和实行具体政策的时候，总容易出现有一点留恋过去

的情况，习惯的东西就起作用，就冒出来了。同时也有右的干扰，概括起来就是全盘西化，打着拥护开放、改革的旗帜，想把中国引导到搞资本主义。……我们既有'左'的干扰，也有右的干扰，但最大的危险还是'左'。习惯了，人们的思想不容易改变。对青年人来，右的东西值得警惕，特别是他们不知道什么是资本主义，什么是社会主义，因此要对他们进行教育。"〔37〕

"八九风波"之后，邓小平发现在事件中各种口号都有，就是没有打反对改革开放的口号。邓小平总结过去十年，发现我们的一些基本提法，从发展战略到方针政策，包括改革开放，都是对的。要说不够，就是改革开放得不够。这就更加坚定了坚持党的基本路线一百年不动摇的决心。同时，邓小平还大胆地从反面论证这么一个道理：如果不坚持四项基本原则，任凭非法组织进行非法活动，达到打倒共产党，推翻社会主义

中国两千多年来的文学发展有深远的影响，而且是十分珍贵的历史史料。《论语·为政》篇曰："《诗》三百，一言以蔽之，曰思无邪。"《小雅·南

1920年1月，毛泽东率湖南代表团赴京请愿，要求驱除湖南军阀张敬尧。图为他在陶然亭与辅社同仁的合影。左四为毛泽东，左六罗章龙，左七邓中夏。

1945年4月23日，中国共产党第七次全国代表大会在延安召开。这是中共七大会场。

山有台》曰："邦家之基。"《周颂·丝衣》曰："自堂徂基。"

《诗经·小雅·白华之什》

南山有台，北山有莱。乐只君子，邦家之基。乐只

《新青年》杂志

制度，达到建立一个完全西方附庸化的资产阶级共和国的目的，那会怎么样呢？邓小平说："可以设想一下，如果中国动乱，那将是个什么局面？现在要是中国乱起来，就决不是'文化大革命'那样的问题。那时还有毛主席、周总理等老一辈领导人的威信，说是'全面内战'，到底不是大打，真正的内战并没有出现。现在就不同了，如果再乱，乱到党不起作用了，国家权力不起作用了，这一派抓一部分军队，那一派抓一部分军队，就是个内战的局面。一些所谓民主斗士只要一拿到权力，他们之间就会打起来。一打内战就是血流成河，还谈何'人权'？一打内战就是各霸一方，生产衰落，交通中断，难民不是百万、千万而是成亿地往外面跑，首先受影响的是现在世界上最有希望的亚太地区。这就会是世界性的灾难。"[38] 为了避免这种现象的出现，党中央和国务院果断地出手，制止了这场风波与动乱，维护了社会的稳定，维护了国家的政治基

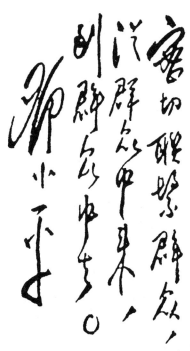

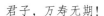

"密切联系群众，从群众中来，到群众中去。"（年代不详）

础和经济基础，维护了党的基本路线，进一步改革开放，发展社会生产力，努力改善人民的生活，因而进一步得到人民的拥护，在这当中，人民解放军起到了无产阶级专政坚强柱石的作用。

君子，万寿无期！

南山有桑，北山有杨。乐只君子，邦家之光。乐只君子，万寿无疆！

南山有杞，北山有李。乐只君子，民之父母。乐只君子，德音不已！

南山有栲，北山有杻。乐只君子，遐不眉寿。乐只君子，德音是茂！

《诗经·周颂·闵予小子之什》

丝衣

丝衣其紑，载弁俅俅。自堂徂基，自羊徂牛。鼐鼎及鼒，兕觥其觩，旨酒思柔。不吴不敖，胡考之休。

39

矗立在天安门广场上的人民英雄纪念碑

1992年邓小平视察南方发表了重要讲话。这篇重要讲话是他在退隐之后作出的。在他退隐的时候，他说过："作为一个为共产主义事业和国家的独立、统一、建设、改革事业奋斗了几十年的老党员和老公民，我的生命是属于党、属于国家的。退下来以后，我将继续忠于党和国家的事业。"邓小平视察南方谈话的要点仍然是"一个中心、两个基本点"，仍然是坚持党的基本路线，并且明确提出党的基本路线要管一百年不动摇。邓小平说，改革也是解放生产力，不走社会主义道路，不坚持改革开放就会死路一条；改革开放迈不开步子，要害是姓社姓资问题；计划和市场都是发展经济的手段，中国要警惕右，但主要是防止"左"；要抓住时机，力争隔几年上一个台阶。邓小平视察南方的重要谈话，中共中央作为重要文件向全党发布，东方风来满眼春，祖国大地掀起改革开放新的浪潮，整个社会深层次的改革进一步启动，即便是亚洲金融风暴来临之际，中国经济反倒岿然不动，不仅顺利地实现了软着陆，而且走上了可持续发展的快车道，在世界经济放缓的情况下仍然保持每年以7％以上的速度发展。中国经济发展的钥匙何在？恐怕还是要在"一个中心，两个基本点"这个基本路线当中去寻找。

江泽民在中共十三届四中全会上当选为中共中央总书记。这是江泽民在会上讲话

1921年7月在浙江嘉兴南湖这艘游船上，中国共产党宣告诞生

从"春秋五霸"到高举"反对霸权主义，维护和平"的旗帜

春秋五霸为齐桓公、晋文公、楚庄王、吴王阖闾、越王勾践。

党的十一届三中全会以后，邓小平指出，过去一段时间，针对苏联霸权主义，我们搞了从日本到欧洲一直到美国这样的一条线战略。现在我们改变了这个战略，世界上都在说苏、美、中"大三角"，我们不讲这个话，我们奉行独立自主的外交路线和政策，高举反霸、维护世界和平的旗帜。

1985年6月4日，邓小平在军委扩大会议上说："过去有一段时间，针对苏联霸权主义的威胁，我们搞了'一条线'的战略，就是从日本到欧洲一直到美国这样的'一条线'。现在我们改变了这个战略，这是一个重大的转变。世界上都在说苏、美、中'大三角'。我们不讲这个话，我们对自己力量的估计是清醒的，但是我们也相信中国在国际事务里面是有足够分量的。我们奉行独立自主的正确的外交路线和对外政策，高举反对霸权主义、维护世界和平的旗帜，坚定地站在和平力量一边，谁搞霸权主义就反对谁，谁搞战争就反对谁。"[39]

中国共产党人从一开始就是脚踏实地的人，务实的人，新中国就是靠枪杆子打出来的。新中国刚成立，美国便打着联合国军的旗号，在朝鲜发动侵略战争。因为中国当时采取的是一边倒政策，主动地倒向了社会主义阵营，美国人咽不下

1970年10月1日，毛泽东在天安门城楼上会见中国人民的老朋友、美国作家埃德加·斯诺及夫人。毛泽东通过斯诺向美国总统尼克松发出了改善中美关系的信号

这口气，将战火燃烧到鸭绿江边。这时，以毛泽东为首的中国共产党人，下定了决心与美国较量。美国派兵在朝鲜西海岸仁川登陆，然后越过三八线大举北犯，并且轰炸、扫射中国东北边境城市和村庄，严重威胁中国的安全。1950年11月4日，中国各民主党派发表联合宣言，提出抗美援朝的口号，中朝两国军队并肩作战，重创美军，迫使美国于1953年7月27日在朝鲜停战协定上签字。朝鲜战争的胜利使中国在国际舞台上的地位更高，斯大林开始敬重中国，美国人也开始知晓中国人的反霸意味着什么。

反霸是什么？就是出手打，敢打敢拼敢赢。

赤手空拳反霸是不行的。中国人在极端困难的情况下搞成了原子弹、氢弹和人造地球卫星。美籍著名华裔物理学家杨振宁说过：中国的原子弹爆炸成功之日，是我们海外华人扬眉吐气之时。当时，世界各地的华人无不为之自豪，在美国的华人欢呼雀跃，纷纷奔走相告，燃放爆竹庆祝，唐人街如同过节似的隆重欢庆，海外华人深感祖国就是他们的后盾。

在"文革"最黑暗的日子里，毛泽东没有忘记邓小平的反霸之功。1972年8月14日，毛泽东写道：（邓小平）"率领代表团到莫斯科谈判，他没有屈服于苏修。"[40]

中苏关系破裂由来已久。1958年苏联提出在中国建设一座长波电台、组建潜艇舰队，因事关中国主权，被毛泽东所拒绝。1958年8月，中国人民解放军炮击金门、马祖，中美关系急剧恶化，苏联怕因此受牵连，于1959年单方面撕毁中苏国防新技术协定；1959年中印边境发生武装冲突，苏联发表声明表示"中立"，将中苏矛盾暴露出来。紧接着，赫鲁晓夫访华，对中国内政横加指责，双方领导人爆发了激烈的争吵，最后不

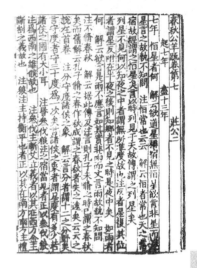

45

春秋时代，因鲁国编年史《春秋》得名。《春秋》编年从鲁隐公元年（公元前722年）迄鲁哀公十四年（公元前481年）。现在一般以周平王元年（公元前770年）到周敬王四十四年（公元前476年）为春秋时代，这时出现了大国争霸的局面。春秋五霸为齐桓公、晋文公、楚庄王、吴王阖闾、越王勾践。齐桓公（？至公元前643年）春秋时齐国国君，姜姓，名小白。齐襄公弟。公元前685年至公元前643年在位。襄公被杀后，从莒回国取得政权，任用管仲进行改革，国力富强。以"尊王攘夷"相号召，帮助燕国打败北戎；

邓小平的智源

1950年1月，北京市军事管制委员会收回了前美国、法国、荷兰在北京兵营的地产，并征用了其地面上的兵营和其他建筑物。这是中国人民取消帝国主义在华特权的措施之一。图为被收回的法国在北京的兵营

营救邢、卫两国，制止了戎狄对中原的进攻；联合中原诸侯进攻蔡楚，和楚国会盟于召陵（今南鄢城东北）；还安定东周王室的内乱，多次大会诸侯，订立盟约，成为春秋时的第一个霸主。晋文公（公元前697年至公元前628年）春秋时晋国国君。献公子，名重耳。公元前636年至公元前628年在位。因献公立幼子为嗣，曾出奔在外19年，由秦送回即位。他整顿内政，增强军队，使国力强盛，又平定周的内乱，迎接周襄王复位，以"尊

46

欢而散。1960年中苏矛盾进一步公开，苏联单方面撤走在华工作的全部专家，撕毁了一系列经济技术合同和协定。在这种背景下，邓小平几次赴苏与苏共谈判，挫败了苏共以老子党自居的嚣张气焰。赫鲁晓夫说："阿尔巴尼亚拿了我们的金子和粮食，可是反过来还骂我们，说我们想控制他们，太不像话。"邓小平当然知道赫鲁晓夫是旁敲侧击，暗示中国不买他的账，不愿意苏联在中国设长波电台和共同潜艇舰队，以致毁合同，撤专家，使中国250多个大中型企业和事业单位处于停顿半停顿状态。邓小平将赫鲁晓夫顶了回去："援助是为了实行无产阶级的国际主义义务，而不是为了控制和干涉。你援助了人家，人家也援助了你。"赫鲁晓夫暴跳如雷，只好把话题转到斯大林问题上去，赫鲁晓夫态度失控，信口开河，邓小平当面斥责他荒唐，说他的话是无稽之谈。[41]

还有一次，在许多共产党领导人开会时，苏联共产党领导人苏斯洛夫在发言时谈到苏联撤走在华专家时说："苏联专家在中国已经很难开展工作。你们的气氛，无法工作。"他继续不紧不慢地说："比如你们的大跃进，搞什么拔白旗。重庆发电厂的苏联专家也叫你们给送来了一面白旗，可见你们的态度已使我们无法工作，撤走苏联专家的责任不在我们，恰恰是你们的做法造成的……"听到这个问题，邓小平立即指示随团翻译李越然核实，李越然很快将事实告诉了邓小平。

轮到邓小平发言时，他把两臂放到桌面上，目光在各国代表的身上扫过，慢慢地说："苏斯洛夫同志讲我们给苏联专家送了白旗，所以苏联才撤走了专家。我们核实了。确实送了一面'白旗'，是用白色的锦缎做底，镶有金边，上面精

心绣了八个红字：真诚友谊，无私援助。"邓小平停顿了一下，嘴角漾出一丝浅笑，同时将目光缓缓掠过各国党的代表们，最后目光停留在苏斯洛夫身上，笑容也消失了。苏斯洛夫不抬头，两手互搓有些不自在。"可见，苏斯洛夫同志，"邓小平声音低沉缓慢，因而更显出分量，"你掌握的情况与事实有何等大的距离！"苏斯洛夫赧颜喃喃："这种枝节问题不值得纠缠。"邓小平眼光锐利，盯着苏斯洛夫问："那么，到底为了什么撤走专家呢？你们撤走专家，我们一再挽留。你们片面撕毁合同到底要达到一个什么目的？你们的做法不仅造成我们国民经济上的巨大损失，而且严重损害了中国人民的感情。你们在这个问题上不要近视，要有历史眼光。"邓小平当着世界各国共产党代表的面批评了苏联背信弃义的行径。〔42〕

中国恢复了在联合国的合法地位后，我国政府准备派由邓小平为团长的代表团参加第六次联大特别会议。1974年3月下旬，周恩来连续几天主持政治局会议，讨论外交部根据毛泽东提议由

王"相号召。城濮之战，大胜楚军；并在践土（今河南荥阳东北）大会诸侯，成为霸主。楚庄王（？至公元前591年）春秋时楚国国君。芈姓，名旅（一作吕、侣）。公元前613至前591年在位。曾整顿内政，兴修水利，楚庄王三年（公元前611年），攻灭庸国（在今湖北竹山西南），国势大盛。继而又进攻陆浑之戎，陈兵周郊，派人询问象征天子权威九鼎的轻重。后在邲（今河

1904年2月10日，日俄战争在中国东北爆发

邓小平的智源

南荥阳北）大败晋军，陆续使鲁、宋、郑、陈等国归附，成为霸主。吴王阖闾，姬姓，始祖是周太王之子太伯，有今江苏、上海大部和安徽、浙江的一部分，建都于吴（今江苏苏州）。春秋后期，国力始强，公元前506年吴王阖闾一度攻破楚国。传到其子夫差，又战胜

48

朝鲜战争爆发时安东市少女刘桂英在痛哭被美军飞机炸死的母亲

邓小平担任出席联大特别会议代表团团长的报告。1974年邓小平出国前，周恩来致信毛泽东："大家一致拥护主席关于小平同志出国参加特别联大的决定。小平同志已于27日起减少国内工作，开始准备出国工作。"并告："小平等同志出国安全，已从各方面加强布置，4月6日代表团离京时，准备举行盛大欢送，以壮行色。"邓小平出国的准备工作会议第一次是在花园村驻地举行的。外交部副部长乔冠华问：准备工作如何进入？邓小平回答："重要的是要有一篇好的发言稿。"一言指明此行的要旨。此后，邓小平集中精力，组织联大会议发言稿的起草工作。他经常召集外交部的有关人员在人民大会堂等地开会，一遍又一遍地讨论发言稿。在起草过程中，邓小平反复强调，要根据毛主席历次关于外交政策的讲话来写发言，要把毛主席关于划分三个世界的理论，通过这次会议向全世界作详尽的阐述。邓小平和外交部的笔杆子们在一起，对讲话草稿反复斟酌和修改，有时甚至是一段一段地详细讨论。中午，他和大家一样，每人各分一份工作菜饭，吃完靠在沙发上略事休息，就再行讨论。这时的他，已近七十高龄，但一点不觉疲倦。要说，这还得归功于在江西三年的劳动生活，为他练就了一副强健的身体。一次开会，在讨论到讲话稿的结束语时，邓小平思考着说，应该讲这样几句话，就是"中国现在不称霸，将来也不做超级大国，如果中国有朝一日，变了颜色，变成一个超级大国，也在世界上称王称霸，到处欺负人家，侵略人家，剥削人家，那么，世界人民就应当揭露它，反对它，并同中国人民一道，打倒它。"联大会议讲演稿起草后，报政治局

讨论通过，最后送毛泽东审定。毛泽东在稿件上批示："好，赞同。"4月10日，邓小平在纽约代表中国在联大发言，他的讲演引起了世界各国的高度关注，特别是毛泽东"三个世界"的理论和永不称霸的承诺，引起了第三世界国家的强烈反响和热烈欢迎，讲话结束时，联合国会场大厅内响起了经久不息的掌声。许多第三世界国家的代表拥上前来，和中国人民的代表热烈握手，场面令人激动。各国媒体对邓小平的发言作了大量的报道和评论。[43]

　　1978年12月16日，中美发表《关于建立外交关系的联合公报》。翌年1月29日，阴历大年初一邓小平访美。访美前夕，邓小平接见了美国时代出版公司总编辑多诺万和《时代》杂志香港分社社长克拉克。邓小平认为苏联称霸的野心应当引起足够的重视，而在这方面中美和其他国家面临着共同的命运。邓小平指出苏联的军事预算占国民生产总值中的20％。常备军在三年内从300万人增加到400万人，去年南也门被苏联拿去了，苏联在埃塞俄比亚得势了，再往东有阿富汗、伊朗，接着是巴基斯坦，再往东，越南用军事手段控制了老挝，以超出十多个师的兵力大举进攻柬埔寨；在亚太地区苏联海空力量加强了，苏联远东舰队的力量现在已经同苏联大西洋舰队的力量相当。邓小平认为全球霸权，今天只有美苏两家可以搞，但相当一个时期以来，苏联是进攻性的，而美国处于防御地位。我们从三个世界

越国，迫使越王勾践屈服求和，并北上与晋争霸。公元前473年为越所灭。越王勾践，姒姓，越国始祖是夏代少康的庶子无余，建都会稽（今浙江绍兴）。春秋末年吴越相战，公元前494年越国为吴王夫差所败。越王勾践卧薪尝胆，刻苦图强，于公元前473年攻灭吴国，并曾向北扩展，称为霸主。疆域有今江苏北部运河以东，江苏南部、安徽南部、江西东部和浙江北部。战国时国力衰弱，约在公元前306年为楚所灭。史称"春秋无义战"。

　　1953年7月27日，朝鲜停战协定在板门店正式签字。图为朝中方面和联合国军代表正式签署朝鲜停战协定

50

1963年7月21日，参加中苏两党会议后回到北京的中共代表团团长邓小平、副团长彭真等在首都机场向欢迎的群众挥手致意

的概念出发，建立了一条反对霸权主义和维护世界和平、安全和稳定的统一战线，而这条统一战线包括美国在内。

邓小平抵达美国的当天，美国总统卡特在白宫举行仪式欢迎邓小平。一个国家的总统举行正式的欢迎仪式欢迎另一个国家的副总理，这在外交史上是极为罕见的。欢迎仪式结束以后，邓小

1971年10月25日，第二十六届联合国大会通过决议，恢复中华人民共和国在联合国的一切合法权利。图为五星红旗在纽约联合国总部前升起

1963年10月，邓小平和周恩来在天安门城楼上

平与卡特就双方共同关心的国际形势问题交换了意见。邓小平说，反霸……经过这些年的观察，中国人已开始认识到来自美国的威胁越来越小，而苏联已成为更大的忧虑，其他国家都必须团结起来反对霸权主义。邓小平还说，美国可以为和平解决台湾问题作出贡献，而不要做不利于台湾问题和平解决的事。接着两国发表了《联合公报》，公报指出"双方重申反对任何国家和国家集团谋求霸权或支配别国，决心为维护国际和平、安全和民族独立做出贡献"。邓小平的美国之行取得圆满成功，两国签署了一系列的协定，领域包括科技、教育、农业、空间、高能物理、贸易、航空、海运等等。[44]

邓小平访美之时，苏联仍然在蒙古陈兵百万，包围中国，指向中国的导弹，相当于苏联全部导弹的三分之一。70年代末，苏联又把曾经受到中国大力援助的越南拉了过去，1978年11月，苏越签订安全条约。一个月之后，苏联支持

毛泽东在机场与邓小平握手

的越南进军中国的盟友柬埔寨，又一年后，苏联直接入侵中国的近邻阿富汗，苏联形成对中国的战略包围，中国的后院成了苏联的势力范围，国家安全受到严重威胁，而美国出于牵制苏联的需要，同意在阻碍中美关系正常化的台湾问题上作出妥协，第一次接受了对台撤军、断交、毁约三条件，在这种背景下，邓小平理所当然地加强了反霸一条线攻势，一方面访美，同美国结成反霸统一战线，一方面教训越南，在广西、云南边境地区开始自卫反击战，有力地遏制了大小霸权主义。

从80年代初起，邓小平就提醒美国人：不要以为中国出于反对苏联霸权主义的考虑会吞下台湾问题的苦果。到80年代中期，中苏关系开始缓和，1989年5月，邓小平与戈尔巴乔夫在北京正

广西边防部队在炮火掩护下，进行自卫反击战

1999年6月28日,北京天安门广场大修后对外开放,一批外国游客在广场参观游览

式会晤,宣布两国关系实现正常化,反霸的"一条线"战略开始改变,在美、苏、中三角之中,中国奉行独立自主的外交政策,高举维护世界和平的斗争旗帜,中国在苏联解体之后,采取更加务实的政策,做好自己的事情。应付国际事务,采取"冷静观察、稳住阵脚、沉着应付、韬光养晦"的方针,保全和壮大了自己,遵循毛泽东"不称霸"的遗训,把自己的改革开放事业搞得有声有色。

从庄子的"养生智慧"到"我现在身体好得可以当壮丁"

邓小平的智源

1975年9月24日，毛泽东在会见越南劳动党第一书记黎笋时，对客人说，现在天下最穷的不是你们，而是我们。我们有八亿人口，我们现在有领导危机。总理身体不好，一年开过四次刀，危险。康生身体不好，叶剑英身体也不好。我83岁了，我也有病。毛泽东用手指着陪同他会见的邓小平说，只有他算一个壮丁。

56

五禽戏

邓小平的养生智慧，不是一朝一夕形成的，也不是一枝一叶可以描述清楚的。邓小平洗了一辈子的冷水澡，据说人的皮肤细胞，有如一个一个的微型心脏，这很可能是邓小平长寿的奥秘。邓小平的养生智慧，实质上在于他一贯对自己保持低调。他之所以将自己的名字邓先圣改为邓小平，除了地下工作的需要之外，还有取渺小而平常之意。1980年8月，经过三次跌落，第三次崛起的邓小平，在接受意大利记者奥琳埃娜·法拉奇采访时，奥琳埃娜·法拉奇问他："你对自己怎么评价？"邓小平竟然答道："我自己能够对半开就不错了。但有一点可以讲，我一生问心无愧。"[45]这真是大师般地对话。1992年，邓小平女儿毛毛出版了《我的父亲邓小平》（上卷）一书，书中写道：父亲"曾经开玩笑地跟我们说，他只有中学文化水平。父亲的知识，都是他在以后的岁月中日积月累地自学而来。他的智慧，也都是在革命斗争中和切身实践中锻炼而来。"[46]

1971年"文革"期间，负责监管邓小平生活的黄文华对当时江西省革委会办公室主任程惠汇报说：邓小平每天要走一万多步路。黄文华说："现在，邓小平的生活习惯又有一点改变，他每天下午起来，天晴就围着院子走三十多圈，下雨就在家里的沙发上静坐，一坐就是几个小时，双手放在腿上，腰板挺直，两眼向前看，表现了极大的耐力，与其说是静坐，倒不如说是在思考问题，高深莫测。""邓小平很少讲话，他的内心世界，不是像我这样的人能理解得了的。"程惠听了，心里涌起一种神秘的感觉。[47]这是一个身处逆境的军人和政治家的神态。67岁的他，已经经历过两次"刘邓"人生遭遇。第一次的"刘邓"印记，是逐鹿中原，鼎定乾坤，战争

邓小平、卓琳合影

的烈火燃遍整个中国，拯生民于水火之中，奠定了中华人民共和国的根基。第二次的"刘邓"印记，是全面内战，打倒一切，全中国自下而上、自上而下闹了一个底朝天。台风的中心是平静的。以至于林彪自我爆炸、机毁人亡的消息传来，正在江西新建拖拉机修造厂劳动改造的邓小平坐在100多个职工之中听传达，"沉着冷静如同塑像一般"，"邓小平身板挺直，两手摆在大腿上，两眼平视，一动不动，与会场的气氛形成鲜明对比"[48]。1972年元月10日陈毅追悼会在八宝山革命公墓举行，毛泽东提到了邓小平，把他与刘伯承并列在一起，说他协助刘伯承打仗有战功。"毛泽东当众提到邓小平，这是一个极其重要的信息，在场的周恩来当即暗示陈毅的亲属把毛泽东的评价传出去，为邓小平的复出制造舆论。"[49]紧接着在人身自由稍许获得松动之后，邓小平立即作了回应。在赣南于都县参观访问时，当于都县负责人问及邓小平身体健康与否？邓小平说了一句掷地有声的话："我现在

庄子，约生于公元前369年至公元前286年。战国时哲学家。名周。宋国蒙（今河南商丘县东北）人。做过蒙地方的漆园吏。家贫，曾借粟于监河侯，但拒绝了楚威王的厚币礼聘。他继承和发扬了老子"道法自然"的观点，认为"道"是无限的、"自本自根"、"无所不在"的，强调事物的自在自化，否认有神的主宰。他的思想包含着朴素的辩证法因素，但他认为"道"是"先天地生"的，从"道未始有封"，达到"万物皆一也"的见解，他看到一切都处在"无动而不变，无时而不移"中，却忽视了事物质

的稳定性和差别性，认为"天地与我并生，万物与我为一"，提倡安时处顺，逍遥自得，著有《庄子》一书，亦称《南华经》。其文汪洋恣肆，多采用寓言故事形式，想象丰富，在哲学、文学上都有较高的研究价值。《庄子》的名篇《养生主》，讲的是庖丁解牛的故事："庖丁为文惠君解牛，手之所触，肩之所倚，足之所履，膝之所踦，砉然响然，奏刀騞然，莫不中音，合于桑林之舞，乃中经首之会"，"以无厚入有间"，对此，文惠君非常惊异，问道："善哉！技盖至此乎？"庖丁答曰："臣之所好者道也，进乎技矣。始臣之解牛之时，所见无非[全]牛者。三年之后，未尝见全牛也。方今之日，臣以神遇而不以目视，官知止而神欲行。"文惠君听了庖丁解牛的解释之后说："善哉！吾闻庖丁之言，得养生焉。"庄子的《养生主》篇，虽然讲的是养肉体之身，但其主旨却是讲养心灵之生命活

身体好得可以当壮丁。"[50]邓小平的这句话，肯定不止说过一次。邓小平的这句话，传到了毛泽东的耳朵里。1975年9月24日，毛泽东会见越南劳动党第一书记黎笋时，对客人说，现在天下最穷的不是你们，而是我们。我们有八亿人口，我们现在有领导危机。总理身体不好，一年开过四次刀，危险。康生身体不好，叶剑英身体也不好。我82岁了，我也有病。毛泽东用手指着陪同他会见的邓小平说，只有他算一个壮丁。[51]

邓小平的养生智慧归根到底只有六个字，那就是虚其心，实其体。邓小平无形之中实践着老庄"道法自然"的思想。据苗冰舒回忆：邓政委平时异常严肃，不苟言笑，他曾经告诉过人们：一个人有一个人的脾气，禀性，我生来就这个性格，不可能见人就笑，但你们见我不要拘束嘛。包围黄维兵团之后，邓小平给自己点燃了一支香烟，难得地露出了可掬的笑容。他缓缓地吐着烟缕，笑得是那样和蔼，那样怡然……[52]1940年2月，曾有人从延安到一二九师师部去拍电影纪录片，当时不像现在这样重写实，注重原汁原味，摄制人员把包括刘邓在内的人员搬来弄去，搞得大家都很烦，摄制效果也不好。时间一长，邓小平生气了，说平时怎么样就怎么样拍，不是挺好吗？现在形式主义多。气氛顿时显得有点紧张而尴尬。机智忠厚的长者刘伯承忙道：自然而然，然而不然。说得大家都笑了，包括邓小平在内，同时也启发了大家要自然，不要装模作样，忸怩作态，于是很快顺利地完成了摄制任务。[53]

邓小平是个严肃的人，平时不苟言笑，与周围的人有距离感。但他的内心是炽热的。甘惜分建国初期在重庆工作了五年之久，由于工作关系，经常见到邓小平。有一段时间，甘惜分每周前往西南军政委员会财经委员会开会，财委的主

1975年5月，邓小平访问法国。这是他受到法国人民热烈欢迎的场景

任由邓小平兼任。每次开会时他总是不经意地指着一位同志："你开始吧！"汇报开始了。他静静地坐在那里，一动不动，活像一尊塑像，有时还闭上眼睛，可以看出他是一面听一面在思索，思索着解决问题的方案，他的座位前置有白纸和铅笔，但与会者很少见他动过这些文具。那是建国初期，我军刚刚立脚，喘息未定，紧急任务是清匪反霸、减租退押，整顿社会秩序，开始经济改造，稳定人心，这一团团乱麻，在每次财委会上都是议论中心，过去我们党只有军队和农村。现在，城市、农村、工业、商业、金融、铁路、公路、轮船……千百种问题一齐找上门来，人们看着我们能不能把烂摊子收拾成锦绣河山。邓小平一动不动坐在那里，耳边响着各式各样的困难、不安、困惑、烦恼，他背靠在椅子上，有时忽然插话问一两句，又陷入深深的沉思。会开了一多半，邓小平宣布休息，走进隔壁的台球房打起台球来，他年轻时去过法国，见过大世面，打台球大概是那时学会的。休息片刻之后，邓小平精神焕发，重新入坐，向大家一一问过讲完没

力，所谓内外兼修。

《庄子·大宗师》："南伯子葵问乎女偊曰：子之年长矣，而色若孺子，何也？

曰：吾闻道矣。

南伯子葵曰：道可得学邪？

曰：恶！恶可！子非其人也。夫卜梁倚有圣人之才而无圣人之道，我有圣人之道而无圣人之才，吾欲以教之，庶几其果为圣人乎！不然，以圣人之道告圣人之才，亦易矣。吾犹守而告之，三日而后能外天下，已外天下矣，吾又守之，七日而后能外物；已外物矣，吾又守之，九日而后能外生；已外生矣，而后能朝彻，朝彻，而后能见独，见独，而

59

后能无古今，无古今，而能入于不死不生……"

这篇寓言讲的是解去物欲、物蔽、物累的三个过程，是对肉体形骸的超越，是心灵净化的过程，其中有某种合理的成分。

《庄子·大宗师》："何谓真人？古之真人，不逆寡，不雄成，不谟士。若然者，过而弗悔，当而不自得也。若然者，登高不慄，入水不濡，入火不热。是知之能假于道也若此。"庄子的这段描述，是画龙点睛地展示一位不惧孤立、不为利欲所动的虽处水深火热而宠辱不惊的智者形象。

《庄子·逍遥游》："楚之南有冥灵者，以五百岁为春，五百岁为秋；上古有大椿者，以八千岁为春，八千岁为秋……"首次提出了主观心灵时间的概念，是人生之大境界，是生命之大咏叹！

《庄子·外物》："荃者所以在鱼，得鱼而忘荃；蹄者所以在兔，得兔而忘蹄；言者所以在意，得意

有，还有什么要说的，如有补充，再说，没有了，大家的话都说完了，邓小平的压轴戏这才开始。只见他不慌不忙，对刚才每一个同志提出的问题都作了回答，而且提出一系列的解决办法，斩钉截铁，快刀斩乱麻，不拖泥带水，不优柔寡断，这时真令人惊讶不已。如果会议前一段，他主要用耳朵听，那么会议后一段，他主要用嘴进行一场说服人的战斗。他头脑中那些不做笔记的笔记，都被整理得有条不紊；他在闭眼似睡非睡之间的苦苦思索，最后把他成熟了的思想泉水般喷放出来。这是人间少见的领导艺术，这是他在长期战争中养成的迅速果决，多谋善断的领导才能。他深谙运用集中权力的战术。民主与集中，在他身上达到了完美的统一。他讲完后，再问大家还有什么意见，没有了散会。邓小平这种高超的领导艺术，有如庄子庖丁解牛的故事。他纯熟地掌握领导的规律，真可谓游刃有余。[54]其时，邓小平才四十多岁，正是人生鼎盛之年，他作为中央的"封疆大吏"，担子是很重的。

邓小平养生智慧和行为艺术，还在于他的洒脱。在瑞金、会昌苏区的时候，他总是一个人、一匹马、一个警卫员兼马夫，轻骑简从，在那么大一个区域内往来往去。抗日战争爆发以后，经过了二万五千里长征的邓小平担任了一二九师政委。1939年8月，邓小平暂别了太行山和他亲密的师长刘伯承，去延安参加政治局扩大会议。就在这个期间，邓小平第三次恋爱结婚。关于这段恋情，邓小平的女儿毛毛是这样叙述的："到了延安以后，父亲和他的老战友邓发住在一个窑洞里。邓发是一个十分活跃的人，他和邓小平私交甚笃，因此在工作开会之余，便热肠古道地一心一意要帮助邓小平找一个妻子。刘英妈妈告诉我：'那时候，在延安，邓发带着你爸爸，两个

人一天到晚高高兴兴地到处转，人们都说他们活像两个游神一样！'1939年9月，父亲在众朋友、众战友们的热心帮助下，真的结婚了。新娘子的名字叫卓琳。"〔55〕

邓小平的养生智慧在于他为人超脱，不讲排场，不摆架子，平易近人。1949年，中国人民解放军解放了上海。在那时候，发生了一件趣事，邓小平丢了一支派克笔。有一次，邓小平和上海新任市长陈毅去参加一个大型庆祝活动，他们走出办公地点的大门，在众多警卫人员的簇拥和保卫下，去街对面开会，就走过这么一条不宽的街道，就那么几分钟的瞬间，邓小平胸前口袋中别着的一支从敌人手中缴获来的派克钢笔，就被上海的小偷偷走了。直到几十年后，邓小平对此还耿耿于怀，他一到上海就讲这件事。他说："上海的小偷真厉害啊！"〔56〕这也难怪。大音希声，大象无形，邓小平太像一个普通人了，上海小偷有眼不识泰山。邓小平的养生智慧还表现在他举重若轻。在炮火连天的战争岁月里，他爱一个人玩纸牌，自得其乐。他一辈子爱看足球，被熟悉他的人称作超级球迷。他爱吃柚子，为哪里的柚子好吃而与家人争得面红耳赤。邓小平爱抽烟。有一次，一位香港记者提醒抽烟有害于健康，邓小平诚恳地说：像我这样的人，没有其他的嗜好，只是抽抽香烟，而且年纪这么大，何必再戒除呢？如果因为抽烟缩短寿命，也只好认了。在座的人都笑了，那记者深为邓小平为人豁达、看得开所感动。还有一次在人民大会堂开大会，著名粤剧演员红线女写了一张条子："请小平同志在主席台上不要吸烟。"小平接过纸条，笑了，熄了烟，还把字条给身边一位领导人看了看。从此，邓小平在大会主席台上不再抽烟。1987年4月，邓小平在会见香港特别行政区基本

养生引导图

61

而忘言，吾安得夫忘言之人而与之言哉！"语言能沟通人际关系，语言也能遮蔽人际关系。人人都知道前者，能够知道后者的，却只有少数先贤和怀有大智慧的人。"书不尽言，言不尽意"，此之谓也。有如禅家觉悟，可以在司空见惯的事物里发现新奇的东西。这种洞察力，是东方智慧特有的。

法起草委员会成员时，拿起桌上的香烟请大家抽，大家表示不会。邓小平笑着说："你们都是好人呀，我就有三个坏习惯，一个是抽烟，一个是酒，还有个最不符合西方生活方式的，就是有个痰盂。"说完，他发觉脚下的痰盂不见了，于是笑着说："他们给我守秘密放背后了。"大家听了哈哈大笑，而服务员也赶忙将原来放在座位后面的痰盂放回前面来了。于是会谈在十分亲切、轻松的气氛中开始了。

邓小平是著名的幽默大师。在60年代的中苏会谈过程中，谈判桌上的交锋是紧张而激烈的。据著名的翻译家，时任随团翻译李越然回忆，有一天在同苏联代表团激烈争论之后，回到使馆吃饭，大家情绪不好，话不多。这时，邓小平忽然招呼刘晓大使的夫人张毅，扬一扬下巴笑着说：

1999年10月1日，首都各界群众庆祝中华人民共和国成立50周年大会在北京天安门广场隆重举行。这是升国旗仪式

1979年8月，邓小平视察人民解放军北海舰队某部

"张毅啊，你是江西人，你知道兔子吃鸡这个掌故吗？"

"什么？兔子吃鸡？兔——子？"张毅以为听错了。

"对，兔子吃鸡。"

"哎呀，小平同志，我只听说过黄鼠狼吃鸡，可从来没有听说过兔子会吃鸡。"张毅忍着笑却又忍不住，鼓着嘴巴摇头，"而且还有什么掌故？"

"当然有掌故，此事发生在三十年代。"邓小平含着笑望望大家，大家都睁大眼睛等待下文。"你们不知道？不知道我就告诉你们，这事出在陆定一身上……不是在延安养兔子，是在延安做报告。谈到托洛茨基什么什么，他这个无锡话可就糟了。说来说去总是'兔子吃鸡'。我们有些同志听完报告，总不相信兔子吃鸡，就像现在张毅一样，边出会场边四处打问：兔子吃鸡，怎么回事？没听说过兔子还会吃鸡呀……"

饭厅里笑成一片，会议争论时留下的紧张气氛被笑声一扫而空。邓小平的人格魅力由此可见一斑。他临场发挥的语言组织能力，与毛泽东有异曲同工之妙。毛泽东讲话喜欢旁征博引，旁敲侧击。而邓小平则是单刀直入，一针见血，但共同的特点却是深入浅出，微言大义，话里有话，余味无穷，弦外有音……

百炼钢化为绕指柔。美国前总统布什曾经这样评价邓小平：他"具有一种把握强硬和灵活最佳比例的高超才能"[57]。

从《孙子兵法》"致人而不致于人"到"吸引敌人，千里跃进大别山"

孙 子

《孙子兵法》"致人而不致于人"的意思是要调动、吸引敌人，而不被敌人所调动，所吸引。

1986年10月，邓小平在刘伯承同志追悼会上说：解放战争的第二年，中央决定晋冀鲁豫十万大军挺进大别山，将战争引向国民党统治区。这个行动可以把敌人吸引到我们身上来，减轻兄弟野战军的压力，釜底抽薪，焉能惧怕烫手，即使作出牺牲，也义无反顾。

邓小平于1986年10月21日在《悼伯承》一文中说："解放战争的第二年，中央决定晋冀鲁豫十万大军挺进大别山，将战争引向国民党统治区。这是一个无后方作战的十分艰险的战略任务。当时有的干部对执行这一任务有顾虑，伯承对他们说，这个行动可以把敌人吸引到我们身上来，减轻兄弟野战军的压力。釜底抽薪，焉能惧怕烫手，即使作出牺牲，也义无反顾。伯承这种态度，堪称执行党的各项决议和中央战略方针的典范。"〔58〕

刘邓不可分。毛泽东曾经评价邓小平说：他协助刘伯承同志打仗是得力的，有战功。

布热津斯基曾评价邓小平说：最重要的长处是他明确清晰的战略方向感。邓不在无关紧要的问题上浪费时间，只集中在关键目标上，这一特点使我和卡特既感到敬畏，而又受到吸引。

1947年3月，国民党对陕北和山东解放区发起了重点进攻。陕北投入了25万兵力，山东投入45万兵力。按刘伯承的话来说，敌人搞的是"哑铃战略"，把两个铁锤放在山东和陕北，这就像扁担的两头，二野处在中间，是一个挑扁担的地区，二野的任务就是要把两头的敌人吸引到中间来。1947年5月4日，毛泽东以中央军委名义电告刘伯承、邓小平、陈毅、粟裕，对整个南线的战略进攻作了部署，其战略意图是：刘邓大军渡过黄河，挺进中原，以调动山东和陕北敌人回援，彻底粉碎敌人的重点进攻，将战争由解放区引向国民党统治区，使全国各战场转入战略进攻，形成刘邓大军、陈粟大军、陈谢大军三箭齐发之势。1947年6月30日，刘伯承、邓小平采取"临晋设疑""夏阳渡军"传统战法，12万大军，在东阿至濮县方圆300里的地段上，一举突破敌人号称足抵"40万大军"的黄河防线。

这一举动，引起了国民党统帅部的惊恐与骚动，然而又十分迷惑不解。这时候，刘邓按照毛泽东的战略意图，出击陇海线，这是敌人统帅部通向华东、华北、西北、东北的生命线和交通大动脉。刘邓亲率四个纵队，穿过敌人六七十里的封锁线，攻下敌人十几个城镇，歼敌五千多，控制敌军铁路三百多里。

兵无常势，水无常形。敌军统帅部以为找到了解放军的主力，调兵遣将前来会剿，刘邓却率军于8月7日夜离开鲁西南向南进军。蒋介石错误地以为：刘邓大军经过一个月连续作战，消耗甚大，疲惫不堪，短时间难以再战，于是他坐镇开封，部署30个旅，兵分五路向刘邓大军合击。可是他万万没有想到，此时的刘邓大军已经进入黄泛区部队由北向南，进入无人居住的黄泛区干什么？刘邓要到哪里去？

刘邓要率领十几万大军一直向南走，要跃进一千里，到大别山去。

大别山位于鄂豫皖三省交界地区，西至平汉路，东到淮南路，北连淮河，南临长江，雄峙于武汉、南京之间，依据它既可以瞰制中原又能威胁南京、武汉，是解放军夺取中原和进军江南的战略要地。

在千里跃进大别山之前，刘邓召集各纵队军政首长研究这次行动计划。邓小平说："毛主席指出，我们到大别山有三个前途：一是付了代价站不住脚，退了回来；二是付出代价站不稳，在周围坚持斗争；三是付了代价，站稳了。我们要克服困难，力争第三个前途，争取为跃进到大别

虢季子白盘

《孙子兵法》，中国古代的军事名著，中国现存最早的兵书。春秋末孙武作。《史记·孙子吴起列传》载孙武以兵法见吴王阖闾，阖闾说："子十三篇，吾尽观之矣。"但《汉书》著录《吴孙子兵法》为八十二篇，图九卷。据唐代杜牧称："孙武书数十万言，魏武（曹操）削其繁剩，笔其精粹成此书。"1972年山东临沂县银雀山西汉墓发现《孙子兵法》残简，并有《吴问》等佚文。今存本十三篇，有：计、作战、谋攻、形、势、虚实、军争、九变、行军、地形、九地、火攻、用间等。该书总结了春秋末期及其以前的作战经验，揭示了战争的一些重要规律，如"知彼知己，百战不殆"等，包含着朴素的唯物论和辩证法，历来被称为"兵经"，受到国内外的推崇。有曹操、杜佑、李筌、

杜牧、陈皞、贾林、孟氏、梅尧臣、王皙、何延锡、张预等十一家注。现存宋本较详备。并有英、日、俄、德、法、捷等文译本。孙子，名武，字长卿，是春秋末期齐国乐安（今山东惠民）人。由于孙子的功业是在吴国建立的，所以孙子又被称为吴孙子。孙子的生卒年代尚不可考，大约与孔子（公元前500年前后）是同时代人。孙武出生于一个具有兵学渊源的军事世家中，从小受到良好的军事文化的熏陶。齐国是历史上著名的军事家姜尚（姜太公）的封地，又是政治家、军事家管仲大展宏图的地方，还一度是春秋时期政治、军事、

山，并在那里站稳脚跟而斗争。跃进大别山，解放中原，这是中央的第一步棋；下一步棋，就是以中原为阵地，再来一个跃进，打过长江，解放全国。"

刘邓大军兵分三路，历经21天的艰苦跋涉和激烈战斗，行程一千余里，横跨陇海线，涉过黄泛区、涡河、颖河、洪河、汝河……刘邓决心在敌军中间杀开一条血路，强渡汝河抢渡淮河，胜利进入大别山。

蒋介石发现刘邓的意图是经略大别山时，如梦初醒，急忙调吴绍周部一个师另一个旅到汝南埠一带，占领渡口，毁掉民船，决意挡住刘邓大军的去路，军情千钧一发，当得知汝河河桥多次修复又多次被毁，对面之敌用了两个旅的兵力企图压过来时，刘邓提出："狭路相逢勇者胜，刀山火海也冲过去！"

后来，敌八十五师师长吴绍周在淮海战场上被俘时，已是敌十二兵团副司令兼85军军长。刘邓见到了战俘所里的吴绍周，他们自然而然地谈起汝河遭遇战。

吴绍周说："1947年8月22日、23日和24日，由我带领一个师和另外一个旅到汝南埠的大、小雷岗一带，担任阻击任务。22日到达目的地，23日下午战斗打响，我举起高倍望远镜亲自观察，首先，就把我闹糊涂了。我判断不准你们在河北岸到底是什么兵种？说是步兵，有那样多的马匹；说这是骑兵，又有众多人在步行……说是辎重，又有战斗部队，说是战斗部队，又有不少人使用短枪……我向来也还算能够正确判断敌情的，这下可难坏了我！"

刘伯承、邓小平听着笑得前仰后合……

吴绍周接着说："判断不准敌情，就下不了决心嘛！我的指挥方案是，准备用两旅之众，粘

住你们，再调两旅进行合击。不等我部署停当，你们已经呼呼啦啦地冲到我的眼前了……"

刘伯承对吴绍周说："那时我们就在你阵地前借路！"

吴绍周立即止住笑容，肃然正襟地说："当时部队虽然火力不强，可打得勇猛顽强，令人望而生畏。"当刘伯承说他和邓小平就在大雷岗村外走过，吴绍周说："我的天哪，子弹有眼，幸亏没有打上你们任何一位……如果伤着你们，我吴绍周就是千古罪人了！"

刘伯承和邓小平一起笑了起来。[59]

渡过汝河之后，刘邓于8月25日下午风尘仆仆地赶到淮河北岸的彭店，召集前线指挥员会议。这时的气氛，没有汝河北岸的紧张了。邓小平说："我们到大别山还有一道险关——淮河。"前线指挥员会议上，定下拂晓前攻下息县，夺下淮河渡口，准备船只渡河，以便部队迅速进入大别山的作战方针。8月26日凌晨，淮河渡口如期攻下，但渡河缓慢，只有十来只小船在那里往返摆渡，此时此刻，敌人19个旅20万人已尾追过来，先头部队已和刘邓后卫部队接上了火，距淮河渡口仅30里，形势再度变得紧迫。刘邓来到淮河边，邓小平提出，刘伯承先行渡河指挥部队进入大别山，李达参谋长指挥部队渡河，他率领部队阻击敌人。刘伯承说："政治委员说了就是决定，立即执行。"

随后，刘邓来到先头部队的旅指挥所，此时正值雨季，淮河水忽涨忽落。前线指挥员和当地老百姓都说这时不能徒涉淮河。刘伯承只好向河边走去，安排司令部部分指挥人员先渡河，他自己要来一根长竹竿，登上一条船，在河里探来探去。那时天还没亮，只见刘伯承在黎明前的黑暗中，随着船的起伏，在河里测量水深。突然，他

文化活动的中心，这一切为孙武研究古代兵法和写作提供了得天独厚的条件。《孙子兵法》雄视古今军事几千年，是古今军事将领和高官大吏们必读之书。现在《孙子兵法》获得广泛的世界声誉，被列入"世界四千年中十大名著"（美国哈佛大学57名学者1996年评选）。孙子强调打仗要打活仗，而不要打死仗，强调要通过"示形"以"动敌"："善动敌者，形之，敌必从之；予之，敌必取之。以利动之，以卒待之。""兵者，诡道也。故能而示之不能，用而示之不用，近而示之远，远

大喊：“能架桥呀！快去告诉李参谋长架桥。”随即又写了一封亲笔信：“河水不深，流速甚缓，速告李参谋长架桥。”不一会，一位团政委送来一封信，说该团一位马夫掉了队，没上成船，后从上游徒涉过去了。这时刘伯承亲眼看见上游有人牵马徒涉过了河。他急忙给李达送去急信，不要架桥了，迅速组织部队徒涉。这样，当太阳升起的时候，刘邓大军的千军万马沿着河上的路标，合成数路，陆续涉过淮河。不久，敌军追到，而此时洪水滚滚而来，别说徒涉，连用船也渡不过去了，敌军惊呼：“天意啊，天意！”[60]

而示之近。”善战者，“致人而不致于人。”即是说善于打仗的人，要吸引、调动敌人而不被敌人所吸引、所调动。

这种经历，邓小平牢记在心。后来他对儿女们谈起过淮河的情景。“那一路真正的险关是过黄泛区、过淮河，刘伯伯去探河，水深在脖子下，刚刚可以过人，这就是机会呀！我们刚过完，水就涨了，就差那么一点点时间，运气好呀。以前，从来不知道淮河能够徒涉，就这么探出条道路来了，真是天助我也！好多故事都是神奇得很。”[61]

1933年3月，在抗战前夕，4名华北妇女界代表来到喜峰口劳军，拿着战士的大刀留影

　　1947年8月27日，刘邓大军终于走进了大别山。这一消息传到陕北，毛泽东欣喜地说："我们总算熬出头了。二十多年来，革命一直处于防御地位，自刘邓南征后，我们的革命战争，才在历史上第一次转为战略进攻。""这是一个历史的转折点。这是蒋介石的二十年反革命统治由发展到消灭的转折点。这是一百多年来帝国主义在中国的统治由发展到消灭的转折点。这是一个伟大的事变。"

　　对于千里跃进大别山，邓小平在《对二野历史的回顾》中说："我们前进了一千里，直达长江，面对着武汉、南京、上海，扩大了四千五百万人口的新解放区，这是个真正的胜利，前进一千里的意义就在这里。""大别山战略机动范围不大，容不下更多的部队，特别是人们习惯于在平原地区搞大开大合的作战。所以，

解放区翻身农民在批斗地主

把部队分开建立军区军分区以后，主力就逐步向北面转移。中间还有些插曲，就是部队的同志着急，总想打个把歼灭战。我们开了个会，我讲的话，提出要避战。因为那时打不得败仗，一败就不可收拾。后来刘邓分开了。伯承率领一纵和野战军的司令部直属队到淮河以北，指挥全局。南下大别山的两个后续部队王宏坤、张才千的十纵和十二纵，也不在大别山，向桐柏、江汉两区展开。就是我一个，先念一个，李达一个，带着几百人不到一千人的前方指挥所留在大别山，指挥其他几个纵队，方针就是避战，一切为了站稳脚。那时六纵担负的任务最多，一会儿由西向东，一会儿由东向西，今天跑一趟，明天跑一趟，不知来回跑了多少趟，调动敌人，迷惑敌人。别的部队基本上不大动，适当分散，避免同敌人碰面。这样搞了两个月，我们向中央军委、毛主席报告，大别山站稳了，实现了战略任务。主力撤回北面，准备大的战斗，大的战争还是到北面去打。大别山斗争的胜利，主要是对几个问题的判断比较准确，处置也比较正确，我们伤亡不算很大，费的劲也不算很大，但是完成了战略

秦十二字瓦当

任务，种种艰难都克服了，站稳了脚，把战线从黄河延伸到长江。所以说，战略反攻，二野挑的是重担，还是那句老话，叫做合格。"〔62〕

《孙子·虚实篇》中说："夫兵形象水，水之形，避高而趋下，兵之形，避实而击虚"。《孙子·军事篇》中说："避其锐气，击其惰归。"孙武主张"水因地而制流，兵因敌而制胜。故兵无常势，水无常形；能因敌变化而取胜者，谓之神。"刘伯承邓小平把孙子兵法用活了。大别山好比一把利剑，直插到蒋介石的心里面，刘邓大军进入大别山，蒋介石寝食难安。卧榻之侧，岂容他人酣睡？他急忙调重兵围剿，然而，一切已经晚了。在逐鹿中原的决战中，他一再被刘伯承邓小平声东击西的战略战术所调动，最后输得干干净净，丢掉了大陆。

刘邓大军胜利进入大别山麓

从孔子的"名不正，言不顺"
到财政部的"有财无政"

1954年1月，邓小平说：财政部代替各部门决定政策，这是不懂得数字中有政策，决定数字就是决定政策。有人说是"有财无政"，"政"是有的，但是错了。过去财政部管得多，反而挨了骂。挨骂有两方面：一方面是袖筒里谈交易，不给钱挨骂，给了钱也挨骂；另一方面是预算不采取归口的办法，控制不住，干预过多，因而财政部成了被斗争的焦点。

1954年元月，时任政务院副总理兼财政部部长的邓小平提出了财政归口的方针。邓小平说："归口。为什么提出这个方针？这是鉴于过去的预算，特别是1953年的预算有危险性，而更大的危险性是财政部代替各部门决定政策，这是不懂得数字中有政策，决定数字就是决定政策。归口就包括政策问题，数目字内包括轻重缓急，哪个项目该办，哪个项目不该办，这是一个政治性的问题。财政部代替各部作决定，有人说是'有财无政'。'政'是有的，但是错了。过去财政部管得多，反而挨了骂。挨骂有两方面：一方面是袖筒里谈交易，不给钱挨骂，给了钱也挨骂；另一方面是预算不采取归口的办法，控制不住，干预过多，因而财政部成了被斗争的焦点。归口以后，就易于控制，预算就容易确定。所以预算要归口，不能有不归口的预算项目。归口不等于财政部不管，财政部有干预的权利，要提出意见。财政部提意见，是从全局出发，考虑有钱没钱，是否符合国民经济发展的比例。预算不能由各部自己决定，但必须以各部门为主，共同商量。各级、各部门对归口是赞成的，现在有一些还没有归口，归口以后，工作就主动了。"〔63〕

孔子所说的"名不正则言不顺，言不顺则事不成，事不成则礼乐不兴。"是说明"正名"的

孔子退而修诗书

76

重要性。邓小平从孔子的语言中吸取了智慧，并将其加以发挥，"财政部代替各部作决定，有人说是'有财无政'，'政'是有的，但是错了"。分析这段话的意思，财政部还是财政部，只是"政"得怎么样？因为"过去财政部管得多，反而挨了骂"，所以要归口，实行归口管理，既发挥各个口的主观能动性，又对各个口加以必要的控制，把错误的财政变成正确的财政，变成名副其实的财政，变成服务大局、懂得轻重缓急、懂得运用数字决定政策的财政。总而言之，制定政策要符合各个部门的实际，从实际出发，从大局出发，以保证诞生不久的中华人民共和国的生存与强大。

据戎子和回忆，邓小平对毛泽东非常尊重。这主要表现在他善于把毛泽东关于财政问题的指示与实际结合起来，做出正确的决策。邓小平是1953年9月18日担任财政部长的。1953年12月财政部开始编制1954年国家预算草案。一天，邓小平特意找到戎子和，问道：毛主席对财政工作有过什么重要指示？戎子和想了想回答说：毛主席对财政工作有不少指示，财政部还编印了一个小本本，在编制预算方面概括地说主要是三句话：收入打足，支出打紧，留有余地。邓小平听后，沉思了一下，坚定地说：这三句说得好！打明年的预算，就按这个方针办。后来，财政部编制了1954预算收支计划。1954年6月，邓小平在向中央人民政府所作的《关于一九五四年国家预算草案的报告》中，提出"必须把国家预算建立在可靠的、稳妥的基础上"，并且执行的结果要力争"达到收多于支和有相当的后备力量"。同时，还传达了毛主席"增产、节约、多留后备力量，是巩固国家预算的可靠的三道防线"的指示。这一年，国家预算执行的结果是，收支相抵，结余

孔　子

孔子（公元前551至公元前479年）春秋末期思想家、政治家和教育家，儒家的创始者。名丘，字仲尼。鲁国陬邑（今山东曲阜东南）人。先世是宋国贵族，少"贫且贱"，长大后，做过"委吏"（司会计）和"乘田"（管畜牧）等事。学无常师，相传曾问礼于老聃，学乐于苌弘，学琴于师襄。聚徒讲学，从事政治活动。年五十，由鲁国中都宰升任司寇，摄行相事。后又曾周游宋、卫、陈、蔡、齐、楚等国，自称"如有用我者，吾其为东周乎"？终不见用。晚年致力教育，整理《诗》、《书》等古代文献，并把鲁史官所记《春秋》加以删修，成为我国第一部编年体的历史著作。弟子相传先后有三千人。其中著名的有

16亿多元，日子过得不错。[64]

除了实行归口管理外，邓小平还提出了六条财政工作方针：（1）支出包干使用；（2）自留预备费，结余不上缴；（3）控制人员编制；（4）动用总额预备费，须经中央批准；（5）加强财政监督。为什么要提出六条方针？邓小平说："六条方针有一个重大的政治目的，就是要把国家财政放在经常的、稳固的、可靠的基础上。今天的国家财政是不稳固的，经不起重大考验的。我们要认识这种形势，要兢兢业业地改变这种形势。财政如何稳固，大家要研究，要谈清楚。过去的财政就是不稳固的。1950年全国刚解放，金融不稳定，财政不可能稳固；1951年抗美援朝，要打仗，财政也不可能稳固；1952年财政情况比较好；1953年过早地花光了总预备费，只好'搜刮'地方及中央各部门四十多万亿元，如无大问题，万事大吉，如出现大问题，即束手无策。立国的政策应放在有力量应付外侮和应付万一。'刮光'了地方上的底子，如出现像抗美援朝这样的战争，或发生严重灾荒，或须紧急兴

1950年6月，毛泽东主持召开中共七届三中全会，提出要在三年左右的时间里，争取国家财政经济状况的根本好转

建一个大工程，或有了新的技术发明要采用，就没有后备力量了。那时就只有加税和减少人头费，就要弄得大家哇哇叫。再一个办法，就是减少必要的开支，把国家工业化的投资和进行社会主义改造的经费也刮掉，这样影响就更大，就会动摇根本，财政后备力量基础的巩固，必须建立在经济发展上。为了发展经济，保证物价稳定，工商企业须有固定的流动资金，银行须有足够的银行基金，而这些过去是没有或者不足的，且各大区各级都已没有底子，各方面搞得很枯竭。我们要花几年功夫才能把国家财政放在稳固的基础上。这就要把后备力量放在各方面，要在各方面打底子。"〔65〕邓小平关于财政工作的意义在这段话里说得很透彻，很有逻辑性。国家财政的稳定，关系到国家的稳定，国家财政不稳，只好向地方伸手，而把地方搞光，国家也将束手无策。怎么办？国家要留有余地，要控制总预备费。要巩固财政后备力量，必须发展经济。要发展经

孔子墓碑

七十余人。孔子曾大力宣传仁学，认为仁即爱人，提出"己所不欲，勿施于人"，"己欲立而立人，己欲达而达人"等论点。在世界观上，对殷周以来的鬼神、宗教迷信采取存疑态度，认为"未知生，焉知死"；"未能事人，焉能事鬼"。但仍强调"不知命，无以为君子也"。在认识论和教育思想方面，注重"学"与"思"的结合，提出了"学而不思则罔，思而不学则殆"和"温故而知新"等命题。首创私人讲学的风气，主张"有教无类"，因材施教，并有"学而不厌，诲人不倦"的精神，但鄙视"学稼"、"学圃"，强调"君子学道则爱人，小人学道则易使也"。主张"正名"，"名不正则言不顺，言不顺则事不成"。并提出"不患寡而患不均，不患贫而患不安"。自汉以后，孔子学说一直是历代文化的正统。现存《论语》一书，记有孔子的谈话以及孔子与门人的问答，是研究孔子学说的主要资料。《论语》共二十篇，

济,必须把后备力量放在各方面,把各方面的底子打足,这就如同四梁八柱立稳了,房顶才撑得住,房顶撑好了,又能保护四梁八柱不受风吹雨淋,这就是中央与地方、全局与局部关系的辩证统一。财政,这一个政字含义颇深。

孔子对殷周以来的鬼神宗教迷信采取怀疑态度,用他自己的话来说是"敬鬼神而远之"。1943年元月邓小平在中共中央太行分局高级干部会议上说:"对死心塌地的汉奸及借刀杀人分子,在其没有危害我们时,应采取'敬鬼神而远之'的态度。各地经验证明,我们对此问题处理不郑重是要吃亏的。"

《礼记·大学》有言:"十目所视,十手所指,其严乎。"《礼记》是儒家的经典之一,有

1929年12月11日,共产党人邓小平、张云逸、雷经天、韦拔群等在广西发动了百色起义。这是在百色起义时的邓小平

东汉列为七经之一,南宋淳熙间,(公元1174—1189年)朱熹把它和《大学》、《中庸》、《孟子》合为《四书》。注释有三国魏何晏《论语集解》,南北朝梁皇侃《论语义疏》,宋刑昺《论语正义》、朱熹《论语集注》等。

黄道经纬仪

《曲礼》、《檀弓》、《王制》、《月令》、《礼运》、《学记》、《乐记》、《中庸》、《大学》等49篇，大多是孔子弟子及其再传、三传弟子所作，也是讲礼的古书。是研究中国古代社会状况、儒家学说和文化制度的参考书。1950年5月邓小平在西南区新闻工作会议上作报告说："中央要公布土地法，要无例外地领导各阶层人民学习，因为都牵涉到。报纸要组织学习、讨论，使党内党外都知道。'十目所视，十手所指'。大家都学习了，了解了，就不容许干部乱干了，对整个领导有好处。上面说的这些问题，都是报纸要实现领导的任务。在突出的方面要集中力量，有的时候整版来登，用一个月时间，发表一连串的评论、社论来宣传和贯彻。这样人们就注意了。有没有力量，不仅是质，也有量的问题。质是要准确性，量也要加大，各方面围绕于此，才有力量。"〔66〕

孔子说："学而时习之，不亦乐乎。""温故而知新。"邓小平是最善于学习的。如何当个领导？当领导的人主要方法是什么？开始时，邓小平并不知道。不知道，他就学习。后来，他终于知道了，并且将这学来的经验告诉别人，对自己，学而不厌；对别人，诲人不倦。1950年5月，邓小平说："拿笔杆是实行领导的主要方法。领导同志要学会拿笔杆。开会是一种领导方法，是必需的，但是到会的人总是少数，即使做个大报告，也只有几百人听。个别谈话也是一种领导方法，但只能是'个别'。实现领导最广泛的方法是用笔杆子。用笔写出来传播就广，而且经过写，思想就提炼了，比较周密。所以用笔领导是领导的主要方法，这是毛主席告诉我们的。凡不会写的要学会写，能写而不精的要慢慢地精。"〔67〕

红四军政治部主任陈毅

在国庆观礼台上，邓小平与朱德、贺龙在一起

学习。要学会领导，就要学会写文章，这是党的领袖毛泽东教给邓小平的。那么，打仗，教邓小平学会打仗的人，首推陈毅。陈毅曾率领部队从武汉前往南昌参加南昌起义，中途受阻，没有赶上，后来在临川与南昌起义军会合，此后同朱德等人率部转战粤赣湘边界，发动湘南起义，1928年4月与毛泽东会师井冈山。会师后先是出任红四军师长，后任红四军军委书记，在此期间，陈毅曾到上海向中央汇报工作，邓小平后来对子女说："我刚到红七军的时候，什么也不知道，一点军事也不懂。还是我在上海当中央秘书长的时候，陈毅来中央汇报红四军的工作，才知道了好多情况。这也是一种学习呀！"邓小平还对陈毅的女儿说："我从你爸爸那里听了不少东西，后来搬到红七军去用。"

孔子说："学而不思则罔，思而不学则殆。"邓小平是最善于把学习和思考结合起来的。邓小平懂得，光学习而不思考是容易迷惘的，而仅仅只是思考却不学习是危险的。据邓小平的女儿毛毛在《我的父亲邓小平：文革岁月》中披露："我们家的藏书，什么都有。中国历史方面的，有《二十四史》、《资治通鉴》等等；中国文学的，有《红楼梦》、《三国演义》、

《水浒》、《西游记》、《桃花扇》和诗经、唐诗、宋词、元曲及现代作家鲁迅、巴金、老舍的作品等等；外国文学，有托尔斯泰、果戈理、契诃夫、陀思妥耶夫斯基、巴尔扎克、雨果、罗曼·罗兰、大仲马、莫里哀、萧伯纳、泰戈尔、海明威等等的诸多作品；还有许许多多外国历史、回忆录、传记、哲学等方面的书，当然，还有许多马列主义的书籍。这又沉又重的几大箱子书，真是我们的宝贝啊。在孤寂的年代，靠着读书，可以疏解寂寞，可以充实生活，可以增长知识、可以陶冶情操，可以安静心灵。父母亲都喜欢看书，在闲暇的午后，在万籁俱静的夜晚，书，陪伴着他们共度岁月。"〔68〕在蒙难江西三年多的日子里，邓小平读书时思索，走路时思索。他住的将军楼是个小院子，他每天平均要走一万步，星期天走七八千步。据裒之倬在《邓小平传奇》中记载：老年人搞什么体育锻炼好呢？邓小平选择了走路。他每天要走一万步，星期天至少要走七八千步。这对于一个65岁的老年人来讲是一种十分适宜的运动。走路运动不很剧烈，但全身可以活动，血液循环加快，增强了新陈代谢。走路的运动量可以自我掌握，不会导致疲劳受伤。那时没有什么计步器，邓小平就在国庆观礼台上，邓小平与朱德、贺龙在一起在心里默默地计数。每天从住地出发，走出步校门，向左拐沿着新开辟的"邓小平小道"爬上一个不太高的坡，直达工厂的后门，再进入车间，约两华里路，来回差不多五千多步。中午饭后，邓小平有午睡的习惯，大约两点半钟起床后，他便下楼来到院子里，围绕着将军楼走三四十圈，每圈以一百四十步左右计，共有五千步。如果以千步为一里计，一天走十里，一年走三千六百里，三年就是一个万里长征。〔69〕

83

邓小平在院子里散步时，总是微低着头，迈着轻快的步子，深深地陷入沉思。他走路有个特点，喜欢把左手插入裤子口袋，右手作前后摆动，动作十分有力。有时，他又把双手都插入裤子口袋，挺直胸部大步流星地走。这种迈步的雄姿，使人感受到一种胜利的信念。[70]正如毛毛《在江西的日子里》一文中所说："看着他那坚定而又敏捷的步伐，我心想，他的信念、思想和意志更明确、坚定了，为他今后的战斗做好了准备。"[71]

从"小康大同"到"实现四个现代化"

小康，语出《礼记·礼运》篇。礼记四十九篇，大多是孔子弟子及其再传、三传弟子等所记。礼运篇，大约是战国末年或秦汉之际儒家学者托名孔子的著作，其中有"大道之行，天下为家"的小康社会的描述，是指不如大道大同之世的低级阶段。"大同"思想对后来的思想家如洪秀全、康有为、孙中山等都有影响。

1979年12月6日，邓小平对来访的日本首相大平正芳说：我们要实现的四个现代化，是中国式的四个现代化，是"小康之家"。

小康，语出《礼记·礼运》篇。礼记四十九篇，大多是孔子弟子及其再传、三传弟子等所记。礼运篇，大约是战国末年或秦汉之际儒家学者托名孔子的著作，其中有"大道之行，天下为家"的小康社会的描述，是比"大同"理想较低级的一种社会。"大同"思想对后来的思想家如洪秀全、孙中山、毛泽东等都有影响。小康社会，曾经是孔子所称道的理想社会。所谓"大道既隐，天下为家，各亲其亲，各子其子，货力为己，大人世及以为礼，城郭沟池以为固，礼义以为纪，以正君臣，以笃父子，以睦兄弟，以和夫妇，以设制度，以立田里"。孔子所追求的这种理想，不过是力图重返禹、汤、文、武、成王、周公之治，是孔子心目中的乌托邦。何谓小康社会？不过是衣食温饱、安然度日，其乐融融，物质生活与精神生活达到一种美满状态。这种社会，在历朝历代也曾经闪现过，诸如"文景之治"、"康乾盛世"，只不过都是转瞬即逝，终究掩盖不了"朱门酒肉臭、路有冻死骨"的残酷社会现实。

1979年12月6日，邓小平对来访的日本首相大平正芳说：我们要实现的四个现代化，是中国式的四个现代化，是"小康之家"，到20世纪末，国民生产总值人均一千美元。在改革开放之初，中国人均国民生产总值才250美元。据邓小平估计，到20世纪末要增加3倍，才能达到人均1000美元。

据邓小平的女儿毛毛说："我们家的藏书，什么都有。中国历史方面的，有《二十四史》、《资治通鉴》等等；中国文学的，有《红楼梦》、《三国演义》、《水浒》、《西游记》、"三言"、"二拍"、《儒林外史》、《镜花缘》、《西厢记》、《牡丹亭》、《桃花扇》和

诗经、唐诗、宋词、元曲，及现代作家鲁迅、巴金、老舍的作品等等。"〔72〕

据毛毛说，父母亲都喜欢看书，在闲暇的午后，在万籁俱静的夜晚，书，陪伴着他们共度岁月。邓小平的小康大同思想，并不是空穴来风，也不是一种忽发奇想。它有一个酝酿过程，对于务实的邓小平来说，也许，它已经翻滚在他的脑子中有千百遍了。

"我是中国人民的儿子。我深情地爱着我的祖国和人民。"邓小平说。在江西新建县拖拉机修造厂参加劳动的日子里，邓小平接触到了最低层人民的实际生活。应该说，当时邓小平的处境是一种"四不像"的处境。说像监禁吧，却可以与普通人接触；说像劳动锻炼吧，却随时有人监视；说是敌人，是党内第二大走资派吧，却保留着党籍，拿部分工资……这种人"鬼"不分，寒热不均、上下求索的处境和心态，按一般常人来说，是难以忍受的。然而，毛泽东却相信邓小平能够忍受，也能够挺过来。在这之前，毛泽东就通过汪东兴给邓小平交过底：第一，要忍，不要着急；第二，刘、邓可以分开；第三，如果有事可以给他（毛泽东）写信。〔73〕其时是在1967年的5月，造反派冲进中华人民共和国主席刘少奇家中批斗他之后不久。

由此可见，作为政治家的毛泽东已经与邓小平之间达成了某种默契，因此，邓小平在江西劳改的一千多个日日夜夜里，他翘首以盼的是重新出来工作，而工作的目的是什么？应该说，他通过江西新建县拖拉机修造厂，看到了中

1902年4月，康有为著成《大同书》。

该书综合了自19世纪中叶以来在中国产生的维新思想，并依据儒家传统经典《公羊传》中所倡的三世说和《礼记·礼运篇》中所描述的小康、大同说，对人类历史的进程提出了一个三段论的学说，人类由"据乱世"进入"升平世"，再由"升平世"进入"太平世"，太平世亦即大同世，为人类理想社会的最高阶段。

《大同书》全出共分十部。

康有为在书中首先揭露了人间由于不平等而产生的

故宫太和殿前的日晷

87

国人民生活的缩影。作为理想主义者和现实主义者相结合的他，从源远流长的中华民族智慧宝库里找出小康之家这个看得见摸得着的武器，将它紧紧地捏在手里，不停地打量、锻造、升华，从而变成一把所向披靡的利器。当他第三次复出时，已是年逾古稀，七十有五。然而他却手执这把利器披挂上阵了。他为人民谋幸福。"他"不单指毛泽东一个人。他是他、他、他……一群代表了中国人民根本利益的真正的共产党人。

据党史学者刘强伦、汪太理说：建国以来，党虽多次犯错误，"但实现四个现代化的目标，自1954年提出来之后，虽有中断，却从未放弃。这可以说是中共经'文革'而领导地位并未动摇的一个奥秘，也可以说是邓小平成为中共第二代领导核心的一个奥秘"〔74〕。

邓小平于1980年12月25日正式提出小康思想。他在那时召开的中央工作会议上发言说：经过20年的时间，使我国现代化经济建设的发展达到小康水平，然后继续前进，逐步达到更高程度的现代化。根据邓小平的这一战略目标，党的十二大确定了从1980年算起到20世纪末工农业生

激进的变法维新者梁启超。1902年10月，他第一次在《新民丛报》上向国人介绍了马克思。

晚清的北京城收买古董的小贩

晚清秦淮河畔的艺人。

产总值翻两番的指标，人民生活从温饱达到小康水平。到21世纪50年代，即中华人民共和国建国一百周年的时候，15亿人口的中国，人均国民生产总值达到中等发达国家的水平，人民生活由小康渐渐向大同接近，社会主义初级阶段渐渐向中级、向高级迈进……

1984年3月25日，邓小平在会见日本首相中曾根康弘时说："中国现在的情况总的是好的。这几年一直摆在我们脑子里的问题是，我们提出的到本世纪末翻两番的目标能不能实现，会不会落空？从提出到现在，五年过去了。从五年看起来，这个目标不会落空。翻两番，国民生产总值人均达到八百美元，就是到本世纪末在中国建立一个小康社会，这个小康社会，叫做中国式的现代化。翻两番，小康社会，中国式的现代化，这些都是我们的新概念。"〔75〕1984年6月30日，邓小平在会见第二次中日民间人士会议日方委员会代表团时说："我们提出四个现代化的最低目标，是到本世纪末达到小康水平。这是1979年12月前日本首相大平正芳来访时我同他首次谈到了。所谓小康，从国民生产总值来说，就是每人均达到八百美元。"〔76〕1985年9月23日，邓小平在中国共产党全国代表会议上的讲话

种种苦难，提出去国界、去级界、去种界、去形界、去家界、去产界、去乱界、去类界九界，然后全人类才能过上自由、平等、和平和民主的幸福生活。

康有为把人类社会的远景，即他所憧憬的"大同之世"描述为大同之世，天下为公，无有阶级，一切平等；财产公有，农工商之业皆归之于公；国家无君长、无帝王，人人平等；生产力高度发达，生产皆用机器；男女平等，婚姻自由，人民民主，社会安定。这表现了康有为和平渐进的历史观、民主主义的平等思想和某些社会主义的空想。

康有为是一个追求真理的人，他关于小康、大同的思想反响很大。但在现实中，却没能找到一条通往大同之世的康庄大道。

中说："现在人们说中国发生了明显的变化。我对一些外宾说，这只是小变化。翻两番，达到小康水平，可以说是中变化。到下世纪中叶，能够接近世界发达国家的水平，那才是大变化。到那时，社会主义中国的分量和作用就不同了，我们就可以对人类有较大的贡献。"[77]1986年6月18日，邓小平以82岁的高龄接见来自全球的荣氏家族的成员和亲属时说："我们的目标，第一步是到2000年建立一个小康社会。雄心壮志太大了不行，要实事求是。所谓小康社会，就是虽不富裕，但日子好过。"

那时节，在中华人民共和国的大地上，家家户户门口贴对联都是奔小康。这是一个口号。这是一个目标。这是一个状态。这是一种奇观。自从开天辟地以来，真正实现耕者有其田这个目标的，只有中国共产党。每个农民有一块地，这是个非常稀罕的资源。小康社会的建立，不仅仅是

在30年代，上海的女性越来越多地接受了西式发型、高跟鞋和西化了的旗袍

80年代初，农民收入增加后，消费水平也不断提高。图为山东沂源县的农民高兴地购买电视机

一句空洞洞的口号，它有着自己的载体和基础。有全中国十几亿男女的努力。这是东方这条巨龙从苏醒到腾飞的原因之所在。

1992年春天，邓小平发表了著名的南方讲话，后来在收入《邓小平文选》时，题目是《在武昌、深圳、珠海、上海等地的谈话要点》。在这篇含金量难以估量的简短讲话里，邓小平又一次提到了"在本世纪末达到小康水平"的话题，同时还说："我们要在建设有中国特色的社会主义道路上继续前进。资本主义发展几百年了，我们干社会主义才多长时间！何况我们自己还耽误了二十年。如果从建国起，用一百年时间把我国建设成中等水平的发达国家，那就很了不起！从现在起到下世纪中叶，将是很要紧的时期，我们要埋头苦干。"[78]邓小平的结论，来源于实践。

早在1983年2月，邓小平南下到苏杭地区农村考察。他是乘火车去的。他一下火车，就奔赴苏州。当时党的十二大刚刚开过，和全国一样，苏州的领导和群众想的都是翻两番，奔小康。当地的领导对邓小平说：苏州一批社队1982年人均工农业总产值超过800美元，人民的物质文化生活水平有了显著提高。人民的温饱问题已经得到解决，住房人均达到20平方米，小城镇和农村盖的二三层楼房已经不少，因为土地不足，房屋正向空中发展；人口不再外流，农村的人总想往大城市跑的情况已有改变，并且开始吸收外地劳动力做工务农；中小学教育已经普及，教育、文化、体育设施和其他公共福利事业有能力自己安排；人们的精神面貌大为改观，犯罪率下降。江苏的同志掰着手指讲，邓小平非常高兴地倾听，回到北京后，先后同中央负责同志和中顾委老同志说到苏州的变化，还能一条不漏，如数家

1994年，合肥市兴起一种新的消费浪潮——拍摄黑白人物肖像照片。一些女青年在居室里不挂明星照，而是挂上自己最满意的大照片

珍似的介绍，并且动情地说："这几条就了不起呀！"2月9日，邓小平来到杭州，浙江省委书记铁瑛对邓小平说：苏州人均800美金，浙江全省人均已达450美金。浙江到2000年，至少可以翻两番半。邓小平听后很高兴。由此，他推测，江苏、浙江这样发达的地区要多翻一点，因为宁夏、青海、甘肃等地翻两番可能达不到，这样削高补低，全国就能达到翻两番。三月二日，邓小平回到北京跟中央负责同志谈话。他说："这次，我经江苏到浙江，再从浙江到上海，一路上看到情况很好，人们喜气洋洋，新房子盖了很多，市场物质丰富，干部信心很足，看来，四个现代化希望很大。"1983年12月，邓小平在会见杨振宁时，充满信心地说：根据这几年的经验，本世纪末翻两番的奋斗目标是有希望实现的。1984年4月，邓小平会见英国前外交大臣杰弗里·豪时提出：同我们的大目标相比，这几年的发展仅仅是开始。达到小康水平以后，我们还要在21世纪30年到50年内，接近发达国家水平。1984年9月20日，在会见美籍华人学者吴健雄、袁家骝时，他更加肯定地说，实现小康目标，是有把握的。

哲人虽逝，宏愿已成。邓小平设想的小康社会的目标已经达到。"三步走"是1982年召开的中共十二大以基本实现现代化的最终目标的经济建设蓝图。最初称为两步走，后来把第一步分解成两步，以1980年为基点，每十年跨一步，人均国民生产总值翻一番，分别达到温饱和小康水平。第三步原定为30年至50年，后定为50年，在前20年翻两番的基础上再翻两番，达到中等发达国家的水平。用数

"妈妈到那边去"——这张由香港摄影家拍摄的照片，反映了香港回归前作者对社会主义祖国的向往

据表达，即分别达到人均国民生产总值为500美元、1000美元和4000美元。这些具体数据有过一些弹性，但温饱型、小康型、中等发达型这三个总体目标一直没有发生改变。"三步走"的前两步已经基本完成，取得举世公认的成就，第三步目标作为邓小平的未竟之志，正由中共第三代领导人带领中国人民在社会主义的发展道路上奋力实现。

从"拨乱反正"到历史转折关头的除旧布新

邓小平的智源

班固《汉书·礼乐志》："汉兴，拨乱反正，日不暇给。"1977年9月17日，邓小平同志与教育部主要负责同志谈话，提出教育战线要拨乱反正，恢复高考制度，发挥知识分子的积极性。紧接着，通过"实践是检验真理的唯一标准"的大讨论，平反冤假错案，为全面纠正"文化大革命"的错误，把全党工作的重点转移到经济建设上来开辟了道路。

拨乱反正，即治平乱世，恢复正常。《公羊传·哀公十四年》："拨乱世反诸正，莫近诸《春秋》。"《春秋》，相传孔子依据鲁国史官所编《春秋》加以整理修订而成。起于鲁隐公元年（公元前722年），终于鲁哀公十四年（公元前481年），计242年。是后代编年史的滥觞。《春秋》文字简短，相传寓有褒贬之意，后世称为"春秋笔法"。解释《春秋》

邓小平在1985年说过："十一届三中全会以来的将近七年，是新中国成立以来最好的、关键性的时期之一。这确实来之不易。我们主要做了两件事，一是拨乱反正，二是全面改革。"[79]

拨乱反正的切入点是教育，是高教招生工作。在"文化大革命"中，高教招生工作采取的是自愿报名、群众推荐、领导批准、学校复审，以至于出现白卷英雄上大学的怪事。1977年邓小平复出前夕，就明确指出："日本人从明治维新就开始注意科技，注意教育，花了很大力量。"[80]日本明治维新是19世纪后期以"求知于世界"和"门户开放"为显著特征的改革运动。

1977年7月，中共十届三中全会通过决议，恢复了邓小平党内外一切职务。

1977年8月，邓小平出席全国科学和教育工作座谈会，与会者谈到了高等教育招生工作令人不满和忧虑的现状。有人讲到清华大学的教学质量时说，现在很多人小学毕业程度补习了八个月就学大学的课程，读三年。学部委员、武汉大学查全性教授提出，9月份大学又要招生了，他不赞成继续按老办法，希望赶紧改正过来，当即有很多同志表示赞同。大家一致认为，推荐的办法鼓励了"走后门"，不要求基本的文化水平，不符合我们党一贯坚持的德、智、体全面发展培养人的方针。邓小平说："既然大家要求，那就改过来。"接着他问在场的教育部部长刘西尧："报告送出去没有？""今天上午刚送出去。"邓小平坚定地说："那还来得及追回来。今年就要下决心恢复从高中毕业生中直接招考学生，不要再搞群众推荐，从高中直接招生，我看可能是早出成果的一个好办法。"话未落音，掌声热烈响起，经久不息，在场的著名科学家、教育家们感慨万端：中国的高等教育、中华民族的科教事业又有了希望！

早在这一年的6月底，教育部在山西太原晋祠宾馆组织召开了粉碎"四人帮"后的第一次全国高等学校招生工作座谈会，与会者声讨了"四人帮"，批判了"白卷英雄"，然而高等教育战线上空的两团阴云："七·二一"道路和"两个估计"（即17年教育黑线专政的估计和知识分子大多数是资产阶级知识分子的估计）仍然笼罩着。结果这次会议仍然基本维持"文革"以来的招生办法。8月4日，教育部向国务院呈了报告，仍然维持"自愿报名，群众推荐，领导批准，学校复审"的十六字办法，关于文化考试，提出"重视文化程度""文化考查办法"，采取口试、笔试等多种形式进行，提倡开卷考试，独立完成，同时又说"不要凭一次考试决定取舍"。当时的教育部作出这样的决定，并不使人意外，因为当时中国的意识形态主流仍然是"两个凡是"占上风。

邓小平提出恢复高考制度，是拨乱反正的第一招。8月13日，教育部根据邓小平的指示，在北京饭店召开了第二次全国高等学校招生工作会议。一年之内召开两次招生工作会，是创纪录的，并且这还是新中国成立以来时间最长的一次马拉松式会议，历时44天。由于是旅游旺季，代表们由北京饭店移师友谊宾馆，又几乎将友谊宾馆住了个遍。在招生工作会议召开的同时，党的十一大召开了，这次十一大揭批了江青反革命集团和动员全党搞四个现代化，但同时肯定了"文革"的错误理论、政策和口号，压制了拨乱反正工作。

这样，招生座谈会关于恢复高考制度之议又遭遇僵局。这时，《人民日报》记者穆扬邀请了六位曾出席1971年"全国教育工作会议"、目

的有《左氏》、《公羊》和《穀梁》。《春秋公羊传》的作者公羊高，战国时齐人，相传是子夏的学生，治《春秋》。最初只有传说流传，西汉景帝时，传至玄孙公羊寿，始与齐人胡母生将《春秋公羊传》著于竹帛。

班固《汉书·礼乐志》："汉兴，拨乱反正，日不暇给。"公元前206年刘邦灭秦，后来又打败项羽，在公元前202年称帝，国号汉，建都长安（今陕西西安），历史上称为西汉或前汉。疆域东、南至海，西到巴尔喀什湖、费尔干纳盆地，葱岭，西南至云南、广西以及越南北、中部，北到

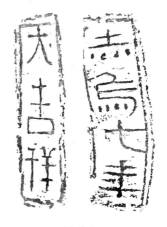

汉砖文

大漠，东北迤至朝鲜半岛北部。汉武帝时成为亚洲最富强繁荣的多民族国家。并和亚洲各国建立经济、文化上的密切联系。汉高祖刘邦，公元前202年至公元前195年在位，字季，沛县（今属江苏）人，曾任泗水亭长。秦二世元年（公元前209年）陈胜起义，他起兵响应，称沛公。初属项梁，后与项羽领导的起义军同为反秦主力。公元前206年，率军攻占咸阳，推翻秦朝统治，约法三章，废除秦的严刑苛法。同年，项羽入关，大封诸侯王，他被封为汉王，占有巴蜀、汉中之地。不久，他与项羽展开长达五年的战争。公元前202年，战胜项羽，即皇帝位，建立汉朝。在位期间，继承秦制，实行中央集权制度。先后消灭韩信、彭越、英布等异姓诸侯王，迁六国旧贵族和地方豪强到关中，以加强控制，实行重本抑末政策，发

睹"两个估计"出笼经过，而且坚决拥护邓小平拨乱反正讲话的代表座谈，他们是：陕西的文鉴白、河北的刘龙祥、浙江的陈惠滋、吉林的王野平、福建的张惠中、石化部的于文达。这六位代表指出1971年的"两个估计"，出自姚文元修改、张春桥定稿的《全国教育工作会议纪要》。9月19日邓小平就这篇"内参"发表了讲话，指出："毛泽东同志画了圈，不等于说里面就没有是非问题了。"〔81〕

邓小平还说："你们的思想没有解放出来。你们管教育的不为广大知识分子说话，还背着'两个估计'的包袱，将来要摔筋斗的。现在教育工作者对你们教育部有议论，你们要心中有数，要敢于大胆讲话。""拨乱反正，语言要明确，含糊其辞不行，解决不了问题。办事要快，不要拖。"〔82〕

邓小平力主：在招生工作中，主要抓两条：第一是本人表现好，第二是择优录取。历史性的质变在瞬间发生！

9月19日的讲话如春雷炸响天地，扭转乾坤。参加会议的代表们欣喜若狂，奔走相告，许多人连夜打电话，或复写传抄、写信，把邓小平的讲话精神传回本地区、本部门。作为一个伟大转折的参与者和见证人，他们亲眼目睹：是邓小平又一次无所畏惧地坚持了真理。接着，邓小平

简仪

庐山会议会址

亲自修改审定了来之不易的新的招生工作意见。比如关于招生政审一项，他认为太繁琐，改为"主要看本人表现"。10月5日中央政治局讨论了招生工作的文件。叶剑英、邓小平等中央领导同志接见了出席招生工作会议的代表。10月12日，国务院批转了教育部关于恢复高考的意见，这就意味着被积压和挤压了十几年的老三届，包括他们中那些业已成家的佼佼者们，终于获得了一个最后的机会，一个叫人激动落泪、幸福得落泪、焦急得落泪的机会……这一重要信息如石破天惊，一时间，教育部、各省市招生办，来信成麻袋地搬进办公室，工作人员顾不得吃饭、休息，热情地接待一批批的来访者，甚至家里也成了办公室。1977年冬季和1978年夏季报考大学的人数达到1160万，数量空前！此时，百废待举、百业待兴的中国，一时竟拿不出足够的纸张印考试卷。洛阳纸贵！为了解决77级的考卷，中共中央决定：动用印刷《毛泽东选集》第五卷的纸张。"有旧课本吗？"一时成为熟人之间最频繁的用语。一时之间，蒙尘十几年的中学课本，便从床下、墙旮旯、废纸堆、废品收购站……冒了出来，顷刻间，文化沙漠的荒凉被崇尚知识的热

展农业生产，打击商贾；以秦律为根据，制定《汉律》九章。这些措施有利于社会经济的恢复和中央集权的巩固。班固是东汉史学家（公元32年至92年）。字孟坚。扶风安陵（今陕西咸阳东北）人。初年继其父班彪所著《史记后传》，被人告发私改国史，下狱。其弟班超上书力辩，得以释放。后召为兰台令史，转迁为郎，典校秘书。奉诏完成其父的著书，历二十余年，修成《汉书》，文辞渊博文雅，叙事详赡，继司马迁之后，整齐了纪传体史书的形式，并开创了"包举一代"的断代史体例，书未成而卒，八表及《天文志》稿本散乱，由其妹班昭及马续奉汉和帝命续修完成。《汉书》体例与《史记》大略相同，惟改书

1973年4月，在周恩来举行的欢迎西哈努克亲王的宴会上，邓小平六年来第一次公开露面

情所取代！[83]

为志，废世家入列传，并创《刑法》、《五行》、《地理》、《艺文》四志，成为后世纪传体史书的准绳。《百官公卿表》叙述秦汉官制沿革，并排比汉代公卿大臣的升降迁免，简明扼要，本书是研究西汉历史的重要资料。通行注本有唐颜师古注。

张铁生成为"白卷英雄"。

1973年6月，辽宁省兴城县白塔公社枣山大队第四生产队队长张铁生参加全国高等学校招生文化考试，几乎交了白卷（语文38分，理化6分）。他自知录取无望，便将事先准备好的给领

这次恢复高考，的确不是简单地恢复，而是有了一个极具社会意义的重大突破。众所周知，在"文革"前，高校学生虽然是要通过考试这一形式，但政治审查特别严格。中国的高等教育资源在改革开放前非常稀缺。1977年度，十二届中学生大会考，父（母）子（女）同考，五百七十多万人参加，最终大中专学校录取的人数只有二十七万多人，不到今日的十分之一。资源这么珍贵，在阶级斗争观念的指导下，政审也就特别严格。不但要查三代，而且要查范围很广的社会关系。这样，很多人因家庭出身问题，父母亲问题、亲属问题、主要社会关系问题而受歧视，被永远地拒之于大学门外，或者虽被录取也是降格招入次一等的学校，这种极不公正而且严重影响人才的选拔与培养，压抑上亿人口的状况，是邓小平亲笔把它改正的。他这一改，不但改变了成千上万青少年的命运，而且还为1979年以后平反冤假错案，改变对地主、富农、工商业者、国民党时期旧人员、港台和海外侨胞在大陆亲属的

种种歧视与限制，进行社会关系大调整铺平了道路，为改革开放的启动奠定了广阔的社会基础，日后迅速出现的众多的个体户、专业户、私营企业主、乡镇企业家、港资、台资、侨资及外资企业家，很大一部分就是过去那些有家庭出身问题、社会关系问题或本人受过不公正批斗的人。[84]

坚冰一经打破，便产生多米诺骨牌效应，拨乱反正的工作有如鞭炮一样噼噼啪啪炸响。1978年4月5日，中共中央批准了统战部和公安部《关于全部摘掉右派帽子的请示报告》，7月19日，又批准了关于摘帽问题的实施方案，对全国55万右派绝大部分予以改正，恢复政治名誉，分配适当工作，恢复工资待遇。1979年1月11日，中共中央作出决定，凡是多年来遵守政府法令、老实劳动、不作坏事的地主、富农分子以及反革命分子、坏分子，一律摘掉帽子，给予人民公社社员的待遇，全国先后有440多万人由此被摘掉了地主、富农的帽子。1979年11月，中共中央又作出一项决定，对林彪、"四人帮"制造的"旧文化部"、"帝王将相部"、"才子佳人部"和"外

1960年，著名女作家丁玲（前排中）在北大荒与当地农民的合影。丁玲是1958年在"反右派"运动中下放到北大荒的

张铁生（前左）在课堂上

导的一封信抄录在理化考试背面。信中说，他自1968年下乡以来，始终热衷于农业生产，全力于本职工作。每天近18小时的繁重劳动和工作，不允许他搞业务复习。他认为考试被那些"不务正业、逍遥法外的浪荡书呆子们垄断了"。而他"不忍放弃生产"，认为那是"过于利己"。时任中共辽宁省委书记的毛远新得知此事，将他的信修改后，在《辽宁日报》上以《一份发人深省的答卷》为题予以发表。接着

《人民日报》等主要报刊都予以转载。后张铁生被推荐上大学，成为"工农兵学员"，从而在历史留下一大奇闻。

国死人部"这一大错案进行公开的彻底的平反。3月2日，中共北京市委作出《关于"三家村"冤案的平反决定》，撤销中央专案组对邓拓、吴晗、廖沫沙所作的错误结论；3月9日，中共中央对外联络部发出《关于为所谓"三和一少"、"三降一灭"问题平反通报》说：康生等人强加于中联部和整个外事战线的所谓"三和一少"、"三降一灭"修正主义路线的罪名，完全是污蔑之辞，必须予以推翻……在拨乱反正时期，清查了林彪、江青反革命集团的罪行、果断地为天安门事件平反，撤销了关于批邓反击右倾翻案风的文件；为薄一波等61人平反；为彭德怀、张闻天、陶铸、杨尚昆、习仲勋、王任重、黄克诚、陆定一、周扬等人平反；最后为刘少奇同志平

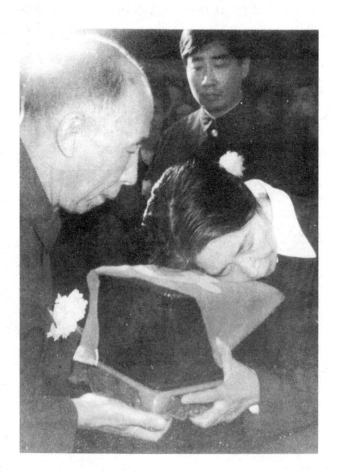

1980年5月14日，刘少奇的夫人王光美在郑州迎接刘少奇的骨灰

　　1977年10月，全国恢复了已中断十年的高考。这是全国高等学校招生考试的一个考点——北京市第一五〇中学的校园

反；审查康生、谢富治在"文革"中的罪行；彻底否定"文化大革命"！实现了工作重心的转移，实现了以经济建设为中心；对外实现中美建交，中日之间缔结了中日和平友好条约……新时期的拨乱反正工作，是邓小平政治智慧灿烂夺目的篇章，是中国历史灿烂夺目的篇章，是值得后人永远讴歌的篇章。

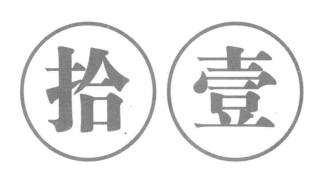

"任人唯贤"到打破"金要足赤，人要完人"的形而上学思想

星图以北极星为中心，绘有1400颗星

尚书，是指汉武帝时在孔子住宅壁中发现的《古文尚书》。据《尚书·大禹谟》记载："任贤勿贰。"即是说任人唯贤，不要选错了人。邓小平在1977年8月8日说过："要尊重知识，尊重人才。"要打破"金要足赤，人要完人"的形而上学思想。邓小平提出一个单位要选好三个人：党委书记是第一个人，第二个是领导科学或教学的人，还有一个是管后勤的。1991年8月20日，邓小平同几位中央负责同志谈话时说：还有一个问题，发现和使用人才的问题。的确是人才难得啊。你们从下面上来，左邻右舍，上上下下，接触广泛，了解的人多。一个人才可以顶很大的事，没有人才什么事情也搞不好。要广开进贤之路。

1977年8月8日，邓小平说："要尊重知识，尊重人才。毛泽东同志不赞成'天才论'，但不是反对尊重人才。他对我评价时就讲过'人才难得'。扪心自问，这个评价过高。但这句话也说明人才是重要的，毛泽东同志是尊重人才的。"

邓小平还说："毛泽东同志说过，要打破'金要足赤，人要完人'的形而上学思想。"

邓小平提出一个单位要选好三个人：党委书记是第一个人，第二个是领导科学或教学的人，还有一个是管后勤的。[85]

1991年8月20日，邓小平同几位中央负责同志谈话时说：还有一个问题，发现和使用人才的问题。的确是人才难得啊。你们从下面上来，左邻右舍，上上下下，接触广泛，了解的人多。一个人才可以顶很大的事，没有人才什么事情也搞不好，要广开进贤之路。[86]

1982年1月13日邓小平说："选人要选好，要选贤任能。选贤任能这个话就有德才资的问题，贤就是德，能无非是专业化、知识化，有实际经验，身体能够顶得住。""还是老话，要坚决贯彻陈云同志讲的几条，几种人不能放进

去啊！"［87〕

　　陈云的几条意见，其主要精神是：从现在起，必须成千上万地提拔培养中青年干部，他们的年龄应该在五十岁左右、四十岁左右，而且多数应是四十岁左右的人，四十岁以内的人，他们必须德才兼备，闹派性的骨干分子、打砸抢分子一个也不能提到领导岗位上来。

　　1979年1月17日，邓小平在人民大会堂邀集荣毅仁、胡子昂、胡厥文、周叔?、古耕虞五位原工商界代表人士座谈。邓小平向大家阐述改革开放和社会主义现代化建设方针，并就如何发挥原工商业者在经济建设中的作用征求意见。邓小平希望：落实政策以后，工商界的钱要用起来，工商界的人也要用起来。邓小平希望荣毅仁摆脱其他一些工作，集中力量从事祖国经济建设，围绕开放、创汇，或主持某一方面的工作，或搞点什么别的，希望创出一条新路来。国际上资本主义有用的东西，可以拿来为我所用，还指定国务院副总理谷牧和荣毅仁具体联系。

汉武帝

107

　　尚书，亦称《书》、《书经》。儒家经典之一。"尚"即"上"，上代以来之书，故名。中国上古历史文件和部分追述古代事迹的汇编。相传由孔子编辑而成。事实上有些篇如《尧典》、《皋陶谟》、《禹贡》、《洪范》等是后来儒家补充进去的。西汉初存二十八篇，即《今文尚书》。另有相传汉武帝时在孔子住宅壁中发现的《古文尚书》和东晋梅赜（一作梅颐、枚颐）所献的伪《古文尚书》二种。《尚书》中保存商周特别是西周初期的一些重要史料。注本有唐孔颖达《尚书正义》。

　　尚贤，《墨子》篇名，共上、中、下三篇，内容阐述墨子的一种政治主张。

康有为书法

邓小平的智源

1992年10月19日，邓小平同中共十四大新当选的党中央领导同志和代表见面

"尚"即"崇尚"，"贤"指"贤人"。墨子认为"国有贤良之士众，则国家之治厚；贤良之士寡，则国家之治薄"。反对以血缘为基础的贵族专政制度。他提出"贵无常贵，而民无终贱"的论点，主张国家用人应打破等级身份，"虽在农与工肆之人，有能则举之"。

据《尚书·大禹谟》记载："任贤勿贰。"即是说任人唯贤，不要选错了人。禹是传说中古代部落联盟领袖，姒姓，亦称大禹。一说名文命。鲧之子。原为夏后氏部落领袖，奉舜命治理洪水。据后人记载，他领导人民疏通江河，兴修沟渠，发展农业，在治水13年中，三过家门不入。后以治水有功，被舜选为继承人，舜死后担任部落联盟领袖。传曾铸造九鼎，其子启建立了中国历史上第一个奴隶制国家，即夏代。

荣毅仁接受了邓小平的嘱托，冥思苦索，起草了办公司的报告，他的夫人杨鉴清帮忙抄写。

荣毅仁的报告经中央批示之后，邓小平对他说："人由你找，事由你管，由你负全责。"从此之后。国际信托投资公司诞生。公司成立五周年时，邓小平题词："勇于创新，多作贡献。"

中信冲破计划经济体制的束缚，敢于在国外发债券、开展国际经济咨询、国际租赁、房地产商品化业务，与人合资购买外国卫星并争取到我国发射，收购香港银行和公用事业的股权等等，敢为天下先。中信买的卫星上了天，振奋人心。[88]

1980年7月22日，盛夏的清晨，邓小平由陈丕显陪同，从武汉乘火车来到十堰中国第二汽车制造厂，二汽当时有职工5万多人，年生产汽车8万辆。列车停靠十堰市，二汽党委书记兼厂长黄正夏、副厂长王兆国以及当时正在二汽考察的河南省委第一书记段君毅，第二书记胡立教上车迎接。邓小平正在吃早饭，吃的是油条、稀饭和两碟小菜。一见大家上来，邓小平高兴地说："早就想来看看，这次来成了。"陈丕显幽默地加了一句："邓副主席在宜昌参观葛洲坝工程时就问到二汽，这次是自觉自愿来的。"一阵笑声在车厢内回响……

邓小平等人坐面包车离开火车站，驱车前往二汽参观。黄正夏坐在司机座后面的第一排，邓小平坐第二排，王兆国就坐在这一排右面靠车门的座位上。面包车向铸造一厂的方向行驶，黄厂长乘这个空隙向邓小平介绍说："这是我们新提拔起来的副厂长王兆国同志，是总厂主管生产的副厂长之一。"

邓小平马上侧过头来问王兆国："你今年多大岁数？"

"三十八岁。"王兆国答。

黄正夏是筹建二汽起家的老同志，他如数家珍似的向邓小平详细介绍了王兆国。

王兆国生于40年代，读小学时是少先队大队长；中学、大学时期都是学生会的文化部长。1965年入党，1966年毕业于哈尔滨工业大学。先留校两年，于1968年分配到二汽，先后任过技术员、总厂团委书记、总厂党委常委、政治部副主任、车厢厂党委第一书记。他是1975年到车厢厂的，当时这个分厂班子涣散、职工不安心，生产上不去，成为二汽建设的"瓶子口"。王兆国一到任就拿出扭转局面的劲头，经过一年苦战，面貌正在改变，可是，如同十二级台风的"反击右倾翻案风"刮来了，揪所谓"正在走的走资派"的大字报席卷神州大地，可是在王兆国领导下的这个分厂，照样抓生产、整顿劳动纪律，抵制大字报。他还抓了一起盗窃事件，那时连公安局有的人都不敢受理，因为按"上级"文件，公安局的中心任务也是盯着"走资派"……

介绍在继续，面包车在二汽厂内公路上颠簸，邓小平注视着戴着近视眼镜的王兆国，会意地微笑了。

1943年的毛泽东

在参观完二汽回武汉的路途上，邓小平兴致勃勃，对陈丕显说："二汽领导中青年干部不少，有个副厂长，还有一个分厂的副书记，一个三十八岁，一个三十二岁，又有多年的领导经验，而且有文化，有专业知识，表现也不错。这可以看到我们中国大有人才，有干部。"归路上，邓小平多次提到二汽之行的人才发现，十分满意。

在党的十二大召开前的一次会议上，邓小平又提到了王兆国，举一反三，意味深长地说："人才是有的，问题是我们平常同下边接触太少，还有个习惯的思想，所以不容易发现。体制改革，重要的是要选择人才，要使好的比较年轻的早点上来，好接班。这个事情我们讲了几年，大家一致认为是件大事，但做起来不容易。不解决这个问题，我们就交不了班。"[89]

从"百家争鸣"到刘伯承的四川话:"黄猫黑猫,只要捉住老鼠就是好猫"

战国时期学术界诸子蜂起，群议纷纷，产生了儒、道、墨、名、法、阴阳、纵横、农、杂等各家，盛况空前。

1963年针对农村出现的"包产到户"的现象，邓小平提出"百家争鸣"，中央准备在党的八月会议（北戴河会议）上研究一下，邓小平引用刘伯承"黄猫、黑猫，只要捉住老鼠就是好猫"的俗语，提出不论打仗还是发展生产，不能讲老规矩，不按老路子打，一切看情况，打赢算数，现在要恢复农业生产，在生产关系上不能完全采取一种固定不变的形式。

战国时期学术界诸子蜂起，群议纷纷，产生了儒、道、墨、名、法、阴阳、纵横、农、杂等各家，盛况空前。

《左传》僖公十五年："庄郑曰：肯施无亲，幸灾不仁，今爱不祥，怒邻不义，四德皆失，何以守国。"

《大盂鼎》铭文

1962年7月，邓小平在接见共青团代表时说："农业本身的问题，现在看来，主要还得从生产关系上解决。这就是要调动农民的积极性。现在全国也还有个别的农村人民公社实行公社所有制，群众不愿意拆散，能够保持的就让它保持好啦，也有以生产大队为核算单位的，比较多的是以生产队为核算单位。有些以生产队为核算单位的地方，现在一些新的情况，如实行'包产到户'、'责任到田'、'五统一'，等等。以各种形式包产到户的恐怕不只是百分之二十，这是一个很大的问题。怎么解答这个问题，中央准备在八月会议上研究一下。现在'百家争鸣'。这样的问题应该'百家争鸣'，大家出主意，最后找出个办法来。"

邓小平还说："生产关系究竟以什么形式为最好，恐怕要采取这样一种态度，就是哪种形式在哪个地方能够比较容易比较快地恢复和发展农业生产，就采取哪种形式；群众愿意采取哪种形式，就应该采取哪种形式，不合法的使它合法起来。这都是些初步意见，还没有作最后决定，以后可能不算数。刘伯承同志经常讲一句四川话：'黄猫、黑猫，只要捉住老鼠就是好猫。'这是说的打仗。我们之所以能够打败蒋介石，就是不讲老规矩，不按老路子打，一切看情况，打赢算数。现在要恢复农业生产，也要看情况，就是在生产关系上不能完全采取一种固定不变的形式，看用哪种形式能够调动群众的积极性就采用哪种形式。"〔90〕

据说四川曾流传着一个故事：有个人去买猫，卖猫的人说袋里的猫是黄猫。买猫的人拎着袋子回家，可是打开袋子一看，原来是只黑猫，于是他很后悔，但是旁边的人劝他说："管它黄猫、黑猫，能捉住老鼠就是好猫。"买猫的人听了，便不再后悔了。

60年代初，由于天灾人祸，发生了全国性的粮食大恐慌，六亿人口的大国人人为填饱肚皮而发愁，农业生产遭到人为的破坏，城里人的粮食定量压到最低限度，农村人的口粮得不到保障，河南信阳发生了饿死人的情况，毛泽东发誓不吃肉，身上出现浮肿……到底如何恢复农业生产，成为国计民生的头等大事。然而这时，在淮海战役打得最为惨烈的地方——安徽宿县，却发生了一件奇迹：一位70岁的老农民，为照顾生病的儿子而不能参加集体生产劳动。他不指望公社的救助，只是希望公社干部能网开一面，允许他带着生病的儿子进山区养病，同时进行生产自救。老人凭着一把锄头，一把四齿耙，开出16亩荒地。到年底，他不仅获得口粮、种粮、饲料，还向公社交了900公斤粮食和养鸡得来的60元钱。而当年的安徽全省粮食歉收，城乡均在闹饥荒。这件事启发了当地干部和群众：二分田到户可以提高生产，摆脱困境。1961年，安徽省委书记曾希圣

韩　非

《论语·述而》："若圣与仁，则吾岂敢？抑为之不厌，诲人不倦，则可谓云尔已矣。"

《论语·雍也》："子贡曰：'如有博施于民而能济众，何如？可谓仁乎？'子曰：'何事于仁；必也圣乎！尧舜其犹病诸！夫仁者，己欲立而立人，己欲达而达人。能近取譬，可谓仁之方也已。'"

《礼记》："乐者为同，礼者为异；同则相亲，异则相敬；乐胜则流，礼胜则离。合情饰亲者，礼乐之事也。礼义立，则贵贱等矣；乐文同则上下合矣。"

《论语·颜渊》："仲弓问仁。子曰：'出门如见大宾，使民如承大祭。己所不欲，勿施于人。在邦无怨，在家无怨。'"

113

《论语·里仁》："不仁者不可以久处约，不可以常处乐。仁者安仁，知者利仁。"

《论语·卫灵公》"子贡问为仁。子曰：'工欲善其事，必先利其器。居是邦也，事其大夫之贤者，友其士之仁者。'"

《论语·阳货》："巧言令色，鲜仁矣。"

《论语·乡党》："厩焚。子退朝，曰：'伤人乎？'不问马。"

114

《孟子·梁惠王·上》："今之制民之产，仰不足以事父母，俯不足以畜妻子；乐岁终身苦，凶年不免于死亡。此惟救死而恐不赡，奚暇治礼义哉？"

《孟子·尽心·下》："春秋无义战。"

《孟子·公孙丑·下》："天时不如地利，地利不如人和。"

《孟子·滕文公·下》："居天下之广居，立天下之正位，行天下之大道；得志与民由之；不得志独行其道。富贵不能淫，贫贱不能移，威武不能屈。此之谓大丈夫。"

《孟子·告子·上》："恻

写信给毛泽东，力陈责任田的好处。毛泽东同意试一年。其他省一些地方的农民也冒着风险搞了包产到户，效果卓著。邓小平看到农民的创造中所蕴含的积极性和巨大能量，于是便提出要百家争鸣，同时在两次讲话中引用了"黄猫、黑猫"的比喻。这两次讲话，前一次因为是在书记处会议上，范围很小。后一次曾有记录稿下发，但是不久即因受到毛泽东的批评而收回。所以，这个比喻在当时并没有流传开来。

"黄猫、黑猫，只要捉住老鼠就是好猫"这句俗语作为邓小平的名言广为流传，是在"文化大革命"期间。当时，这句俗语成为"党内第二号走资派"邓小平的一大罪状，被诬为"唯生产力论"，然而，诚如列宁所说"攻击就是恭维"，出乎林彪、江青一伙意料的是，这句俗语不仅没有把邓小平批倒批臭，反而使老百姓觉得邓小平格外杰出。因而，邓小平的名言不胫而

刘伯承、邓小平合影

走，广为流传。[91]

1992年，邓小平在视察南方的讲话中说："我们改革开放的成功，不是靠本本，而是靠实践，靠实事求是。农村搞家庭联产承包，这个发明权是农民的。农村改革中的好多东西，都是基层创造出来，我们把它拿来加工提高作为全国的指导。"[92]

邓小平所讲的农村改革，是包产到户的第二次演习，是改革开放之前，同样发生在安徽省。稍有不同的是，这次打破坚冰是在广为流传花鼓戏的凤阳县。"说凤阳，道凤阳，凤阳本是个好地方，自从出了朱皇帝，十年倒有九年荒。"因而，凤阳人不得不"背起花鼓走他乡"。"文化大革命"中，凤阳流行几句新的花鼓腔："凤阳地多不打粮，碾子一住就逃荒，只见凤阳女出嫁，不见新娘进凤阳。"有人统计，1978年，离乡背井出外谋生的凤阳人多达三万。小岗村是凤阳最穷的一个生产队，1976年的粮食收成只有1955年的三分之一。

1986年10月7日，刘伯承元帅逝世

如今，在中国历史博物馆里，保存着小岗村21位农民的生死合同。小岗村人的秘密契约订立之时，几乎与党的十一届三中全会的召开同期。共18户农户21位户主，召集人是原小岗生产队副队长严宏昌。后来，中央电视台在采访他时，他说："当时考虑，如果是公开地干起来，肯定干不成。所以，我们要保住这条秘密，要瞒上不瞒下，就是我们本队里不能瞒。当时，我们队是二十户，一百一十五人。那时有两户单身汉，十八户在家的。我们就开了一个秘密会议，就是先不声不响地把生产搞起来。"

小岗村农民的秘密契约写道："我们分田到户，每户户主签字盖章。如以后能干，每户保证完成全年上交的公粮，不再向国家伸手要钱要

隐之心，人皆有之；恭敬之心，人皆有之；是非之心，人皆有之。恻隐之心，仁也；善恶之心，义也；恭敬之心，礼也；是非之心，智也。仁义礼智，非由外铄我也，我固有之也，弗思而矣。"

《荀子·非相》："故相形不如论心，论心不如择术。形不胜心，心不胜术。术正而心顺之，则形象虽恶而心术善，无害为君子也；形象虽善而心术恶，无害为小人也。"

《荀子·荣辱》："陋也者，天下之公患也，人之大殃大害也。"

《老子》："道者无为而无

115

江南的织布女工

不为，侯王能守之，万物将自化。""道者万物之奥，善人之宝，不善人之所保。""道生一，一生二，二生三，三生万物，万物负阴而抱阳，冲气以为和。"

《庄子·大宗师》："堕肢体，黜聪明，离形去知，同于大通，此谓坐忘。"

《老子》："祸兮福之所倚，福兮祸之所伏。"

《周易大传》："由太极、生两翼、四象、八卦到六十四卦分而变。"

《鬼谷子·捭阖术》："捭

粮。如不成，我们干部坐牢杀头也甘心，大家社员们保证把我们的小孩养活到十八岁。"可见其中风险，字含血泪。中央电视台还采访了当时的安徽省委第一书记万里，万里说："1978年是大旱，大旱之年，我到了肥西看看。它那儿山南包产到户了，麦子很好。到了山南，我就表扬了他们，我说你们就这样干吧。那时候省委回来我就开会，我支持。县委就批评，批评他们，你们包产到户不行。所以那个时候起，我说这个问题，包产到户既不合党的决议，又不合宪法，宪法规定是人民公社嘛。开始搞了以后，我说怎么办？我首先跟陈云同志商量的，我说我那儿已经搞起来了，他当时在人民大会堂开全国人民代表大会，他在主席团，休息时我到他那里，我说怎么办？他说双手赞成。以后我跟小平同志讲，小平同志说不要争论，你就这么干下去就完了，就实事求是干下去。"有了邓小平、陈云等中共元老支持，万里心中有了底。然而正在这时，小岗村分田到户东窗事发。后来中央电视台采访县里的负责人、原凤阳县革委会主任徐万里时，徐万里说：小岗村出了事，我们"正在犹豫的时候，万里来了，管了，管用了。万里来后，陈庭元同志就给他汇报了，我们全县责任制怎么安排的，但惟独这个小岗生产队，它就是暗地里到户。万里同志问，那到户怎么样呢？他说到户当然好了，粮食产量三万多斤一下搞到十二万。万里说，就让它干嘛，不就一个生产队吗？翻不了天，就让它干去了。就这解决问题了，当时县里研究，跟张伯乐同志讲，你只能干这个队啊，别的队不能干，只能干小岗队，别的队无论如何不能干啊。好，就这样定下来了，就小岗队定下来了，哪知道到1979年底，全公社都是这样了。"很快，全国都知道了，小岗队名声大振。1979年3月15日《人民日报》在头版头条发表一封群众来信，借群众之口说不能包产到户。关键时刻，邓小平发话了。邓小平说："农村政策放宽以后，一些适宜搞包产到户的地方搞了包产到户，效果很好，变化很快。安徽肥西县绝大多数生产队搞了包产到户，增产幅度很大。《凤阳花鼓》中唱的那个凤阳县，绝大多数生产队搞了大包干，也是一年翻身，改变面貌。"[93]邓小平的提示，给农民和干部吃了定心丸。原安徽滁县地委书记王郁昭对中央电视台《邓小平》纪录片采访组说："1980年，在这一年的6月初，省委在巢湖召开了芜湖地委、巢湖地委和滁县地委三个地委的书记会议。在这一次会议上，省委负责同志给我们看了一个文件。这个文件就是小平同志关于农村政策问题的一次谈话，这个谈话当时没有公开发

阖者，天地之道。捭阖者，以变动阴阳四时，开闭以化万物。纵横反出，反覆反忤，必由此矣。捭阖者，道之大化。说之变也，必豫审其变化，吉凶大命系焉。口者，心之门户也。心者，神之主也。"

表。这篇文件讲……《凤阳花鼓》当中唱的那个凤阳县，绝大部分的生产队，都搞了包产到户，结果一年大变样。当时我看了这个东西以后，感到非常高兴。当时没有复印机，只能抄，我就叫秘书抄下来。会议结束的时候，当天晚上下大雨，我连夜坐着汽车就回来了，回到滁县，第二天就召集县委书记开会了，我就把这个精神，邓小平同志讲话这个精神，进行了传达。"

在这次谈话中，邓小平说："有的同志担心，这样搞会不会影响集体经济。我看这种担心是不必要的。我们总的方向是发展集体经济。实行包产到户的地方，经济的主体现在也还是生产队。这些地方将来会怎么样呢？可以肯定，只要生产发展了，农村的社会分工和商品经济发展了，低水平的集体化就会发展到高水平的集体化，集体经济不巩固的也会巩固起来。……总的来说，现在农村工作中的主要问题还是思想不够解放。"〔94〕

历史的发展往往呈"之"字形。60年代初邓小平提出的"百家争鸣"与"黄猫黑猫"，因为

安徽凤阳县小岗生产队带头签订合同书、人称"包大胆"的3名队干部

当时的情形而不能实现。80年代初，邓小平把农村承包责任制的发明权归于农民，他所做的工作是给这个难产的婴儿颁发了一张准生证。从1982年到1986年，中共中央连续五年用第1号文件指导农村改革。1984年中央决定将土地承包期延长到15年以上，新一轮的农村包围城市即将开始，得到温饱的农民办起了乡镇企业，以每年百分之二十几的增长率发展，农村改革浪潮异军突起，全国性的经济体制改革呼之欲出。

薄一波曾经问过邓小平，对"黄猫、黑猫"这个说法现在怎么看？邓小平回答说：第一，我现在不收回；第二，我是针对当时的情况说的。这充分说明邓小平引用刘伯承的这句俗语是有的放矢，是经过深思熟虑的，这句俗语的应用，切中了要害，它是社会主义初级阶段农村社会主义关系大调整的一个必要的手术，是20世纪中国农村大变样的一剂灵丹妙药。

119

从战国墨子的"墨守成规"
到"结束过去，开辟未来"

战国时墨翟以善于守御著名，其事迹见《墨子·公输》。后称善守者为墨守，多用为固执不知改变之意。

1989年5月16日，邓小平在会见戈尔巴乔夫时说，在革命成功后，各国必须根据自己的条件建设社会主义，墨守成规的观点只能导致落后，甚至失败。我们这次会见的目的是八个字：结束过去，开辟未来。过去的事情，我只想简单讲两点，一是讲历史上中国在列强的压迫下遭受损害的情况，二是讲讲近三十年中国人感到对中国的威胁从何而来。这两点讲一讲，重点放在开辟未来的事情上。

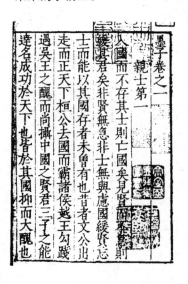

1989年5月16日，邓小平在北京会见苏联领导人戈尔巴乔夫时说："世界形势日新月异，特别是现代科学技术发展很快。现在的一年抵得上过去古老社会几十年、上百年甚至更长的时间。不以新的思想、观点去继承、发展马克思主义，不是真正的马克思主义者。""在革命成功后，各国必须根据自己的条件建设社会主义。固定的模式是没有的，也不可能有。墨守成规的观点只能导致落后，甚至失败。"〔95〕

邓小平是共产党人，一个老资格的共产党人。他以85岁高龄会见苏共总书记戈尔巴乔夫时开门见山地说社会主义没有固定的模式，说墨守成规的观点只能导致落后，甚至失败。他的话是几十年历史经验的结晶。并且很快应验。苏联、东欧等一大批社会主义国家的情况被邓小平言中。邓小平的先见之明在于他洞悉苏联模式的弊端，同时他也是中国照搬苏联模式吃尽苦头的当事人。他说不能墨守成规，戈尔巴乔夫也许意识到了，然而，说时迟，那时快，戈尔巴乔夫还来不及稳住阵脚，苏联就因为日积月累的弊端而轰然坍塌，在列宁的故乡，在十月革命的发祥地，"墙头变幻大王旗"，的确引人深思。

苏联社会固有的计划经济模式的弊端在于：一长制，企业权力在于上级任命的厂长书记手里；斯大林还认为住房不应私有，住房不是生产资料；经济管理体制是指令性计划；按劳分配简单化，等级加上平均主义色彩浓厚；超前消灭剥削；领导职务终身制；人治重于法治；高层干部腐败等等。〔96〕

在中国，毛泽东在新中国成立后就确定了计划经济的单一公有制和按劳分配的制度。1958年，中国轻率地发动"大跃进"运动，先是在农业生产上片面追求高指标，报刊不断宣传"高产卫星"，虚报浮夸盛行，"人有多大胆，地有多大产"，唯意志论大行其道，北戴河会议规定1958年的钢产量要比上年翻一番，会后立即掀起一个空前规模的"全民大炼钢铁运动"。与此同时，其他工业、邮电、教育、文化卫生等事业单位也都开展"全民大办"，毛泽东号召每个县出一个郭沫若……以高指标、瞎指挥、浮夸风等为主要标志的"左"的错误严重泛滥开来。吃饭不要钱，大办食堂，"一平二调"，张鲁的"五斗米道"似乎重现于20世纪50年代，"共产风"一刮，天下人大饿其肚皮。在"文化大革命"中，政治动荡，社会混乱，生产破坏，人民生活困难，国民经济已经接近崩溃的边缘。邓小平指出："'文化大革命'同以前17年中的错误相比，是严重的、全局性的错误。它的后果极其严重，直到现在还在发生影响。说'文化大革命'耽误了一代人，其实还不止一代。它使无政府主义、极端个人主义泛滥，严重地败坏了社会风气。"〔97〕

1980年5月5日，邓小平在会见几内亚总统杜尔时说："根据我们自己的经验，讲社会主义，首先就要使生产力发展，这是主要的。只有这样，才能表明社会主义的优越性。社会主义经济政策对不对，归根到底要看生产力是否发展，人民收入是否增加。这是压倒一切的标准。空讲社会主义不行，人民不相信。"〔98〕

怎么办？拨乱反正，改革开放。

《关于建国以来党的若干历史问题的决议》反右也反左，但主要是反左，结束过去。

《中共中央关于经济体制改革的决定》，总结了中国社会主义经济建设正反两方面的经验，特别是十一届三中全会以来的城乡经济体制改革的经验。决定指出改革的基本任务，是从根本上改变束缚生产力发展的经济体制，建立起具有中

墨　子

墨子（约公元前468至公元前376年），春秋战国之际的思想家、政治家，墨家的创始人。名翟。相传原为宋国人，后长期住在鲁国。曾学习儒术，因不满其繁琐的"礼"，另立学说，聚徒讲学，成为儒家的反对派，其"天志"、"明鬼"学说，不脱殷周传统的思想形式，但赋予非命和兼爱的内容，反对儒家的"天命"和"爱有差等"说，认为"执有命"是"天下之大害"，力主"兼相爱，交相利"，不应有亲疏贵贱之别。其本人更有"摩顶放踵，利天下为之"的实践精神。他的非攻思想，体现了当时人民反对掠夺战争的意向。他的"非乐"、"节用"、"节葬"等主张，是对当权贵族"繁饰礼乐"和奢侈享乐生活的抗议，墨子重视生产，

123

强调"赖其力者生，不赖其
力者不生"（《墨子·非乐
土》）；初步意识到劳动是
人类生活的基础。并提出
"尚贤"、"尚同"的政治
主张，认为"官无常贵，民
无终贱"，企图用上说下
教的方法说服当时的王公
大人，以改善劳动者、小
生产者的社会地位和经济
地位，"必使饥者得食，寒
者得衣，劳者得息，乱者

1958年8月17日至30日，
中共中央召开了北戴河会议。
北戴河会议后，全国兴起了大
办人民公社的高潮。图为吉林
长春市郊小河台乡红旗人民公
社成立大会

国特色的、充满生机和活力的社会主义经济体
制，它突破了把计划经济同商品经济对立起来的
传统观念，指出中国的经济是公有制基础上的有
计划的商品经济。

这个决定，是指导中国经济体制全面改革的
纲领性文件。这个决定于1984年发表，在国内外
反响很强烈，都说是有历史意义的。邓小平说：
"这个文件，我没有写一个字，没有改一个字，
但确实很好。""现在外国报刊都是讲我在里边
起了什么作用。有作用，主意出了一点，但主要
的工作，繁重的事情，是别的同志做的。"〔99〕

行船者都知道，掌舵掌得稳的时候，似乎不
费力，可以很悠闲，可以抽烟，可以不急不火，
然而，船在加速前进，掌舵的人把握着全船人的
命运，他看似放松，内心却是紧张的。邓小平大
风大浪见得多了。他一边掌着舵，一边叮嘱说：
"不要宣扬我起的作用有什么特别了不起，因为
宣扬过分会带来一个问题，就是说，邓某人不在了
政策要变。现在国际上就担心这个问题嘛。"〔100〕

改革是件不容易的事情，它牵涉到一个10亿
人口大国的人们的实际利益。关键是要打破旧的
模式，不墨守成规，同时又得拿出行之有效的新
套路。现成的套路又没有，怎么办？到左邻右舍
那里去借，看看别人怎么搞的。改革开放之初，

中国派出许多代表团到国外去学习去取经，直到1987年，邓小平一语道破："计划和市场都是发展生产力的方法。""为什么谈市场就说是资本主义，只有计划才是社会主义呢？计划和市场都是方法嘛。只要对发展生产力有好处，就可以利用。它为社会主义服务，就是社会主义的；为资本主义服务，就是资本主义的。好像一谈计划就是社会主义，这也是不对的，日本就有一个企划厅嘛，美国也有计划嘛。我们以前是学苏联的，搞计划经济。后来又讲计划经济为主，现在不要再讲这个了。"[101]1992年邓小平发表南方讲话的时候，说得更加透彻明了："改革开放迈不开步子，不敢闯，说来说去就是怕资本主义的东西多了，走了资本主义道路。要害是姓'资'还是姓'社'的问题。判断的标准，应该主要看是否有利于发展社会主义社会的生产力，是否有利于增强社会主义国家的综合国力，是否有利于提高人民的生活水平。"[102]

邓小平心细如发。邓小平胆大惊人。现在人们往往谈张力，其实作为改革开放的总设计师邓小平，他的智慧的张力是最大的。他放得开，收得拢。市场、计划放收自如。主要是宏观调节。邓小平说："大家对经济问题的看法不一致，这是很自然的。……万应灵药我们不可能找到，还要看以后的实践。还是实践是检验真理的标准。"[103]一句话，制度创新，打破墨守成规的老一套，只要做到三个有利于，就放心大胆地朝前闯。在改革的实践中，首先抓经济体制改革，中央有个体改委，各地都有体改办。为什么要搞体制改革？因为中国的经济体制是战争年代留下的军事体制加上建国后引进的苏联模式，党政不分，政企不分，机构臃肿，部门林立，层次重叠，手续繁多，效率极低。一个部门一枚章，一

得治"。他探究了关于知识和逻辑等问题，制定了作为认识真理的"三表"，并提出了"非以其名也，以其取也"的认识论命题。墨子弟子很多，以"兴天下之利，除天下之害"为教育目的，尤重艰苦实践，服从纪律，墨子学说对当时的思想界影响很大，与儒学并称显学。其著作《墨子·公输》，以善于守御著名，后因称善守者为"墨守"。《后汉书·郑玄传》："时任城何休好《公羊》学，遂著《公羊墨守》。"李贤注："言《公羊》义理深远，不可驳难，如墨翟之守城之。"后多用为固执不再改变之意。如：墨守成规。战国末期，墨子后学克服了墨子学说中宗教迷信成分，对认识论、逻辑学以至自然科学中的几何学、力学、光学等，都有一定研究和贡献。

125

尊菩萨一笼香，地方要办事，就得跑北京，"跑部钱进"（跑到部里把钱交进去），搞到批文，北方讨圣旨，南方讨钞票，经济生活中出现了许多奇观。一方面是各种盘根错节的各种关系，一方面是出现一个亮点之后，人们一窝蜂地往那儿奔，整个中国笼罩着一股悲凉之雾，一放就乱，一收就死，体制改革动大手术搞了几次，上有政策，下有对策，越精简人越多，越是拆庙赶神，越是烧香的多，赶都赶不走，割也割不掉。邓小平的办法是党政分开，政企分开，企业所有权和经营权分开，责任制到人。1986年邓小平到天津视察，看到中环线搞得这么快，邓小平问："是不是搞了承包？就是要搞改革，搞承包，分段、分级承包，实行责任制。"〔104〕

包字进城，目标责任制的实施改变了过去那种吃大锅饭的办法，奖勤罚懒，吸收资本主义中一些有用的方法来发展生产力，允许个体户发展，吸收外资，允许国外资本来赚钱，办特区，引进技术，引进资金，引进人才，引进先进的管理经验。"证券、股市，这些东西究竟好不好？有没有危险，是不是资本主义独有的东西，社会主义能不能用？允许看，但要坚决地试。看对了，搞一两年对了，放开；错了，纠正，关了就是。关也可以快关，也可以慢关，也可以留一点尾巴。怕什么，坚持这种态度就不要紧，就不会犯大错误。总之，社会主义要赢得与资本主义相比较的优势，就必须大胆吸收和借鉴人类社会创造的一切文明成果，吸收和借鉴当今世界各国包括资本主义发达国家的一切反映现代社会化生产规律的先进经营方式、管理方法。"〔105〕

深圳特区是革改开放的试管婴儿，是改革开放的窗口、试验田和排头兵。1992年1月19日，深圳市人民迎来了改革开放的总设计师邓小平。

1958年四川省的群众日夜赶修土高炉

《深圳特区报》对邓小平的南方视察作了精彩而及时的报道："上午八时许，在深圳火车站月台上，几位省、市负责人和其他迎接的人们，在来回踱步，互相交谈，他们正以兴奋而激动的心情等待着……来了！远处传来马达的轰鸣声……不一会，邓小平同志出现了！人们的目光和闪光灯束都一齐投向这位领一代风骚的伟人身上。他，身体十分健康，炯炯的眼神，慈祥的笑脸，身着深灰色的夹克、黑色西裤，神采奕奕地走出车门。他的足迹，在时隔八年之后，又一次踏在处于改革开放前沿的深圳这块热土上。下车后，邓小平同志满面笑容地和前来欢迎的广东省委书记谢非、深圳市委书记李灏、市长郑良玉一一握手。握手时，谢非说：'我们非常想念您。'李灏说：'我们全市人民欢迎您的光临。'郑良玉说：'深圳人民盼望您来，已经盼了八年了。'简洁的话语，充分表达了全省、全市人民对小平同志的想念和崇敬之情……

127

"小平同志边观光市容，边同省市负责人亲切交谈。当谈到办经济特区的问题时，小平同志说，对办特区，从一开始就有不同意见，担心是不是搞资本主义。深圳的建设成就，明确回答了那些有这样那样担心的人。特区姓'社'不姓'资'。从深圳的情况看，公有制是主体，外商投资只占四分之一，就是外资部分，我们还可以从税收、劳务等方面得到益处嘛！多搞点'三资'企业，不要怕。只要我们头脑清醒，就不怕。我们有优势，有国营大中型企业，有乡镇企业，更重要的是政权在我们手里，有的人认为，多一分外资，就多一分资本主义，'三资'企业多了，就是资本主义的东西多了，就是发展了资本主义。这些人连基本常识都没有。

"……当谈到经济发展问题时，小平同志说

在文学、电影、戏剧、音乐等领域也开展了"大跃进"运动，争放"卫星"。中国京剧院提出，要在1958年创作、改编、整理300个剧本。图为该院走上街头报喜

亚洲'四小龙'发展很快，你们发展也很快。广东要力争用20年时间赶上亚洲'四小龙'。……小平同志充分肯定了深圳在改革开放和建设中所取得的成绩。然后，他说，要坚持党的十一届三中全会以来的路线方针政策，关键是坚持'一个中心、两个基本点'。不坚持社会主义，不改革开放，不发展经济，不改善人民生活，只能是死路一条。基本路线要管一百年，动摇不得。

"……当小平同志参观国贸大厦，离开旋转餐厅下到一楼大厅时……一楼到三楼，站满了群众，黑压压的一片。人山人海，秩序井然。人人心花怒放，个个喜笑颜开。这是多么令人难忘的时刻！人们为有幸能一睹小平同志的风采而激动万分，也为小平同志的身体健康、精神饱满而无

南巡中，邓小平在仙湖植物园观赏热带珍稀花卉

1995年6月3日，469米高的深圳地王商业大厦主体结构封顶，工地建设者们两天半建一层楼，创造了90年代深圳新的建设速度

比高兴。群众在尽情地鼓掌，阵阵雷鸣般的掌声响彻国贸大厦，这掌声表达了群众对倡导改革开放政策的小平同志的爱戴和崇敬；反映了群众对身受其惠的改革开放的坚信和拥护，小平同志非常高兴，满面笑容地频频向群众招手致意。整个场面十分热烈，呈现出老一辈无产阶级革命家同人民群众融洽无间的动人情景。

"1月21日，是华侨城建设者永远难忘的日子。这一天，小平同志到这里的中国民俗文化村和锦绣中华微缩景区游览。……当深圳市长郑良玉汇报到在发展经济的同时，把社会主义精神文明建设搞好时，小平同志说，只要我们的生产力发展，保持一定的增长速度，人民的精神文明建设也可以搞上去。我们完全有能力把社会主义精神文明建设抓上去。他说，有条件的地方要尽可能搞快点，只要是讲效益，讲质量，搞外向型经济，就没有什么可以担心的。

"1月22日，小平同志同省市负责人作了重要的谈话，小平同志说，改革开放胆子要大一点，敢于试验，不能像小脚女人一样。看准了的，就大胆地试，大胆地闯。深圳的重要经验就是敢闯。没有一点闯的精神，没有一点'冒'的精神，没有一股气呀，劲呀，就走不出一条好路，走不出一条新路，就干不出新的事业。不冒风险，办什么事都有百分之百的把握，万无一失，谁敢说这样的话？一开始就自以为是，认为百分之百正确，没那回事，我就从来没有那么认为……

"在谈话中，小平同志还谈到了：现在建设中国式的社会主义，经验一天比一天丰富；在农村改革和城市改革中，不搞争论，大胆地试，大胆地闯；我们的政策就是允许看。允许看，比强制好得多等等。

129

人民解放事业的胜利，是无数先烈用自己的鲜血换得的。追念我们的先烈，不但要我们珍贵这个事业，坚固这个胜利，更重要的是发扬他们艰苦卓绝、英勇奋斗和自我牺牲的精神，继承他们的遗志，为建成中华民族和中国人民的最後地最彻底地解放而奋斗！

邓小平敬题

为晋冀鲁豫烈士陵园题词
（1949年）

"一月二十三日，小平同志在广东省委书记谢非的陪同下去珠海特区。……小平同志和市负责人一一握手告别。同车前往蛇口送行的有李灏、郑良玉、厉有为等。……车子到达蛇口港码头，下车前，李灏对小平同志说：'您这次来，深圳人民非常高兴，我们希望您不久再来，明年冬天来这儿过春节。'小平同志下车后，同前来迎接的珠海市委书记、市长梁广大握平。然后，小平同志同深圳市负责人李灏、郑良玉，厉有为一一握手。小平同志向码头走了几步，突然又转回来，向李灏说：'你们要搞快点。'

"把握时机，快一点将经济建设抓上去，这是小平同志对深圳的期望，也是时刻萦绕在小平同志心头的一件大事。李灏说：'您的话很重要，我们一定搞快一点。'

"上午九点四十分，小平同志乘坐的轮船离开蛇口港……"〔106〕不久以后，一首动听的歌曲《春天的故事》，在祖国大地开始传唱，经久不息……

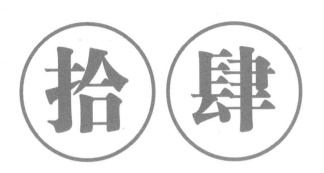

拾肆

从商鞅"徙木立信"、诸葛亮"挥泪斩马谡"到"取信于民"

孔子《论语·学而》有言："与朋友交，而不信乎？"讲究的是诚实不欺。邓小平在1984年10月会见港澳同胞国庆观礼团时说：讲信义是我们民族的传统，不是我们这一代才有的。这也体现我们古老大国的风度。泱泱大国嘛。到了50年以后，大陆发展起来了，那时还会小里小气地处理这些问题吗？

1984年12月邓小平会见英国首相撒切尔夫人时说，两年前我们提出"一国两制"时，人们都觉得这是个新语言，是前人未曾说过的，我们不仅要告诉阁下和在座的英国朋友，也要告诉全世界的人：中国是信守自己的诺言的。1989年5月，邓小平同两位中央负责同志说：我们一定要取信于民。腐败、贪污、受贿，抓个一二十件，有的是省里的，有的是全国范围的。要雷厉风行地抓，要公诸于众，要按照法律办事。

商鞅量

邓小平说："讲信义是我们民族的传统，不是我们这一代才有的。"〔107〕

邓小平说："腐败的事情，一抓就能抓到重要的案件，就是我们往往下不了手。就会丧失人心，使人们以为我们在包庇腐败。这个关我们必须要过，要兑现。是一就是一，是二就是二，该怎么处理就怎么处理，一定要取信于民。腐败、贪污、受贿，抓个一二十件，有的是省里的，有的是全国范围的。要雷厉风行地抓，要公诸于众，要按照法律办事。该受罚惩的，不管是谁，一律受惩罚。"〔108〕

早在1947年，刘邓大军在千里跃进大别山之后，为严肃军纪，曾作出悲壮而又艰难的抉择，处决了一名"抢劫"民财的副连长。9月上旬，刘邓大军进入大别山后的一个多月，野战军机关在小姜湾召开了一次重要会议，中心议题就是严明部队纪律。在会上，刘伯承司令员说："我们来到新区，开辟新的战略根据地，必须严格执行纪律，以铁的纪律来赢得人民群众的信任和拥护。"邓小平说："为了在大别山站住脚，扎下根，对一切破坏纪律的行为将严惩不贷！"最后，张际春副政委严肃宣布，为严明军纪特决定：枪打老百姓者枪毙；抢劫民财者枪毙；强奸妇女者枪毙……又过了一个多月，10月13日，刘邓率司政机关来到鄂东黄冈的总路嘴。这是当地一个较大的集镇，街上的青石板路已被部队打扫得干干净净，坑洼已被战士填平，只是由于国民党的反动宣传，很多老百姓都逃到山上丛林中躲了起来，因此街上行人稀少。时近中午，邓小平提出要到街上转一转，检查一下部队的纪律作风，保卫科长张之轩随同前往。邓小平走了几个地方，看到街道干净，路面平整，心里比较满意。又走了几十米，只见前面墙角处有两个担柴的壮年汉子，指着不远的店铺不知在嘀咕什么。邓小平想凑上去和他们聊几句，哪知还没挪几步，两个人便惊恐地挑起柴担匆匆离去。邓小平有些怅然，他顺着刚才两个人手指的方向望去，不由得心中升起一股无名怒火。只见一个军人用步枪挑着一卷花布和一捆粉条，腋下还夹着白纸和几支毛笔，拐出店铺飞也似的走了。邓小平追了几步没追上，便气呼呼地立住脚，吩咐保卫科长："你马上去调查一下，是怎么回事？这是哪个单位的？把情况立即告诉我！"

张之轩调查回来，见刘伯承、邓小平、张际春都在邓小平屋子里等着，气氛严肃得不同寻常。

邓小平首先发问："都搞清楚了吗？"

保卫科长点点头："是个副连长，见店铺主人不在，就拿了一匹布和一捆粉条。"

"什么？这叫拿？这是抢！"邓小平厉声喝道。他拍打着桌子："我们事先打过招呼，有过规定，抢劫民财者要枪毙！这是纪律，要坚决执行！如果令出不行，说了不算，再发展下去，我们还叫什么人民军队，怎么能在大别山站住脚？！"

刘伯承在屋内来回踱了几步，问："他是哪个单位的？"

《春秋》

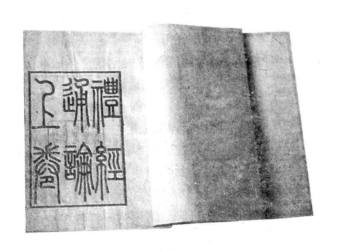

商鞅（约公元前390至前338年），战国时政治家。卫国人，公孙氏，名鞅，亦称卫鞅。初为魏相公叔痤家臣，后入秦，进说秦孝公。秦孝公六年（公元前356年，一说在三年，即353年）任左庶长，实行变法。旋即升大良造。秦孝公十二年（前340年）由雍（今陕西凤翔南）迁都咸阳（今陕西咸阳东北），进一步变法。商鞅变法的措施有：奖励耕织，生产多的可免徭役；废除贵族世袭特权，制定按军功大小给予爵位等级制度；采用李悝《法经》作为法律，推行连坐法；合并乡邑为三十一县；废除井田制，准许土地买卖；创立按丁男征赋办法，规定一户有两个丁男者必须分居，否则加倍征

柴门深处

赋，颁布法定的度量衡器，统一度量衡制，商鞅先后两次变法，奠定了秦国富强的基础。公元前340年因战功封商（今陕西商县东南）十五邑，号商君，因称商鞅。秦孝公死后，因他的变法触犯了秦国贵族的利益，被处死，但他推行的新法，却一直沿用下来。商鞅在开始变法之前，怕百姓不信新法，于是采用"徙木立信"之计：令既具，未布，恐民之不信，已乃立三丈之木于国都市南门，募民有能徙置北门者予十金。民怪之，莫敢徙。复曰："能徙者予五十金。"有一人徙之，辄予五十金，以明不欺，卒下令（见《史记·商君列传》）。

"是直属警卫团的。"

"哦……"刘伯承听了摇着头叹道，"这是灯下黑哟！问题竟发生在我们眼皮子底下，竟是些天天和我们打交道的人，说不过去哟！"他转过身向着李达、张际春："你们二人说说，这事应该怎么办？"

李达头上青筋跳动，两眼冒火："问题既然发生在我们身边，更应该严肃处理，决不能姑息！"

张际春面沉如水，字字沉重："我完全同意！纪律已经三令五申，他还要去犯，这就叫执迷不悟，必须依律严惩！"

"问题的严重性就在这里！"邓小平接过话茬儿道："部队纪律整顿得怎么样，是不是动真格的，首先就看直属分队，就看首长身边的警卫员。如果连这两部分人都管不了，那么这个部队就离坟墓不远了！现在问题摆在这里，我们只能从自己身边开刀，用这一刀去教育部队和人民！张之轩同志，你通知部队，下午就召开公判大会。另外，要派一些同志上山，动员群众下山参加。"

保卫科长张之轩口里答应着是，可身子并没有动。

刘伯承便问："你还有什么话要说？"

保卫科长一脸痛苦："那个副连长还说，他对不起刘邓首长，中秋节晚上，首长还……"

刘伯承一思忖，惊问："你说的是他……"

"就是三连副连长赵桂良……他还说……"

刘伯承痛苦地摆摆手："你不要说了，我知道他……"

中秋节晚上，这个爱兵副连长替战士站岗，被刘伯承发现了，刘伯承表扬过他。在聊天的过程中，刘伯承知道他家中还有一个年近七十的老母亲。刘伯承想起这一切，眉头越锁越紧："这是一个很好的干部呀，他关心战士，自己打摆子还替人站岗，他打起仗来也一定很勇敢，可……他怎么就忘记了纪律呢？邓政委常说，人民是我们的父母，我们是人民的儿子，他怎么能忘记这个根本呢？……"刘伯承摘下眼镜拭抹着眼睛，停了好大一会儿，才吩咐道："张之轩同志，请你转告赵副连长，对他的处决，我和邓政委都很痛心。当然，我们也可手下留情，可三大纪律八项注意是不容我们迁就的，它是我们这支军队的生命。……再说，老百姓也并不是命里注定跟着我们走，如果我们纪律不好，损害他们的利益，老百姓为什么不可以跟别人走呢？"刘伯承手中的帽子捏成一团，又低声说："请告诉他，不是我刘伯承不讲情理，而是法不容情啊！希望他能理解，走到这一步，是必须要这么办的呀……"

邓小平的嘴绷得紧紧的，再没有讲一句话，只是一支接一支地抽烟，他想了很多很多，也许他想着中国人民解放军的军歌："向前向前向前，我们的队伍向太阳！脚踏着祖国的大地，背负着人民的希望，我们是一支不可战胜的力量……"也许，他想起李自成农民起义军杀进北京城以后，因为贪图享乐，军纪崩溃导致起义军兵败如山倒……我们中国人民解放军可不能重蹈覆辙啊……

禁闭室里，桌子上放着满满一碗面条，是首长们专门让炊事班给赵副连长做的，可他一箸都未动，赵副连长呆呆地望着碗，泪水淌过颌骨上的伤痕，滴在碗中。那伤疤是日本鬼子给他留下的，这样的伤疤身上还有几块。

张之轩把面碗端到他手上，他又轻轻地推开……

"你……你……还有什么话要说呢？"

诸葛亮（181—234年）三国蜀汉政治家、军事家。字孔明，琅琊阳都（今山东沂南）人。东汉末，隐居邓县隆中（今湖北襄阳西），留心世事，被称为"卧龙"。建安十二年（公元207年），刘备三顾草庐，他向刘备提出占据荆（今湖南、湖北）、益（今四川）两州，谋取西南各族统治者的支持，联合孙权，对抗曹操，统一全国的"隆中对"，从此成为刘备的军师。后刘备根据其策略，联孙攻曹，取得赤壁之战的胜利，并占领荆益，建立了蜀汉政权。曹丕代汉，他说服刘备称帝，任丞相。建兴元年（公元223年）刘禅继位，他被封为武乡侯，领益州牧，政事无论大小，都由他决定。当政期间，励精图治，赏罚严明，推行屯田政策，并改善与西南民族的关系，有利于当地文化经济的发展。曾五次出兵攻魏，争夺中原。建兴十二年公元234年，与魏司马懿在渭南相拒，病死于五丈原军中，

135

葬定军山（今陕西勉县东南）。传曾革新连弩，能同时发射十箭，又制造"木牛流马"，有利于山地运输。诸葛亮曾派马谡和王平去守街亭。马谡看了街亭周围的地形之后，选中的营地是要道旁的小山，王平说不行，一旦敌军蜂拥而至，切断水源，放火烧山，蜀军必败，马谡却说什么"置之死地而后生"，结果枉送了无数蜀军性命，街亭失守，诸葛亮的整个战役失败了，不得不"挥泪斩马谡"。

"对于组织的处理，我没有意见。我……该杀，让同志们从我这里得到教训！"

还是这几句话，保卫科长张之轩几乎要哭出来："你再考虑考虑，难道……时间不多了，把想说的话一定要说出来，哪怕……就是事后有什么要求也可以和组织说呀！"

副连长摇摇头："没有，真的没有。我决不埋怨组织，这是我咎由自取。"

四目相对，泪眼模糊。突然副连长抱着头失声大哭，断断续续地哭诉道："我……家里只有一个老母亲，没有别的亲人。我……我……对不起她呀！……如果说要求，我只有一点，就是等革命胜利了，请组织上告诉她老人家，我是在战场上牺牲的，不是这个样子……"

保卫科长泪流双颊，不住地点着头，他顾不得擦自己的眼睛，把手帕抹向副连长的脸……"

忽然，门外传来卫士和一个人的争吵声，保卫科长推开门，见是赵副连长替他站岗的那个小战士，他冲进来，一头扑在赵副连长的怀里："副连长，你不应该死，让我替你死吧，让我……"

赵副连长的哭声戛然而止，霍地变成一头猛狮，他推开小战士站起来："出去！你给我出去！我现在还没死，还可以命令你，马上给我回连队！"

"我不走！"小战士脾气也上来了，抹着眼泪道，"反正我想好了，要死，我替你去死。不管你再凶，我也要当着首长的面，把话讲清楚！"

"你敢！"副连长怒吼，上前要推小战士出门，被保卫科长拦住了。小战士趁机哭诉道："首长，你知道吗？我们副连长拿的东西没有一件是给他自己的，花布是要给我做棉衣，他说我小，经不住冻……纸和笔是准备给连里出板报用，粉条……"

"你还胡说！"副连长暴喝，一把捂住小战士的嘴，硬向门外推。

"副连长同志，请你放开，让他把话说完。"保卫科长拉着小战士到门外，小战士抽泣着说："副连长见刘司令员最近瘦得厉害，又听说他爱吃粉条，就想弄点……"

小战士的哭诉撕碎了保卫科长的心，他回去向邓小平作了汇报。

听了保卫科长的话，邓小平沉默了许久，好大一会儿才开口："之轩同志，我的心情和你一样，……关于粉条的事，千万不要告诉司令员，他已经很沉痛了，不能让这件事再刺他的心了……"

刚毅的邓小平说完这些话，已是泪盈满眶。他走到门口，点起烟狠狠吸了几口，突然转过身，坚决地说："法纪如山！谁也不能以身试法，如果我们放纵了一个连长，那么还有营长、团长、旅长，还有我们自己，又如何用纪律约束呢？"

"那——对他个人的要求呢？"

"可以考虑作为战场牺牲告诉他的家人。三国时，诸葛亮挥泪斩马谡，但优抚其妻儿。今天，我们也是硬把眼泪往肚子里流啊！"说完这句话，邓小平沉重地挥挥手："之轩同志，去执行吧，在这件事上，部队的现状和大别山的形势已经逼得我们不能再有任何犹豫了。我们需要考虑的不是一个人，而是十万大军的命运！……"

公判大会在当地的一块平地上举行。部队整齐肃穆，队伍里时断时续地传出阵阵抽泣。群众也坐在一旁，鸦雀无声。当李达参谋长正宣读着处决命令时，会

137

1974年5月30日，毛泽东和周恩来握手。这是两位伟人的最后一张合影

场里突然闯进一个人来，就是那位为躲避大军，跑到山上去的那个店铺老板。他立在台前，高声哭喊："早知道大军纪律这么严，说什么也不会往上山跑了。要是家里有人，也不会发生这种事。首长，你就高抬贵手，刀下留人、刀下留人吧！"……这时，还有一位老妈妈连跪带爬地上到台前，拉着张际春副政委的手，哭求道："首长啊，我当年也闹过红，当过交通，知道咱们部队的纪律，可……可拿了几丈花布，几把子粉，也不算个啥。你们千万千万莫枪毙他呀！我……求你啦！首长，我代表乡亲们求你啦！首长，请放了他吧！"

老妈妈扑通跪在台子上，台下群众也纷纷呼应。张际春赶忙扶起老妈妈，让老人家坐在一个凳子上，面对群众恳切的话语和悲痛的情绪，面对慈母般的老妈妈的苦苦哀求，这位平时被称为政委妈妈的野战军副政委，再也无法控制自己，他悄然离开会场，再一次去找刘邓。刘邓二人正在房间里默默静坐，悄然无声。张际春走进来，报告了群众的请求，刘邓听了还是沉默，长时间地沉默、沉默……

最后还是邓小平先开口："际春同志，那位老妈妈讲的是群众的心里话，大家能理解，我也理解。可我们不能叶公好龙啊……我们的纪律应该是铁、是钢，而不能是豆腐渣，不能一碰就碎，不能让人们说我们是虚张声势！所以我的意见还是坚决执行纪律！"

邓小平用目光征询了一下刘伯承。

刘伯承先是仰天抬起头，好半天才沉重地点了点，挥手让张际春去照办。

张际春离去，邓小平轻声对刘伯承说："司令员，我们到外面去走走吧。"他拉过那双指挥千军万马的手，竟然像一块冰，而且颤抖不止，

边区一位老大爷在鼓励八路军小战士上前线英勇杀敌

在低低的山坡上，两人背向着会场的方向缓缓走着走着，一路无语……

突然，那边会场的枪声响了。刘邓的身子都禁不住颤抖了一下，只见刘伯承仰天呼喊："我刘伯承作的什么孽，为什么要爱吃啥子粉条啊！……"

这声音在空旷的山野凄然回荡。邓小平吃惊地望着刘伯承，不知道他如何晓得这件事。但此时此刻，用任何语言来安慰这位爱兵如子的师长都是无能为力的，邓小平只得自语地连声说："应该好好安葬赵桂良同志，应该按烈属待遇照顾他的家庭——一个同志犯了错误，也是我们没有教育好，我们也有责任，对不起组织，对不起生养他盼望他的老妈妈……"邓小平言语有着深深的自责，刘伯承木然地点着头，任凭泪水飞扬……

一年零四个月之后，还是这支部队，打进南京城，攻占总统府……

40多年后，80年代的一个秋天，保卫科长张之轩自费从北京来到大别山，来到总路嘴，在一片草丛中，找到那个微微隆起的坟墓，祭起一捧捧黄土，告慰英灵，尔后脱帽深深地默哀、鞠躬……[109]

刘伯承、邓小平向来以治军严明著称。早在抗日战争初期，邓小平出任一二九师政委不久，就主持了一次宣判大会，处决了一名强奸妇女的老战士。据回忆人员说，邓小平通常不在军人大会上作报告，一般只在团以上干部大会上讲话。邓小平话不多，不太喜欢作报告，更不会轻易破那个例。但这件事很严重，除了强奸妇女本身性质严重外，更严重的是有一些人前来政治部为强奸犯求情，认为判重了，群众也来求情，这说明部队内部和当地群众对八路军这支抗日队伍还有

1944年9月5日，中共中央的警卫战士张思德在工作中牺牲。毛泽东因此写下《为人民服务》一文。这是张思德生前（左）在安塞县山中烧炭

139

模糊认识，对其严明的纪律认识不清。因此，邓小平亲自上台讲话，他非常严肃，严厉地指出，我们共产党领导下的八路军同军阀队伍最大的区别之一，就是纪律严明，决不允许侵犯群众利益。只有做到这样，我们才能得到群众的爱戴，才能在敌后生存。老百姓历来怕当兵的，山西的统治者过去还向群众灌输过共产党红军是多么可恶，多么可怕。为了让群众真正了解我们八路军的真面目，它完全不同于旧军队，那就需要我们用实际模范行动，来打动群众。这次奸污妇女的事件，虽然是一个战士的犯罪，但一传开，就会对我军造成很坏的影响，并会破坏我们这几个月来好不容易在群众中树立的好印象。我们决不能心软，一定要严肃地处理这件事。

1946年，二野从邯郸出发，所向披靡，连战皆捷，这时部队中开始滋生一种骄傲的情绪，有的指战员也开始不检点，个别部队的斗志有些松懈，群众纪律不大好，军民、官兵团结也发生了问题，中秋节那天，各纵队司令员接到通知到野司去开会，开会后，邓小平就宣布了开会的宗旨："开个不握手的会议，检查群众纪律……"这次会议，虽然没有吃到月饼，但受到的教育是深刻的、终生难忘的。

解放上海前夕，总前委移驻京沪线上的丹阳县城，在丹阳热闹的街道上，尤其是光明戏院一带的繁华地界，满街都是军人，整天兜来兜去，有的硬要闯进戏院，不买票要看白戏，邓小平听说以后，激愤地说："这像什么话？我们的领导同志是怎么当的？……军队纪律如果不抓一抓，进上海以后肯定会天下大乱的！"

1948年的除夕，邓小平在金寨县转战，县委的同志带着慰劳品来看望他，邓小平一看，有湖北孝感麻糖、花生、羊肉和一只鸡，他坚持要把

140

为广播事业题词（1965年）

慰问品退回去，并鼓励大家说：

"黑暗到了尽头，曙光就在前面！"

这一年的除夕，首长们吃了几个麦饼，又冷又硬，还有一些枣子。许多年后，人们回忆起在那一年的大年夜，邓小平坐在炉火边，吃着一块又糊又硬的麦饼。

1997年2月，邓小平逝世了，工作人员在焚烧他的衣服时，发现衣服上有许多地方都缝补过，感动得热泪盈眶。邓小平为革命奋斗了一生，始终保持平民本色。

1989年5月31日，邓小平同中央两位负责同志谈话说："要真正建立一个新的第三代领导。这个领导要取信于民，使党内信得过，人民信得过。……我们这个第二代，我算是个领班人，但我们还是一个集体。对我们这个集体，人民基本上是满意的，主要是因为我们搞了改革开放，提出了四个现代化的路线，而且真正干出了实绩。第三代的领导也一样要取信于民，要干出实绩。关门可不行啊，中国不可能再回到过去那种封闭年代。那种封闭的方式也造成了灾难啊，例如'文化大革命'。在那种状态下，经济不可能发展，人民生活不可能改善，国家力量也不可能增强。现在世界的发展一日千里，每天都在变化，特别是科学技术，追都难追上。"〔110〕

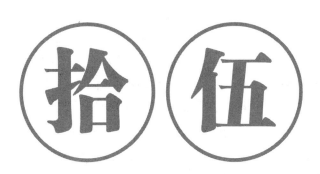

从孟子的"以其昏昏，使人昭昭"到"陈景润秘密搞科研"、"老九不能走"

"文化大革命"期间，"四人帮"把知识分子排在地、富、反、坏、右、叛徒、特务、走资派之后，诬蔑为"臭老九"。1975年5月3日，毛泽东召集在北京的中共中央政治局委员谈话时借用京剧《智取威虎山》中的一句台词："老九不能走"，以此批评"四人帮"对知识分子的诬蔑。1975年8月3日，邓小平传达了毛泽东的指示，提出：科技人员应该受到重视。1988年9月邓小平在谈到高级知识分子的待遇时说，要把"文化大革命"时的"老九"提到第一，科学技术是第一生产力嘛，知识分子是工人阶级一部分嘛。

孟母择邻

1978年3月18日邓小平在全国科学大会开幕式上的讲话中说："毛泽东同志曾教导我们，以其昏昏，使人昭昭，是不行的。我们的各级领导干部，不能长期安于当外行，要钻进去，逐渐成为内行。我们要努力学习马克思主义，提高政治水平，又要努力学习科学知识，总结正反两个方面的经验，研究和掌握科学技术工作的客观规律，全面地正确地执行党的各项方针政策。"〔111〕

1975年9月，邓小平在听取中科院负责人科技汇报时说："这一段时间一些科研人员打派仗，不务正业，少务正业，搞科研的很少。少数人秘密搞，像犯罪一样。陈景润就是秘密搞的。这些人还有点成绩，这究竟是红专还是白专？像这样一些世界上公认有水平的人，中国有一千个就了不得。说什么'白专'，只要对中华人民共和国有好处，比闹派性、拉后腿的人好得多。现在连红专也不敢讲，实际上是不敢讲'专'字。中央表扬了这样的人，对他们应该爱护和赞扬。"〔112〕

陈景润，1933年生，福建福州人，当时是中国科学院数学研究所研究人员。他对解析数论领域哥德巴赫猜想的研究居世界领先地位，研究结果被誉为"陈氏定理"。徐迟的报告文学《哥德巴赫猜想》发表于"四人帮"被粉碎之后不久，曾经轰动一时。

"文化大革命"期间，"四人帮"把知识分子排在地、富、反、坏、右、叛徒、特务、走资派之后，诬蔑为"臭老九"。1975年5月3日，毛泽东召集在北京的中共中央政治局委员谈话时借用京剧《智取威虎山》中的一句台词："老九不能走"，以此批评"四人帮"对知识分子的诬蔑。1975年8月3日，邓小平传达了毛泽东的指示，指出："科技人员应该受到重视。""要发挥科技人员的积极性，要搞三结合，科技人员不要灰溜溜的。不是把科技人员叫'老九'吗？毛主席说，'老九不能走'。"[113]

1988年9月邓小平说："要注意解决好少数高级知识分子的待遇问题。""要把'文化大革命'时的'老九'提到第一，科学技术是第一生产力嘛，知识分子是工人阶级一部分嘛。"[114]

1984年10月，邓小平在中央顾问委员会第三次全体会议上说，中共中央《关于经济体制改革的决定》一共十条，"最重要的是第九条，当然其他各条也都是非常重要的。第九条，概括地说就是'尊重知识，尊重人才'八个字，事情成败的关键就是能不能发现人才，能不能用人才。"[115]

历史的发展往往呈之字形。

1949年新中国成立以后，工农翻身当主人，体力劳动者的手脚得到了解放。然而，1957年，由于全国错划右派55万，并且全部都是知识分子，人的脑筋一时间全都上了紧箍咒，从那以后，人们喊"臭知识分子"就喊顺嘴了，整个社会形成了一种不健康的社会心理氛围，到"文化大革命"发展到了极点，以愚昧为荣，以知识为耻，整个中国几亿人，表情麻木，无所适从。1977年8月，在全国科教工作座谈会上，有位科学家反映，在农科院，在试验田种庄稼不算劳动，要到农村种庄稼才算劳动。邓小平说："这真是怪事，好多农业院校自己培育品种，自己种田，怎么不是劳动？科学实验也是劳动。一定要用锄头才算劳动？一定要开车床才算劳动？自动化的生产，就是整天站在那里看仪表。这也是劳动。这种劳动同样是费力的，而且不能出一点差错。"[116]

这也是一种拨乱反正。

脑力劳动也是一种劳动，而且是一种高级形

孟　子

孟子（约公元前372—公元前289年）。战国时思想家、政治家、教育家。名轲，字子舆。邹（今山东邹县东南）人。受业于子思的门人。历游齐、宋、滕、魏等国，一度任齐宣王客卿。因主张不见用，退而与弟子万章等著书立说。提出"民贵君轻"说，劝告统治者重视人民；认定残暴之君是"独夫"，人民可以推翻他。反对武力兼并，认为只有"不嗜杀人者"才能统一天下。并极力主张"法先王"，"行仁政"，恢复井田制度，省刑薄赋，达到"黎民不饥不寒"，肯定人性生来是善的，都具有仁、义、礼、智等天赋道德意识。提出"不虑而知"的"良知"和"不学而能"的"良能"，但也重视环境和教育对人的影响。认为"逸居而无教，则近于禽兽"（《孟子·滕文公上》），教人注重存心养性，深造自得，行有不得，反求诸己，要求达到"富贵不能淫，贫贱不能移，威武不能屈"。他还提出了"劳心者治人，劳力者治于人，治于人者食人，治人者食于人"的论点。由于他过分强调人的主观精神作用，断言"万物皆备于我矣"（《孟子·尽心上》），"浩然之气"、"至大而刚，以直养而无害，则塞于天地之间"（《孟子·公孙丑上》），在儒家哲学中形成一个唯心主义的哲学体系，对后来宋儒有很大影响。"以其昏昏，使人昭昭"一语，出于《孟子·尽心下》。

《孟子》一书，儒家经典之一，战国时孟子及其弟子万章等著。一说是孟子弟子、再传弟子的记录。《汉书·艺文志》著录11篇，现存7篇，相传另有"外书"4篇，已佚，今本系明人伪

周恩来在黄河三门峡工地视察

态的劳动。美国的农业人口只占全国人口的百分之一、二，他们不用锄头，他们用机械化，用自动化，同样生产出供全国吃的粮食，而且还出口，你就不能说他不是劳动人民，不能说他腐朽，贪图享受。

然而，这话那时不能说，那时说了这话，就是异端。

在打倒"四人帮"后，尊重知识、尊重人才的社会风气得以恢复，改革开放之初，高考制度得以恢复，大批人才脱颖而出，全国人文科学领域曾经冒出个"人才学"，至今长销不衰，很有市场。现如今，博士、硕士、学士……大行其道，"文凭热"、"科技热"、"电脑热"……不可逆转。留洋的，都走了；爱国的，回来了。全球成了地球村，知识经济浪潮涌。邓小平指出：我们国家，国力的强弱，经济发展后劲的大

146

小，越来越取决于劳动者的素质，取决于知识分子的数量和质量。[117]

邓小平重视知识分子，关心爱护知识分子是一贯的。《李自成》的作者姚雪垠曾经得到毛泽东的关照，1966年8月毛泽东曾指示王任重，要他告诉武汉市委，对姚雪垠加以保护，让他继续写下去，由于毛泽东的这一指示，姚雪垠在"文革"中才免于被抄家，本人也得到保护。1975年10月，姚雪垠又给毛泽东写信请求给予支持，信通过胡乔木转给邓小平，邓小平交给毛泽东，毛泽东在这封1600字的长信上批示："同意他的创作计划，给他提供条件，让他把书写完。"随后，姚雪垠从武汉来到北京，潜心创作。

著名数学研究工作者陈景润在努力攻克"哥德巴赫猜想"的数学难题

1977年11月2日，这时粉碎"四人帮"已一年有余，邓小平出任中共中央副主席，当时的宣传部长张平化专程到姚雪垠家中告诉他："邓小平副主席说你的书写得很好！昨天下午，他亲自嘱咐我务必前来看看你，问你还有什么困难没有？"张平化还说："邓小平副主席还说你对党和人民做了重要贡献，有什么困难中央替你解决。"过后不久，在邓小平的亲自批示下，姚雪垠解决了北京的户口问题和一套住房，继续写他的《李自成》。[118]

1977年8月8日，邓小平在全国科教座谈会上说：搞后勤应当物色热心为大家服务、勤勤恳恳、甘当无名英雄的人。他笑着说：我愿意当大家的后勤部长。会场上顿时响起了热烈的掌声。

1995年，在全国科技大会上，江泽民同志第一次正式提出，中国要实施科教兴国战略，党的十五大指出：人才是科技进步和经济社会发展最重要的资源，要切实把教育摆在优先发展的战略地位。

朱镕基总理在九届人大会上宣布：本届政府

作。书中记载了孟子的政治活动，政治学说以及哲学伦理教育思想等。南宋朱熹把《孟子》和《论语》、《大学》、《中庸》合为"四书"，注释有东汉赵岐《孟子章句》、南宋朱熹《孟子集注》、清焦循《孟子正义》等。

把实施科教兴国战略作为最大任务，进一步把科教兴国方针贯彻到底。

邓小平的人才思想已使中国的"四大发明"重放光彩。牵牛要牵牛鼻子。抓住了"科技文化"这根绳子，牵住了人才这个关键，中国的现代化事业将蓬勃发展。

中国现在仍然是落后的。中国国内生产总值现在大约是1万亿美元，人均国内生产总值为800美元左右，只相当于日本和美国的四十分之一。即使中国保持目前7%—8%的经济增长，人均国内生产总值到2010年也只2000美元左右。中国虽然是落后的，但是落后有落后的后发优势，只要抓住了人的素质教育，中国在地球村里总是活跃的，因而也是有希望的。〔119〕

让我们努力。

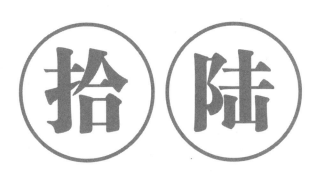

从司马迁的"身处逆境，忍辱负重"到邓小平"柔中有刚，绵里藏针"

那是"文化大革命"最黑暗的日子里。

毛泽东派汪东兴给邓小平传达三句话：第一，要忍，不要着急；第二，刘、邓可以分开；第三，如果有事可以给他（毛泽东）写信。……

司马迁墓

1966年8月1日至12日，中共八届十一中全会上，毛泽东用典型的"文革"方式写下了《炮打司令部》的大字报，邓小平被迫停止了工作，从这一年的10月份起至1969年10月，邓小平实际上被软禁在中南海含秀轩达三年之久。从1969年10月22日起至1972年，他又被监禁在江西达整整三年，前后加起来共六年。这六年的时间，他是如何度过的呢？当时，他的罪名是"全国第二号走资本主义道路的当权派"，他的生活方式和心境用一个字来概括，就是"忍"字。

在中南海软禁期间，他整日在家，既没有工作，也没有人找他谈话，那时他的子女还和他住在一起，并且还可以随便出入中南海。因此，通过子女，邓小平对外面大批判及动乱的情况还可以有一个基本的了解。像中南海其他受到批判的高级领导人一样，他也被要求看中南海造反派贴出的大字报。但他没有像刘少奇一样被要求向造反派群众写检查，也没有像刘少奇一样被造反派批斗和冲击，只有一次在外出看大字报的时候，被中南海的"革命群众"围攻过一次，当时一定是有人进行了疏解，因而没有受到进一步的批斗。[120]

1967年5月，在刘少奇被抄家批斗之后不久，毛泽东派中央办公厅主任汪东兴到邓小平家找他谈话，转达了毛泽东的三句话：第一，要忍，不要着急；第二，刘、邓可以分开；第三，如果有事可以给他（毛泽东）写信。[121]同年7月，由于陈伯达的"批示"，邓小平夫妇在中南海遭批斗一次。批斗抄家之后的某一天，毛毛和大姐邓林从家里出去，走到胡同口，看见陈毅带着警卫员，正从外面走来。只见他严肃地沉着脸，就知道一定是刚刚被迫看过大字报。许久未见，孩子们眼中的陈伯伯瘦了，她们从小就熟悉的那副动人的笑容也消失了，只是他的腰板，还是挺得那样的直。孩子们知道，在"二月逆流"中，陈毅也挨了批判。为了不再连累他，孩子们自动躲在一边。不想他一眼看见邓小平的孩子们，脸色一变，眉头一扬，老远的几步就跨了过来，他叫着孩子们的名字，并突然弯下腰来，像是鞠了一个躬似的，然后问道："都好吗？"孩子们当时只有十几岁大，一下子愣住了，当反应过来，知道陈伯伯是在问候谁时，心头一热，忍不住眼泪就要夺眶而出。她们赶紧回答："都好。"陈毅连声说："那就好，那就好！"说完，他又沉下了脸，缓缓向巷子深处走去。[122]

有一天夜里，毛泽东派秘书徐亚夫去邓小平家，召见邓小平，直到天快亮了，邓小平才从主席处回来。邓小平告诉卓琳说，毛泽东主席主要问他30年代离开红七军到上海向中央汇报工作这一段的历史情况，毛泽东批评了他派工作组的错误，毛泽东态度缓和，还说有事可找汪东兴，也可以直接给他本人写信。[123]

在中南海被打倒、软禁三年的岁月里，邓小平的子女被赶出了中南海，继母也被赶出中南海，儿子被逼跳楼，造成高位截瘫……邓家以沉默待之，看不出明显的起伏。

1969年10月，邓小平夫妇被软禁于原福州军区南昌步兵学校，人称将军楼。当时，邓小平专案组完成了对邓小平夫妇的解送任务，并向上面作出报告。

"22日送邓小平、卓琳、夏伯根去江西，今日（28日）归来，邓押于南昌西北十三公里处，原步兵学校，现是五七干校，××军××师炮团和原步兵学校留守处住。由省革委会管，派炮团一个班十二人监管，单住一小楼上，下住一个干事和一战士管他。平日劳动，仍用邓小平名。"

151

司马迁（约公元前145年或公元前135年—？）西汉史学家、文学家和思想家，字子长，夏阳（今陕西韩城南）人，司马谈之子。早年游踪遍及南北，到处考察风俗，采集传说。初任郎中，元封三年（公元前108年）继父职，任太史令，得读史官所藏图书。太初元年（前104年）与唐都、落下闳等共订太初历，对历法进行改革。后因替投降匈奴的李陵辩解，得罪下狱，受腐刑。出狱后任中书令，发愤继续完成所著史籍。人称其书为《太史公书》，后称《史记》，是我国最早的通史，此书开创了纪传体史书的形式，班固曾评为"是非颇缪于圣人，论大道则先黄

按周恩来的关照，"邓小平不能当全劳动力使"，所以每天早上到新建县拖拉机修造厂劳动半天。

在江西监督劳动改造的日子里，因"走资派"的罪名，邓小平、卓琳夫妇二人的工资却被扣发，每月仅给他们发250元的生活费。小儿子飞飞从插队落户的地方来江西与父母团聚一阵子之后，江西省革委会曾经示意，孩子们是否待的时间太长了，飞飞不得不返回乡下去，卓琳和邓小平的继母为飞飞收拾行装，破旧的棉衣棉裤已洗净补好。走的那天，飞飞一身干净，腰上又系上回来时的那条草绳，然后转身走了，步子又大又踏实。

然而，一向坚强无比的邓小平却挺不住了，他在坚持去工厂劳动的时候，突感不适，脸色苍白，额头沁出冷汗，倒在地下。卓琳闻讯赶到，

老而六经"（《汉书·司马迁传》）。书中不少传记语言生动，形象鲜明，堪称优秀的文学作品，对后世史学与文学都有深远的影响。所作《报任少卿书》，对下狱受刑经过和著书的志愿，叙述颇详。他之所以"隐忍苟活"，是为了在著述历史中求得人生价值的最高实现。在《报任少卿书》中，司马迁写道："文王拘而演《周易》，仲尼厄而作《春秋》，屈原放逐，乃赋《离骚》。左丘失明，厥有《国语》。孙子膑脚，《兵法》修列，不韦迁蜀，世传《吕览》。韩非囚秦，《说难》、《孤愤》。《诗》三百篇，大抵圣贤发愤之所为作也。"所谓"文王拘

1972年1月6日，中共中央军委副主席、国务院副总理兼外交部长陈毅在北京逝世。10日举行追悼会，周恩来致悼词，肯定了陈毅对革命事业所作的贡献。毛泽东亲自参加追悼会，并慰问陈毅夫人张茜

"文化大革命"期间，邓小平夫妇相依为命，用劳动和读书来充实生活

冲了一杯糖水给邓小平喝，等他苏醒过来后，陶排长用拖拉机载着邓小平回到监管地休息。[124]可怜天下父母心！

世间万事万物都是变化的，到处都充满着矛盾。

斗转星移。邓小平每天都在"邓小平小道"上行走、上班。傍晚时分，他背着手在院中散步。他在思索世界大势、中国大势，他个人的命运和这两个大势是紧紧地联系在一起的。监管人员对他的不礼貌与训斥，他忍着；与子女的生死离别，他忍着；"四人帮"向领袖进他的逸言，他仍然忍着。偶尔写写信，他也只是对毛泽东讲讲他家中成员的实际遭遇和生活状况，对于他自己，顶多是要求保留党籍，出来做点"技术性"的工作。

忍，委曲求全；熬，不着急；……一种状态可以有无数种说法。冥冥之中，上苍似乎满不在乎地掩盖着一个巨大的秘密，然而又实在忍不住要向邓小平诉说这个巨大的秘密。

而演《周易》"，是说周朝的开国君主文王在商纣王朝为西伯侯时，曾被纣王囚禁于狱里，文王在囚禁期间，将八卦重新排列组合，形成六十四卦，流传到后世，影响深远。所谓"仲尼厄而作《春秋》"，是说孔子游说一生不得志，回到鲁国静心修订鲁国史书，这便是《春秋》。所谓"屈原放逐，乃赋《离骚》"，是说楚国的大夫屈原向楚王进谏，怀王不纳忠言，反而将他革职流放，屈原满怀悲愤，在流放途中写出了千古名篇《离骚》。"左丘失明，厥有《国语》"，是说鲁国史官左丘明因为双目失明，反而发愤写出《国语》。所谓"孙子膑脚，《兵法》修列"，是说战国时代的军事家孙膑在仕魏时不幸遭到陷害，被剜去膝盖骨，后来设计逃往齐国，在齐魏之战中，他与齐相田忌用"围魏救赵"之计，大败魏军于马陵道，他著的兵书《孙膑兵法》，成为中国古代最为灿烂夺目的瑰宝。所谓"不韦

153

迁蜀,世传《吕览》",是说秦国丞相吕不韦在秦王嬴政上台后,被免去丞相之职,并迁徙到蜀都,吕不韦与他的门客作有《吕氏春秋》,又称《吕览》。所谓"韩非囚秦,《说难》、《孤愤》",是说战国时代的韩非子,在秦国遭到陷害下狱,又被毒酒所害,身后留有《韩非子》一书,《说难》、《孤愤》是其中的两篇。

154

物极必反,否极泰来。

那个在党章中规定了要接毛泽东的班的人忽然带着大量秘密文件,带着老婆孩子上了飞机投奔苏联。那就是林彪。在一个风高月黑的夜晚,折戟沉沙,葬身温都尔汗。

邓小平终于听到了这个消息。

他没有欣喜若狂。他坐在人群中听到这个消息时,腰板坐得直直的,两眼直视前方。在大庭广众之下,他从不失态。

然而,邓小平仍然留下了佳话。回到家里,他悄悄地一字一顿对家人说:"林彪不亡,天理难容!"台风的中心是平静的。

邓小平给毛泽东写了一封信,在表态说拥护中共中央九届二中全会决议之后,仍然到拖拉机修造厂上班、劳动。然而,他的内心一定是不平静的,因为他就要跃跃欲试了。他从江西回到北京以后,进行了两次改革。第一次,是毛泽东活着的时候,他在全国进行了一场整顿,从铁路到军队,从军队到农业、科技……各行各业都进行了大刀阔斧的改革,但这场改革只进行了一年。

1975年的整顿,其实是后来改革的预演。

1979年开始的改革,到邓小平逝世为止,一共进行了18年。这场改革至今仍然进行着。这场改革,渗透着中国共产党人和中国人民的艰辛与光荣,昭示着邓小平的梦想与智慧。然而,如果没有他身处逆境、卧薪尝胆的六年监禁生活的磨炼,没有他身处下层与人民同呼吸共命运的思索与体验,没有他"柔中有刚,绵里藏针"的智慧的把握,中国又会是怎样一番情景呢?

今天,当我们回忆起在改革开放的第五个年头,北京大学生物系81级的学生们以布头代笔,写下"小平您好"四个字,在国庆35周年科技游行队伍来到金水桥,亮出他们的横幅时,我们的心中总是热乎乎的，我们的眼中总是泪水模糊的。因为我们知道：为了这感人至深的一刻，中国等待了多少年啊。

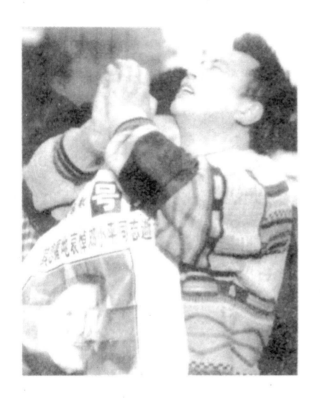

1997年2月19日，改革开放总设计师邓小平的逝世，让最早得益于改革开放的深圳人格外悲痛。消息传来的当天，这位深圳青年在小平同志巨幅画像前挥泪悲泣："您不该走啊！"

从"夜郎自大"到"承认落后，急起直追"

邓小平的智源

夜郎，汉代西南方的一个小国。《汉书·西南夷传》："滇王与汉使言：'汉孰与我大？'及夜郎侯亦然。各自一州王，不知汉广大。"后世因以比喻妄自尊大。1979年3月邓小平在党的理论工作务虚会上说：毛泽东同志指出的骄傲自满、故步自封、夜郎自大的毛病，我们的思想理论工作者同样要竭力避免。我们的水平很低，好多年连统计数字都没有。我们已经承认自然科学比外国落后了，现在也应该承认社会科学的研究（就可比的方面说）比外国落后了，我们必须下定决心，急起直追。

滇，古族名，国名。在今云南东部滇池附近地区，战国时，楚将庄蹻至其地称滇王，从事农、牧、渔、纺织，并经营采矿。夜郎，汉代西南方的一个小国。《汉书·西南夷传》："滇王与汉使言：'汉孰与我大？'及夜郎侯亦然。各自一州主，不知汉广大。"后世因

邓小平第三次复出之后，打开天窗说亮话，无情地嘲笑了那种妄自称大的愚蠢。邓小平说："我们过去有一段时间，向先进国家学习先进的科学技术被叫做'崇洋媚外'。现在大家明白了，这是一种蠢话。我们派了不少人出去看看，使更多的人知道世界是什么面貌。关起门来，固步自封，夜郎自大，是发达不起来的。"[125]

邓小平第三次复出前后，中国派了一批代表团到多个发达国家访问，要求他们实事求是地考察，实事求是地汇报。邓小平非常关注这次大考察，认真详细地听了汇报。同年9月访问朝鲜归来，邓小平在视察东北三省时就强调，要向外国学习，老老实实地学，要搞实事求是，不行就是不行，要承认差距。10月，他又向来访的外宾宣布："现在是我们向世界先进国家学习的时候了。"1978年10月，邓小平在访日期间，到日产汽车公司，新日钢铁公司君津钢铁厂、松下彩色电视机厂、东京至京都的新干线列车进行了参观。日产汽车公司车体车间，自动化程度高达90％，48个机器人依次排开分段焊接车体，邓小平对此非常感兴趣，边看边点头。在组装车间他看到传送带以每分钟2.1米的速度运转，各个汽车配件在这里依次完成。据日方陪同参观的人士介绍：日产工厂人均年产量为94辆车。当时中国的一汽，人均年产量为1辆，相差如此悬殊，邓小平不由得陷入沉思。邓小平在参观时问："这里的工人都受了什么教育？""零件都是公司生产的吗？"乘另一辆汽车的卓琳也不停地询问："女工的人数和工资有多少？和丰田有什么关系？"参观结束以后，邓小平在答谢董事长时发表即席讲话说："我懂得什么是现代化了。欢迎工业发达的国家，特别是日本产业界的朋友们对中国的现代化进行合作。这也将加深两

国的政治关系。"当厂方拿出钢笔请邓小平题词时，邓小平转身问随员带了毛笔没有。随即饱蘸浓墨，以遒劲的笔力写下潇洒的字迹："向伟大、勤劳、勇敢、智慧的日本人民学习、致敬！"卓琳也挥笔题词。日方人员捧着夫妇俩题写的墨宝，连声称谢。日产汽车公司向中国赠送了一辆"总统牌"轿车，中方向日产公司赠送了一幅吴作人的国画。紧接着，在25日的记者招待会上，邓小平神采奕奕，谈锋甚健，回答了西方记者一系列的提问。邓小平五年前还在江西南昌市郊的拖拉机修造厂劳动，他当然了解中国当时的工业水平。他说："要有正确的政策，就是要善于学习，要以现在国际先进的技术、先进的管理方法作为我们发展的起点。首先承认我们的落

以比喻妄自尊大。汉武帝元狩年间，滇王曾协助汉使探求通往今印度的道路。夜郎国，战国至汉时，主要在今贵州西部及北部，并包括云南东北、四川南部及广西北部部分地区，汉初与南越、巴、蜀有贸易关系。汉武帝元鼎六年（公元前111年）于其地置牂河郡。

159

汉《袁安碑》

后，老老实实承认落后就有希望。再就是善于学习。这次到日本来，就是要向日本请教。我们向一切发达国家请教，向第三世界穷朋友中的好经验请教。相信本着这样的态度、政策、方针，我们是有希望的。"26日，邓小平在"日本钢铁帝王"稻山嘉宽陪同下，从东京竹芝码头出发，乘气垫船去50公里外的千叶县君津市参观日本的钢铁大本营——新日钢铁公司君津钢铁厂。稻山嘉宽是新日钢铁公司董事长。1977年11月来华访问时，李先念同他探讨了由日本协助在中国沿海地区建造大型钢厂的设想——这就是创建上海宝山钢铁厂的最初动议。邓小平来到新日铁访问，也是为了进一步落实这一设想。在船上，稻山嘉宽说："日本的钢铁，从战前的七百万吨增加到一亿两千万吨，这是由于实现了工厂的现代化。在这些工厂中，君津钢铁厂是最新式的。"他还热切地表示要进一步加强新日铁同中国的合作。他说："我们公司同贵国的交易过去达到三十八亿美元。其中你们买了十五亿美元的货，建设武汉钢铁公司的订货是三亿美元，建设宝钢的合同是二十亿美元，是个了不起的主顾。今后也希望大批订货。"对此，邓小平点点头表示同

旧时中国农村的一户人家

意。到达工厂后，邓小平乘车参观了新日铁模范高炉和号称具有世界水平的四号高炉，参观了将于1979年向武钢出口轧钢成套设备的工厂，历时一个小时。参观中，邓小平说："能不能帮我们搞个比这个还好的钢铁厂？"稻山说："当然可以。""每吨需要投资多少？""每吨需十万日元左右就可以了。"实际上，稻山的估算对于中国来说偏低了，在日本新建一个钢铁厂不需要三通一平等基础设施，在中国，建一个钢铁厂的投资加上供电供水通路等基础设施，超过稻山的估计。为把宝钢真正建成世界一流的现代化钢厂，邓小平说："生产系统是用电子计算机控制的，所以人很少，我们管理能力差，想学习。如果在管理方面不教我们，就不好办了。咱们订一个君子协定，如果管理方面上海搞不好，那就不是学生的责任，而是教师不好。"邓小平用这种半认真半玩笑的话，把想讲的都讲出来了。对此，稻山表示赞同，表示一定要帮助中国把宝钢建设得比君津钢铁厂更好。[126]

　　在日本大阪，松下幸之助等企业家欢迎邓小平参观松下彩色电视机厂。邓小平说：值得我国学习的东西很多，希望松下老先生和各位给予援助。松下用大阪话回答：我们什么都传给你们。周围的人们对此报以热烈的掌声。邓小平在东京至京都的新干线列车上发表感想说：有一种被人从后面鞭打，被人追赶的感觉。我们现在需要的是快跑。他还坦诚地向各国记者说：本来长得很丑，却按美人那样打扮是不行的。丑陋是不能掩盖的，老老实实地承认落后才有希望。1978年11月，邓小平又出访了新加坡、马来西亚、泰国。在新加坡，邓小平说：58年前，我去法国时途经新加坡，在此停留两天。所有的旧印象都没有了，一下飞机就看到一个崭新的新加坡，可以说给我一个很深的印象，你们取得了可喜的发展。你们的道路是对的，发展是快的。邓小平观察到外商在新加坡投资设厂使新加坡得到三大好处，一是外资企业利润的35％要用来交税，这一部分国家得到了。二是劳务收入，工人得了；三是带动了相关服务行业，这也是一笔可观的收入。日本及新、马、泰之行，坚定了邓小平改革开放的决心。

改革开放13年之后，邓小平发表南方讲话。他说："闭关自守不行。'文化大革命'时有个'风庆轮事件'，我跟"四人帮"吵过架，才一万吨的船，吹什么牛！1920年我到法国去留学时，坐的就是五万吨的外国邮船。现在我们开放了，十万、二十万吨的船也可以造出来了。如果不是开放，我们生产汽车还会像过去一样用锤子敲敲打打，现在大不相同了，这是质的变化。质的变化反映在各个领域，不只是汽车这个行业。开放不坚决不行，现在还有好多障碍阻挡着我们。说'三资'企业不是民族经济，害怕它的发展，这不好嘛。发展经济，不开放是很难搞起来

旧时江西九江街头小景

的。世界各国的经济发展都要搞开放，西方国家在资金和技术上就是互相融合、交流的。"〔127〕

关于"风庆轮"事件，毛毛在《我的父亲邓小平：文革岁月》中写道："所谓'风庆轮'事件，根本就不是一件什么了不起的大事。""江青一伙借一个'风庆轮'事件，向以周恩来为首的国务院发难，大闹政治局。""事情的起由是这样的：'风庆轮'远航胜利归来，是我国自己生产远洋轮船的又一成功事例，是一件喜事。因迫于远洋运力不足，国务院和交通部曾决定从国外适当购买一批船只。江青一伙便抓住这一事件，大肆攻击交通部'卖国'，并宣称（交通）部的背后有中央的人。江青、张春桥、王洪文、姚文元诬蔑交通部'崇洋媚外'，是'买办资产阶级思想专政'，并把不同意批判交通部和国务院的'风庆轮'政委李国堂等人扣压批判，定为

旧时江西小镇上的小贩

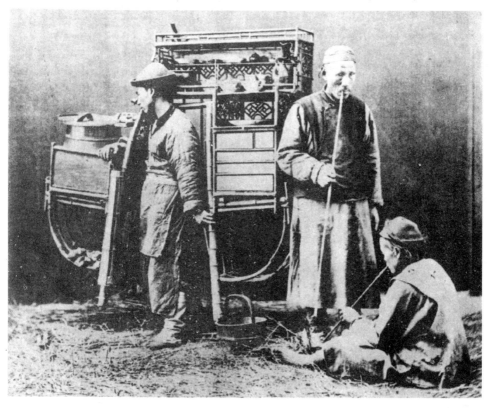

1974年10月，在中央政治局会议上，"四人帮"借中国自行设计制造的"风庆"轮远航归来一事，攻击交通部和国务院领导人"崇洋媚外"。邓小平反对这种说法。次日，王洪文到长沙就此事向毛泽东告状，遭到毛泽东的批评。图为"风庆"轮

'反动的政治事件'。"时间是1974年10月。毛毛继续写道："10月17日晚，江青一伙有预谋地在政治局会议上挑起事端，提出'风庆轮事件'是'崇洋媚外'、'卖国'的问题，逼着与会政治局成员当场对此表态。江青猖狂地大闹政治局，要揪'买办资产阶级'的总后台。她挑衅性地问邓小平：你对这个问题是什么态度？面对这一突然袭击，邓小平从容地回答：我已经圈阅了。并表示对这个材料还要调查一下，江青见邓小平胆敢这样对抗，便进一步逼问邓小平对批判'洋奴哲学'是什么态度。邓小平忍无可忍，厉声对江青说，政治局开会讨论问题，要平等嘛，不能用这样的态度对待人嘛。邓小平继续说，这样的政治局还能合作？强加于人一定要写出赞成你的意见吗？江青一向骄横跋扈惯了，而今天，

在全体政治局成员面前，邓小平竟然这样顶她，使她不禁怔了一下，接着，她便大叫大闹了起来，看见江青如此泼皮嚣张，邓小平站了起来，严肃而气愤地说，问题还没有了解清楚，就戴了这么大的帽子，这会怎么开！说完，邓小平即离席走出了会场。邓小平走后，张春桥狠狠地说：'邓小平又跳出来了。'"[128]

当晚"四人帮"连夜开会，第二天派王洪文到长沙向毛泽东告状，不料碰了一个大钉子。

邓小平反对吹牛，不赞成夜郎自大，是基于对中国国情的清醒认识。邓小平曾经说过："中国社会从1958年到1978年20年时间实际上处于停滞和徘徊的状态，国家的经济和人民的生活没有得到多大的发展和提高。"[129]"从1957年开始我们的主要错误是'左'，'文化大革命'是极左"。"20年的经验尤其是'文化大革命'的教训告诉我们，不改革不行，不制定新的政治的、经济的、社会的政策不行。"[130]邓小平在第三次复出之前同中央两位同志谈话说："要承认落后，承认落后就有希望了。现在看来，同发达国家相比，我们的科学技术和教育整整落后了20年。科研人员美国有120万，苏联90万，我们只有20万，还包括老弱病残，真正顶用的不很多。"[131]

165

经过改革开放二十多年，中国的经济建设成就和社会发展情况成就骄人，然而与世界发达国家相比，仍处于不发达状态。如今中国人均国民收入还只有700美元。美国人口只有中国的四分之一，但其国内的生产总值以美元计超过中国十倍。中国人口多，底子薄，地区发展不平衡，中国市场经济仍然不发达，商品市场、资本市场、劳动力市场以及其他生产要素市场均不完善，12亿人中还有九亿住在农村，中国还处在社会主义初级阶段，"需要几代人、十几代人，甚至是几十代人坚持不懈地努力奋斗"[132]。就以实现城镇化这项任务来看，中国的任务也是极为繁重，西方发达国家农业人口最少的约占3%，最多的约占15%，中国如果要将农业人口降到总人口的25%，就必须将7亿农业人口转移到非农业领域，这些人口是欧洲人口之和，如果每年转移相当于加拿大那么大国家的人口，等到7亿农业人口转移完毕，也要花半个多世纪，也就是从现在算起到21世纪的中叶，这还没有把人口的自然增长包含在内。我们现在的目标是在21世纪中叶达到中等发达国家水平，人均年收入3000美元。任重而道远。所以邓小平说："资本主义发展几百年了，我们干社会主义才多长时间！何况我们自己还耽误了20年。如果从建国起，用一百年时间把我国建设成中等水平的发达国家那就很了不起！从现在起到下世纪中叶，将是很要紧的时期，我们要埋头苦干！"[133]

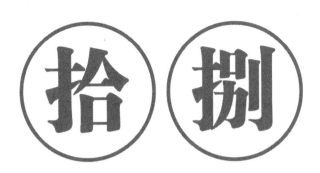

从"实事求是"到"实践是检验真理的唯一标准"

据《汉书·河间献王传》：“修学好古，实事求是，从民得善书，必为好写与之，留其真。”颜师古注：“务得事实，每求真是也。”

1977年7月，邓小平在中央十届三中全会上提出要完整地准确地理解毛泽东思想，他说：我为什么说实事求是在目前重要呢？要搞好我们的党风、军风、民风，关键是要搞好党风。1978年6月，邓小平提出：要把上级的指示同本单位的实际情况结合起来，不能当“收发室”，简单地照抄照转。同年12月，他提出要解放思想，开动脑筋，实事求是，团结一致向前看。要打破僵化半僵化的思想状态。

“两个凡是”是指1977年2月7日《人民日报》、《红旗》杂志、《解放军报》社论中提出的“凡是毛主席作出的决策，我们都坚决维护；凡是毛主席的指示，我们都始终不渝地遵循”。1977年5月24日邓小平针对当时中共中央主席华国锋的“两个凡是”的错误提

1977年7月，邓小平在党的十届三中全会上提出要完整地准确地理解毛泽东思想。他说：我为什么说实事求是在目前重要呢？要搞好我们的党风、军风、民风，关键是要搞好党风。1978年6月，邓小平提出：要把上级的指示同本单位的实际情况结合起来，不能当“收发室”，简单地照抄照转。同年12月，邓小平提出要“解放思想，实事求是，团结一致向前看，要打破僵化半僵化的思想状态”。

“两个凡是”是指1977年2月7日《人民日报》、《红旗》杂志、《解放军报》社论中提出的“凡是毛主席作出的决策，我们都坚决维护；凡是毛主席的指示，我们都始终不渝地遵循”。1977年5月24日邓小平针对当时中共中央主席华国锋的“两个凡是”的错误提出批评。他说：毛泽东同志自己多次说过，他有些话讲错了，一个人只要做工作，没有不犯错误的。又说，马恩列斯都犯过错误，如果不犯错误，为什么他们的手稿常常改了又改呢？1978年12月，党的十一届三中全会批判了“两个凡是”的错误，宣布为邓小平平反，为天安门事件平反。

1977年4月10日，邓小平给华国锋和中共中央写来一封信，除了表示坚决拥护华国锋主席的领导，愿意在这个领导下力所能及地进行一些必要的工作外，特别突出地强调了自己对毛泽东思想的态度，提出：“我们必须世世代代地用准确的、完整的毛泽东思想来指导全党全军和全国人民，把党和社会主义事业，把国际共产主义事业，胜利地推向前进。”

华国锋、汪东兴看了这封信以后，只是认为邓小平表示愿意接受华国锋的领导，而压根儿没有想到他信中的有些话是针对着他们所主张的“两个凡是”的提法的，更没想到这封信会是抨

击"两个凡是"前奏。

华国锋派汪东兴到邓小平那里去做工作。然而，邓小平给他们的回答很明确，那便是《邓小平文选》第二卷的第10篇文章：《"两个凡是"不符合马克思主义》。

邓小平开门见山地说："'两个凡是'不行。按照'两个凡是'，就说不通为我平反的问题，也说不通肯定1976年广大群众在天安门广场的活动'合乎情理'的问题。把毛泽东同志在这个问题上讲的移到另外的问题上，在这个地点讲的移到另外的地点，在这个时间讲的移到另外的时间，在这个条件下讲的移到另外的条件下，这样做，不行嘛！毛泽东同志自己多次说过，他有些话讲错了。他说，一个人只要做工作，没有不犯错误的。又说，马恩列斯都犯过错误，如果不犯错误，为什么他们的手稿常常改了又改呢？改了又改就是因为原来有些观点不完全正确，不那么完备、准确嘛。"〔134〕

邓小平从毛泽东思想的武库里拿出"实事求是"这一亮光闪闪的法宝，实在是使"凡是派"无话可说。

红军长征到达延安以后，毛泽东有了一个相对稳定的学习环境，他发奋读了一些马克思、列宁的书，并使之本土化，搞出了一些"山沟沟里的马列主义"，提出了"实事求是"这一伟大命题，刷新了它的古典含义，得到了全党同志的公认与拥护。这一公认与拥护是来之不易的。随着时间的推移，历史证明：实事求是是毛泽东思想的精髓与灵魂，一切从实际出发制定政策是取得胜利的保证。

1977年7月，邓小平在粉碎"四人帮"之后复出，他在党的十届三中全会上大声疾呼："在延安中央党校，毛泽东同志亲笔题写的四个大

出批评，他说：毛泽东同志自己多次说过，他有些话讲错了，一个人只要做工作，没有不犯错误的。又说，马恩列斯都犯过错误，如果不犯错误，为什么他们的手稿常常改了又改呢？1978年12月，党的十一届三中全会批判了"两个凡是"的错误，宣布为邓小平平反，为天安门事件平反。

169

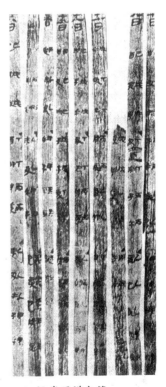

汉代历谱木简

河间献王刘德是西汉景帝之子。据《汉书·河间献王传》记载：封河间王，谥曰献王，"修学好古，实事求是。从民得善书，必为好写与之，留其真。"颜师古注："务得事实，每求真是也。"河间献王好儒学，多罗致山东儒生。相传曾得《周书》、《尚书》、《礼》、《礼记》、《孟子》、《老子》等古文先秦

从1957年9月开始，反右派斗争发展成为全国性的急风暴雨式的群众运动。图为1957年国庆节时，举着"把反右派斗争进行到底"巨幅标语的游行队伍

字，叫'实事求是'。我看大庆讲'三老'，做老实人，说老实话，干老实事，就是实事求是。我认为，毛泽东同志倡导的作风，群众路线和实事求是这两条是最根本的东西。……对我们党的现状来说，我个人觉得，群众路线和实事求是特别重要。"〔135〕

邓小平同"凡是派"的斗争焦点，最后集中在真理标准的大讨论上。

1978年4月的一天，南京大学哲学系讲师胡福明论实践标准的文章，送到《光明日报》新任总编辑杨西光手里。杨西光是刚从中央党校结业，由当时的中央党校校长胡耀邦调到《光明日报》来主事的。胡耀邦早在1977年12月就提出研究党史的两条原则：一是完整准确地运用毛泽东思想，二是实践是检验真理的标准。党校还在胡耀邦的主持下就拨乱反正的一系列问题展开讨论，杨西光看到胡福明的文章，觉得是一杖切中要害的重型炮弹，决定组织力量修改，并报请胡耀邦审阅发表。1978年5月11日，胡福明的文章"实践是检验真理的唯一标准"，以特约评论员的名义，在《光明日报》发表。经事先商定，《光明日报》、《解放军报》、《辽宁日报》等

几家报纸第二天全文刊载。这样，由胡福明引爆的这枚重型炮弹，很快由首都北京向四面八方辐射。

"两个凡是"的要害一下子被击中了。谁也不能否认"实践是检验真理的唯一标准"，这是马克思主义的基本原则，毛泽东的话也要经受实践的检验，这样，凡是毛主席的话都不能改变就不能成立，自然的，毛主席的话错了就要改正。

这时，汪东兴把中宣部部长张平化找来吹风，张奉命在全国教育工作会议上打招呼，要各地不要跟风。对"凡是派"的这种顽固态度，邓小平予以了坚决的抨击。邓小平说："有一种议论，叫做'两个凡是'，不是很出名吗？凡是毛泽东同志圈阅的文件都不能动，凡是毛泽东同志做过的、说过的都不能动。这是不是叫高举毛泽东思想的旗帜呢？不是！这样搞下去，要损害毛泽东思想。"〔137〕从1978年8月开始，各省、市、自治区纷纷表态支持实践标准的讨论。各省的表态意味着以华国锋为代表的"凡是派"陷入彻底孤立。在11月10日至12月15日历时35天的中央工作会议上，要求实事求是地改正毛泽东的错误的呼声成为主流，打乱了华国锋的原定议题。陈云在东北组发言时，提出了薄一波等六十一人"叛徒集团"问题，陶铸、王鹤寿问题，彭德怀问题，天安门事件，康生问题等六大问题。认为对这些影响大、涉及面广的问题如果不作出"实事求是的经得起历史检验的结论"，就不可能实现安定团结，也就不可能真正地实行党的工作重心的转移。陈云的发言一石激起千重浪，与会者纷纷响应，并提出了不少另外的历史遗留问题，如"二月逆流"问题，"批邓反击右倾翻案风"的问题，武汉"百万雄师"、上海"一月风暴"、四川"产业军"等一系列问题。结果，会

旧书，并立《毛氏诗》、《左氏春秋》博士。

毛泽东在《改造我们的学习》一文中，对"实事求是"这句古语的含义作了新的解释：'实事'就是客观存在着的一切事物，'是'就是客观事物的内部联系，即规律性，'求'就是我们去研究。〔136〕

171

刘少奇在中共七大上作《关于修改党的章程》的报告，把毛泽东思想确定为党的指导思想

议一举形成如下八项重要决定：

（一）为天安门事件平反；

（二）撤销关于"批邓反击右倾翻案风"的文件；

（三）为薄一波等六十一人"叛徒集团"平反；

（四）为"二月逆流"平反；

（五）纠正过去为彭德怀、陶铸、杨尚昆等人所作的错误结论；

（六）撤销中央专案组；

（七）审查康生、谢富治在"文革"中的罪行；

（八）各省、市、自治区根据实事求是的原则处理"文革"中发生的一些重大事件。这八项决定所涉及的人和事，几乎都是毛泽东圈定或同意的要案，现在全部翻了个底朝天，这标志着

1978年6月2日，邓小平在全军政治工作会议上讲话。提出坚持实事求是的精神，指出实践是检验真理的唯一标准，是符合马克思主义原则的

"凡是派"的破产。会议对真理标准讨论给予了高度评价，12月13日，邓小平在中央工作会议闭幕会上作了《解放思想，实事求是，团结一致向前看》的讲话。这个讲话，实际上是十一届三中全会的主题报告，标志着实事求是思想路线的确立，同时也标志着邓小平时代的开始。

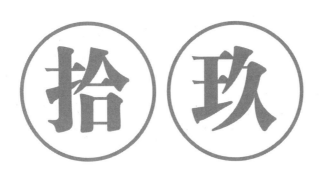

从"口含天宪"到"依法治国，建设社会主义法治国家"

据《后汉书·朱穆传》："手握王爵，口含天宪。"邓小平在1978年12月召开的党的工作会议上说：为了保障人民民主，必须加强法制，现在的问题是法律很不完备，很多法律还没有制定出来，往往把领导人说的话当做"法"，不赞成领导人说的话就叫做"违法"，领导人的话改变了，"法"也就跟着改变。所以，应该集中力量制定刑法、民法、诉讼法和其他各种必要的法律。

176

莽 泉

1978年12月13日，邓小平发表了"解放思想，实事求是，团结一致向前看"的重要讲话。这篇讲话，实际上是十一届三中全会的主题报告，是中国改革开放的宣言书。在这个讲话中，邓小平明确指出："为了保障人民民主，必须加强法制。必须使民主制度化、法律化，使这种制度和法律不因领导人的改变而改变，不因领导人的看法和注意力的改变而改变。现在的问题是法律很不完备，很多法律还没有制定出来。往往把领导人说的话当做'法'，不赞成领导人说的话就叫做'违法'，领导人的话改变了，'法'也就跟着改变。所以，应该集中力量制定刑法、民法、诉讼法和其他各种必要的法律……经过一定的民主程序讨论通过，并且加强检察机关和司法机关，做到有法可依，有法必依，执法必严，违法必究。"[138]半年之后，邓小平又说："我们的民法还没有，要制定；经济方面的很多法律，比如工厂法等等，也要制定。我们的法律是太少了，成百个法律总要有的，这方面有很多工作要做，现在只是开端。民主要坚持下去，法制要坚持下去。这好像两只手，任何一只手削弱都不行。"[139]

党的十一届三中全会以来，特别是党的十四大以来，我国立法工作取得了重大进展。全国人民代表大会1982年制定了现行宪法，后又通过两个宪法修正案；全国人大及其常委会制定了175项法律，通过了77项有关法律问题的决定；地方人大及其常委会制定了3000多项地方性法规；与此同时，国务院还制定了700多项行政法规。一个以宪法为基础，包括一系列重要法律在内的社会主义法律体系正在加速建构，初步改变了过去那种无法可依的局面，加速了"依法治国，建设社会主义法治国家"的伟大进程。

宣统皇帝溥仪（左）与外祖父在一起

　　早在1962年，邓小平就尖锐地指出："当上一二十年支部书记，又是'一帮子'，他的话差不多就是'圣旨'，这对于发扬民主，贯彻执行民主集中制，都不利。"〔140〕中国是封建制度沿袭了两千多年的国家，"口含天宪"，"君要臣死，臣不得不死；父要子亡，子不得不亡。""刑不上大夫"、"唯上智下愚而不移"等等古训几乎充盈于整个社会的肌体的每一个毛细血管里。在"文化大革命"中，由于林彪、江青反党集团的破坏，利用毛泽东的威望，又把现代迷信推向了极致，只唯上，不唯实的社会风气刮遍社会每一个角落，土皇帝遍于国中，长官意志系于天下；冤假错案层出不穷，封建法西斯专政达十年之久。邓小平法治思想一出，犹如拨开乌云现青天，窦娥从此不冤，秋菊有了说法；贫瘠的民主土壤开始渐渐变厚，民主法制之花终于绽放。

　　1980年，中华人民共和国刑法和刑事诉讼法出台，全国人民都看到了严格实行社会主义法制

177

　　据《后汉书·朱穆传》："手握王爵，口含天宪"。《后汉书》，南朝宋范晔撰。今本一百二十篇，分一百三十卷，纪传体东汉史，原书只有纪传，北宋时把晋司马彪《续汉书》八志，与之相配，成为今本。以前《后汉书》作者很多，除《东观汉记》外，有三国吴谢承《后汉书》，晋司马彪《续汉书》，华峤、谢沈、袁山松也各有《后汉书》之作，范晔以《东观汉记》为主要依据，综合各家之长，成为一编，对华峤《后汉书》采摘尤多。范晔本拟作"十志"，未成而死。书出以后，众家都废。叙事喜以类相从，新立的类

传有《党锢传》、《宦者传》、《文苑传》、《独行传》、《方术传》、《逸民传》、《列女传》等，大部分专传也以类相从，往往不论年代先后。本书汇集一代史事，是研究东汉历史的重要史料。范晔（398—445年），南朝宋史学家，字蔚宗，顺阳（今河南淅川东）人。曾任尚书吏部郎，元嘉初年为宣城太守。后迁左卫将军，太子詹事，掌管禁旅，参与机要。元嘉二十二年末（公元445年），因孔熙先等谋迎立彭城王义康一案牵涉，被杀。其删取各家《后汉书》之作，著《后汉书》，《朱穆传》是其中之一卷。

的希望。1983年，中国开展了严打，即严厉打击刑事犯罪活动，拿当时的公安部部长刘复之的话来说，严打成效卓著。刘复之的原话是这样的：

"……彭真同志对小平同志提出开展'严打'战役的决策，非常赞成。他认为这个决策能够从根本上扭转软弱涣散的被动局面。从这以后，公安司法机关在党的领导下，从1983年8月至1987年初，持续进行了三个战役的'严打'。依我看，这次'严打'战役，意义极为深远，就其指导思想、气势、规模和效果来说，是继1950年到1952年镇压反革命运动之后，坚持人民民主专政的又一个有历史意义的里程碑。"[141] 在发动"严打"斗争的前夕，邓小平说："对严重刑事犯罪分子，包括杀人犯、抢劫犯、流氓犯罪团伙分子、教唆犯、在劳改劳教中继续传授犯罪技术的惯犯，以及人贩子、老鸨儿等，必须坚决逮捕、判刑，组织劳动改造，给予严厉的法律制裁。必须依法杀一批，有些要长期关起来，还要不断地打击，冒出一批抓一批。不然的话，犯罪的人无所畏惧，十年二十年也解决不了问题。……严厉打击刑事犯罪活动是一件大快人心的事。先从北京开始，然后上海、天津，以至其他城市只要坚持这么干，情况一定能好转。"[142]

1986年1月17日，邓小平在中央政治局常委会上专门讲到依法从重判处死刑犯的问题。邓小平说："死刑不能废除，有些罪犯就是要判死刑，我最近看了一些材料，屡教屡犯的多得很，劳改几年放出来以后继续犯罪，而且更熟练、更会对付公安司法机关了。对这样的累犯为什么不依法杀一些？还有贩卖妇女、儿童，搞反动会道门活动，屡教不改的，为什么不依法从重判处？当然，杀人要慎重，但总得要杀一些，涉及政治领域、思想领域的问题，只要不触犯刑律，就不受刑事惩处，不涉及死刑问题。但是对严重的经济罪犯、刑事罪犯，总要依法杀一些。现在总的表现是手软。判死刑也是必不可少的教育手段。（陈云同志：杀一儆百。杀一些可以挽救一大批干部。）现在一般只是杀那些犯杀人罪的人，其他的严重犯罪活动呢？广东卖淫罪犯那么猖獗，为什么不严惩几个最恶劣的？老鸨，抓了几次不改，一律依法从重判处。经济犯罪特别严重的，使国家损失几百万、上千万的国家工作人员，为什么不可以按刑法规定判死刑？一九五二年杀了两个人，一个刘青山，一个张子善，起了很大的作用。现在只杀两个起不了那么大作用了，要多杀几个，这才能真正表现我们的决心。"〔143〕

几个月之后，邓小平又谈到治本的问题。还是在中央政治局常委会上，邓小平说："我们国家缺少执法和守法的传统，从党的十一届三中全会以后就开始抓法制，没有法制不行。法制观念与人们的文化素质有关。现在这么多青年人犯罪，无法无天，没有顾忌，一个原因是素质太低。所以，加强法制重要的是进行教育，根本问题是教育人。法制教育要从娃娃开始，小学、中学都要进行这个教育，社会上也要进行这个教育。"〔144〕

179

图为清末法庭内的审判情景

中国社会主义民主发展迅速。1986年4月12日，第六届全国人民代表大会第四次会议表决议案时，有人投不赞成票。这是中国过去的全国人大会议上未曾见过的事

1954年9月20日，第一届全国人大通过了中华人民共和国的第一部宪法。当晚首都人民聚集在天安门广场，欢庆《中华人民共和国宪法》的颁布

庆祝中华人民共和国宪法的颁布

依法治国，促进了社会秩序和社会风气的好转。社会主义市场经济是法治经济，人民基本权利的保障，社会生活的安定，社会的文明与进步，国家的长治久安，都离不开法制。

"八九风波"之后，邓小平重新阐明了坚持四项基本原则的重要性，同时又清醒地指出："要整好我们的党，实现我们的战略目标，不惩治腐败，特别是党内的高层的腐败现象，确实有失败的危险。"〔145〕"整个改革开放过程中都要反对腐败。"〔146〕

为什么要反腐败？

因为腐败现象加重了两极分化的矛盾。改革开放之后，某些人由于饱暖思淫欲，无节制地发泄本能，腰缠万贯，声色犬马、金钱美女、灯红酒绿、纸醉金迷，置中国人口多、底子薄，尚未解决温饱这一社会现实于不顾，沉湎于个人的感官享受，

而法制观念荡然无存，他们的财富是从哪里来的？究其原因，大都是通过不法手段贪污、行贿受贿、盗窃国家财产而来。

腐败败坏了党风和社会风气，助长了各种丑恶现象的产生，吸毒、卖淫、包二奶、赌博……各种腐朽、丑恶的东西沉渣泛起，所以必须警钟长鸣，常抓不懈。早在1980年2月，十一届五中全会就通过了《关于党内政治生活的若干准则》，1983年10月十二届二中全会通过了《中共中央关于整党的决定》，1988年6月中共中央发出了《关于党和国家必须保持廉洁的通知》，1989年7月中共中央发出了《关于近期做几件群众关心的事的决定》，1990年3月通过了《中共中央关于加强党同人民群众联系的决定》……这些措施，为反腐败起到了极其重要的作用。

共产党人是言必信，行必果的。从1993年8月中纪委第二次全会至1996年4月，全国监察机关立案查处违法违纪案件41万多件，有31万多人受到党纪政纪处分，其中省部级干部受到处分的有上百人。1992年10月至1997年6月，纪检监察机关共立案73万件，有67万人受到处分。

邓小平十分重视领导干部的守法问题。他特别指出："人人有依法规定的权利与义务，谁也不能占便宜，谁也不能犯法。"邓小平严厉批评某些党员干部搞特权、特殊化，强调党员和中共干部要严格守法。为落实邓小平关于党员和干部要严格守法的要求，中共十二大通过的党章除恢复了八大党章关于党员"自觉遵守党的纪律和国家法律"的规定外，并规定"违反政纪国法的党员必须受到行政机关或司法机关依据政纪或法律处理"。党章还特别提出："党必须在宪法和法律的范围内活动。"[147]

1992年元月至2月，邓小平在南方讲话中说："要坚持两手抓，一手抓改革开放，一手抓打击各种犯罪活动。这两只手都要硬。打击各种犯罪活动，扫除各种丑恶现象，手软不得。广东二十年赶上亚洲'四小龙'，不仅经济上去，社会秩序、社会风气也要搞好，两个文明建设都要超过他们，这才是有中国特色的社会主义。新加坡的社会秩序算是好的，他们管得严，我们应当借鉴他们的经验，而且比他们管得更好。开放以后，一些腐朽的东西也跟着进来了，中国的一些地方也出现了丑恶的现象，如吸毒、嫖娼、经济犯罪等。要注意很好地抓，坚决取缔和打击，决不能任其发展。新中国成立以后，只花了三年时间，这些东西就一扫而光。吸鸦片烟、吃白面，世界上谁能消灭得了？国民党办不到，资本主义办不到。事实证明，共产党能够消灭丑恶的东西。在整个改革开放的过程中都要反对腐败。"〔148〕

朱镕基总理在会议上讲话

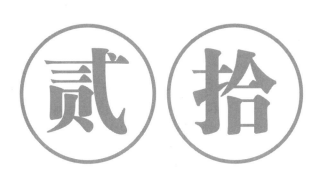

从赤壁之战"曹操吃亏"到中国人民解放军"百万雄师过大江"

邓小平的智源

赤壁之战，曹操83万人马攻打吴国，被周瑜用火攻之计击破，以致全军覆没。邓小平曾经回顾说：北方人怕水，曹操吃亏就在这个地方。为了在水中不发晕，为了能应付各种情况，人民解放军在巢湖北部作了多方面的准备，突破了长江天险，渡江歼灭了敌人40多万，这胜利在政治上表示了反动的南京政府的灭亡。

1949年8月，邓小平在向新政协代表作报告时说："在渡江前，蒋介石集团以为我们给他们宽大是表示人民的软弱，以为长江天险不可突破，他们就押这个宝。但是，人民解放军已经有了必胜信心。这信心不单是建立在政治的信念上，而且是建立在实际的准备上。举一个例子说，我们渡江需要船，原有的船被国民党全部拉到江南去了，我们的船停靠在长江以北的内湖和内河里（每船可载八至十二人，大者五十人，最大者一百人），但是内河的出口当时被敌人封锁了，因此船不能从内河入江。对这样的困难，有些所谓军事家认为不可克服，然而我们克服了。渡江的时候，敌人不明白我们的船是从什么地方来的。其实，我们的船不是从水路出去的，而是从旱路出去的。我们的办法叫做掘渠。我们是把船拖出去的。有时为疏通一条渠道使船出去，要掘几十里（最长的有六十里）的小河沟。为了掘渠翻坝，曾使用了两千一百万个人工。这样巨大的工程是在一个半月的准备时间中完成的，是我

赤壁之战

们几十万士兵、指挥员包括师长、团长亲自参加这个劳作，以及几十万民工劳作才完成的。渡江使用的船有一万只左右，所以我百万大军能够渡过长江。再就是我们的人是北方人，北方人怕水。曹操吃亏就在这个地方。为了在水中不发晕，为了能应付各种情况，我们在巢湖北部做了多方面的准备，白天夜晚进行演习。在水中习惯了，有把握了，又考虑到船在江心中弹怎么办？许多战士想出了用草圈作救生圈的办法。草圈比橡皮圈好，橡皮圈一打就破了，草圈不怕打。虽然实际过江没有用着，这准备是'浪费'了。最后我们在内河演习。我们认为长江并不比黄河厉害。这些信心都是建筑在实际的军事准备上，更不用谈我们的政治信念了。从实际体验中，我们知道了渡江并不困难。"[149]

　　1949年3月，党的七届二中全会结束后，总前委成员邓小平、陈毅、谭震林、饶漱石奉命同毛泽东再次商谈渡江作战问题，决定4月10日为渡江作战发起时间，一切工作都必须充分保证，这些定了方才南返。3月20日，中央军委曾指示陈、谭和二野：南京代表4月1日到达北平，谈判过程将由4月1日拖延至4月中旬、甚至4月下旬才能结束。如果你们于4月2日开始攻占北岸据点，至4月5日或6日完成此项任务，再以一周时间开辟港口并布置船只，如此，全军可于4月13日或14日渡江。3月26日，陈、邓、谭向中央军委报告说，13日，正是阴历16日，月光通宵，我第一梯队的突击队渡江无法隐蔽，不能求得战术上的突然性，因此建议推迟两天，即15日黄昏发起渡江，此时正值阴历十八日晚间9时以前，时机甚为有利。这个建议，军委在3月27日批准了，但后来因为政治上和军事上的需要，渡江作战发起时间再度推迟。

曹　操

　　《三国志》为西晋陈寿所撰，六十五卷，分魏、蜀、吴三志，纪传体三国史，无表志。魏志前四卷称纪，蜀吴两志有传无纪。对魏的君主称帝，叙入纪中；吴蜀则称主不称帝，叙入传中。魏吴两国先已有史，属于官修的有晋王沈《魏书》，吴韦昭《吴书》，属于私修的有魏鱼豢《魏略》，为寿书魏吴两志的主要依据。蜀国无史，但寿本蜀人，又为史学家谯周弟子，蜀未亡时，即留心蜀国史事，故《蜀志》亦不逊于魏吴两志。三志本独立，后世始合为一书。以叙事较为简略，南朝宋时裴松之为之作注，博引群书，注文多出本文数倍，保存的史料甚富。

　　《三国演义》为元末明初小说家罗贯中（约1330—

185

约1400年）所著。罗贯中名本，号湖海散人，山西太原人；一说钱塘（今杭州）人或庐陵（今江西吉安）人。相传是施耐庵的学生，明贾仲明《录鬼簿续》对其多有记载。

曹操（155—220年）即魏武帝。三国时政治家，军事家，诗人。字孟德，小名阿瞒，谯（今安徽亳县）人。东汉末，在与黄巾军交战的过程中，逐步扩充军事力量。初平三年（公元192年），占据兖州，分化、诱降青州黄巾军的一部分，编为青州兵。建安元年（公元196年），迎献帝，定都许昌。后用其名义发号施令，先后削平吕布等割据势力。官渡之战大破世族军阀袁绍之后，逐渐统一了中国北部。建安十三年，进位为丞相，率军南下，被孙权和刘备的联军击败于赤壁。封魏王，子曹丕称帝，追尊武帝。他在北方屯田，兴修水利，解决了军粮缺乏的问题，对农业生产的恢复有一定作用。用人唯才，打破

总前委详细检查了几个兵团的渡江作战准备情况，确实认为"尚好"，但又特别强调，在战役指导上，要从最困难情况出发，着眼粉碎敌人固守江防、并在我军完成渡江准备，收缩兵力以求攻我一路的企图，要作发生严重战斗的准备。会开完后，机要参谋送来电报，邓小平接过电报看了，忽然扬起眉梢，欣喜地高声说：好啊，毛主席、党中央昨天下午进北京了！（虽然当时北京还称北平，但他说北京。）这一声呼喊使得大家都突然年轻了，欢声笑语不断。有的开玩笑说：

"嘿呀，以后进北京城，可要三跪九叩了！"

"大家可要当心，搞不好会绑赴午门斩首的！"

谈笑间，两张拼在一起开会的八仙桌已经拉开，摆上了菜饭，一声招呼，立即开饭，不一会儿，碗底朝天。饭后各返原防。

军委得知总前委的会已经开完，来电询问渡江作战的具体部署，邓小平和陈毅、谭震林碰头后，决定以三野前委的名义向中央军委作一个正式报告。报告说，各部门已到达指定位置，均利用内河湖泊进行了实地水上演习，如撑船、摆渡、上下船只、船上屯兵方法、作战方法等。各兵团抽调懂得撑船和识水性的指战员各有一二千人不等，解决了自己的水手需求，可以不完全依靠船工。实地演习后，指战员逐步懂得依靠轻快船只作第一梯队，一字排开，使数十、数百只船直向江南，利用黄昏后的夜色快速靠岸，可以争取战术上的突袭性。……在沿江1500里线上实行宽正面渡江，敌人防不胜防，一处成功，其他各处即可奏效。以兵团为单位，第一夜可渡过2万人到4万人，如我军有六个团以上部队登陆占领阵地，即可支持，以待第二梯队继续前进。这样便一般地打破了南下时怕江水、怕兵舰、怕敌

机、怕漂船、怕登陆不成功等各种顾虑，增强了渡江的胜利信心。各级干部对水上演习及侦查江边情况等工作的领导均极负责，我们的工作重点已转到克服轻敌情绪方面，强调渡江仍然有各种困难，必须继续加强准备工作。

3月21日，邓小平将亲自制定的《京沪杭战役实施纲要》发往中央军委。当天下午，邓小平和陈毅告别了东行的粟裕一行，然后带了新组建的一个总前委的轻便指挥机构，在蚌埠火车站登上一节闷罐车厢，躺到专为他们铺设的行军床上，在酣睡中开往前线。4月2日，邓小平与陈毅醒来，列车已到合肥车站。出了车站，乘上吉普车，直驱总前委所在地瑶岗村，华东局和华东军区的领导人也安排在这里，粟裕在苏中，中野在桐城、安庆线上，谭震林统一指挥集结于巢芜地区的第七、第九兵团。

从瑶岗南去百余公里便是长江。国民党军队在从上海到宜昌的漫长战线上，布下了75万人的兵力，其中在上海——安庆段，集结了24万人的兵力，72个师，约44万人，由国民党京沪杭警备总司令部总司令汤恩伯统辖，其中直接担任江防的有18个军，49个师；控制于浙赣线上杭州、金华、衢州以及徽州地区的计有6个军，32个师，可以机动使用的，大约有四五个军。这便是总前委所统辖的第二、第三野战军的作战对象。刘伯承评价说，敌人摆的是一条死蛇阵，而破敌的法宝之一，便是《京沪杭战役实施纲要》。为了战备工作的落实，邓小平风尘仆仆地前往桐城和刘伯承、张际春、李达等召开二野的高级干部会议。桐城曾是清朝"桐城派"散文家方苞、刘大魁、姚鼐等人的故里，现在聚集着解放军的一批高级战将。在这里，刘、邓不仅要指挥集结在湖口至安庆的二野第三、四、五兵团，而且还要指

世族门第观念，罗致士族中下层人物，抑制豪强，加强集权，励精图治。精兵法，著《孙子略解》等书。善诗歌，《观苍海》、《蒿里行》是其名篇。赤壁之战是我国历史上著名的战例。东汉末年，曹操初步统一北方后，建安十三年（公元208年）率兵二十余万南下，孙权和刘备联军五万，共同抵挡。曹兵进到赤壁，小战失利，退驻江北，与孙刘联军隔江对峙。孙、刘联军利用曹军远来疲惫，疾疫流行，不懂水战，后方不稳定等弱点，用火攻击败曹操水师，孙权大将周瑜和刘备水陆并进，大破曹兵。战后，孙权地位更加巩固，刘备据有荆州大部地区，旋又取得益州，形成曹、孙、刘三国鼎峙的局面。

187

挥第四野战军南下先遣兵团——肖劲光所率的第十二兵团，以及江汉等中原军区部队。这些部队沿长江自宜昌、汉口而下，直达九江，以佯攻威胁敌人的华中集团。高干会议将渡江作战的有关工作部署完毕后，邓小平才返回瑶岗，并带回刘伯承分赠给陈、邓的桐城梁碑墨拓。陈毅也在15日这天驱车到合肥，由豫皖苏分局书记宋任穷陪同向正在集训的七百多名新区接管干部讲形势任务，传达中共七届二中全会精神，然后返回瑶岗。20日黄昏，按照中央军委的命令，第七、九兵团的炮火准备开始了。半个小时后，喝了齐心酒甚至写了血书的指战员和船工们，高喊着"打过长江去，解放全中国"的口号，登上木帆船，在昏暗的夜色中向江南驶去。4月20日夜晚是大江南北千百万人的不眠之夜，更是瑶岗村的不眠之夜。在几十年后的今天，瑶岗村的老人们还记得当夜的情景。他们虽然在自己家里，但也不能入睡。村里不时传来一声声洪亮的声音："我命令你们，坚决打过去！"……最后是一片笑声，那就意味着打过去了，登陆了。这传出喊声和笑声的地方，便是邓小平、陈毅所在的作战室，那里面，自己发电的照明灯，通宵不灭。最紧张的一夜过去了。21日午时，陈、邓报告军委："七、九兵团渡江任务顺利完成……"〔150〕

4月23日，中国人民解放军占领南京。

邓小平、陈毅28日到达南京，刘伯承和二野机关29日到达南京，三人会合的当天，一起进总统府参观。进入蒋介石的办公室，邓小平风趣地说："蒋委员长悬赏缉拿我们多年，今天我们找上门来，看他还有什么威风，还想吹什么牛？"刘伯承指着台历说：蒋先生的台历还是4月22日，"安全转移"还不慢嘛！陈毅挥毫写

就了"直下金陵澄六合，万方争颂换人间"的诗句。〔151〕

　　1949年8月，邓小平在北京回顾渡江作战的情景时说："渡江作战是四月二十日夜里发起的。因为反动的南京政府拒绝了人民的八项和平条件，人民解放军一部，即由刘伯承同志领导的第二野战军和由陈毅同志领导的第三野战军，奉命渡江作战。在漫长的一千多里的战线上，所有部队都无例外地顺利地完成了渡江任务。我们发动战斗以前，曾经给过反动的南京国民党政府最后考虑的时间。当他们不愿意接受人民的极其宽大的和平条件的时候，我们只有给他们再一次的教训和打击……我们在任何地方都没有遭遇到大的抵抗。我们采取宽正面的渡江方法，分了几十个点渡江，绝大部分都没有遭遇到强大的抵抗。假若有人问：你们渡江花了多少时间？我们肯定地回答：先头船只最快的一刻钟。我们从四月二十日夜里开始，二十四小时内大体上三十万人全部过了江。队伍一过江，敌人就混乱了，他们的想法只有一个，就是如何逃出我们的包围。他们一齐向南溃退，人民解放军立即实行宽正面的追击。在这过程中，南京在四月二十三日占领。到五月初，半个月的时间完成了追击。从渡江到追击最远的地方，即福建的北部、江西的东北部，前进一千五百里。在这么短的时间里要走这么多里路，并且还遇到小的战斗和下雨，能有这种惊人成绩，是靠指战员奋不顾身的英勇精神，这种英勇精神过去表现在战场上，这次主要表现在脚上。敌人在这样的追击下，没有可能整理队伍。甚至我们的第一梯队已过去五六百里，第二第三梯队还要消灭被第一梯队甩在后面的敌人。五月初完成追击，占领杭州、温州、蒋介石的故乡奉化、宁波，一直到闽北、赣东北这条线。

189

此后，部队就准备进攻上海。上海有二十万敌人，并且由蒋介石亲自指挥。经过一个星期的战斗，我们在五月二十七日占领了上海。这次作战中央命名为'京沪杭战役'。从渡江到占领上海，总计用了一个月零七天，消灭敌人四十余万。我方伤亡二万五千人，其中在占领上海时伤亡一万七千人，在渡江时遭敌机轰炸伤亡八千人。我们曾有一个兵团俘虏了敌人六万，自己损失一千一百人，比较起来我们的代价花得很少。……在渡江准备的过程里，我们集结主要兵力在芜湖至安庆这个地方，所需粮食一亿五千万斤，其中百分之八十是沿江的人民拿出来的。他们把家里的粮食尽量拿出来，并且表示只要渡江，饿着肚子也不要紧。为解决烧柴困难，人民甚至无怨言地拆房子给我们当柴烧。其他的战勤工作都很繁重，如修路，运粮，找船工。船工一半来自民间，一半是临时训练的战士。江南地下党、游击队配合了渡江作战。我们曾开过江去一支部队，埋伏了十天，敌人还不知道。……渡江作战无疑是一个伟大的胜利……这胜利在政治上表示了反动的南京政府的灭亡。人民解放军在军事上再也不会遭遇到更严重的抵抗了，肃清残余敌人的时间不远了，最后解放全国的时间也不远了。"〔152〕

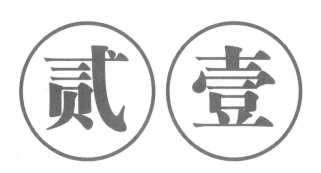

从关云长"过五关斩六将"
到改革闯关

邓小平在1988年5月19日会见朝鲜武装力量部部长吴振宇说：中国不是有一个"过五关斩六将"的关公的故事吗？我们可能比关公还要过更多的"关"，斩更多的"将"，过一关很不容易，要担很大风险，这次副食品价格一放开，就有人抢购，议论纷纷，不满意的话多得很，但是广大人民群众理解中央，这个决心应该下。

华佗替关云长刮骨疗毒图

邓小平在1988年5月19日会见朝鲜武装力量部部长吴振宇时说："理顺物价，改革才能加快步伐。物价问题是历史遗留下来的，过去，物价都由国家规定。例如粮食，还有各种副食品，收购价格长期定得很低，这些年提高了几次，还是比较低，而城市销售价格又不能高了，购销价格倒挂，由国家补贴。这种违反价值规律的做法，一方面使农民生产积极性调动不起来，另一方面使国家背了一个很大的包袱，每年用于物价补贴的开支达几百亿元。这样，国家财政收入真正投入经济建设的就不多了，用来发展教育、科学、文化事业的就更少了。所以，不解决物价问题就不能放下包袱，轻装前进。最近我们决定放开肉、蛋、菜、糖四种副食品价格，先走一步。中国不是有一个'过五关斩六将'的关公的故事吗？我们可能比关公还要过更多的'关'，斩更多的'将'。过一关很不容易，要担很大风险。这次副食品价格一放开，就有人抢购，议论纷纷，不满意的话多得很，但是广大人民群众理解中央，这个决心应该下。现在过这一关，能否成功，今天还不能讲，但我们希望成功。这就要求我们每走一步，都兢兢业业，大胆细心，及时总

结经验，发现问题就做些调整，使之符合实际情况。但是物价改革非搞不可，要迎着风险、迎着困难上。"〔153〕

1949年9月12日，邓小平在二野军大的大操场作报告，他对全体青年学生说："今天我来看望同学们，并向大家只讲一个题目，叫做过关。古有关云长，过五关斩六将，毛主席号召我们，特别是参加革命的青年同志们要过好三关，比关云长的五关少两关，但是三关都是大关，每个大关中又有许多小关，这叫做大关三个，小关无数。……干革命首先要过好帝国主义关，也叫战争关。战争这一关，我们已打了几十年，现在人民解放军用了三年时间就打败了在美帝支持下发动全面内战的国民党反动派。……其次是过好封建主义关，又叫土改关。中国共产党的政策，不是从肉体上消灭地主，而是要消灭地主阶级的封建剥削制度。土地改革就是把地主的土地，分给无地少地的农民，实行耕者有其田。过好封建主

关羽（？—219年），三国蜀汉大将，字云长，河东解县（今山东临猗西南）人，东汉末亡命奔涿郡，跟从刘备起兵。建安五年（200年），刘备为曹操所败。他被俘后，极受优礼，封汉寿亭侯，后仍归刘备。建安十九年，镇守荆州。二十四年，围攻曹操部将于樊城，又大破于禁所领七军，因后备空虚，不久孙权袭击荆州，他兵败被杀。他的事迹被神化，封建社会历代将关羽作为忠臣义士的典型，关帝庙在旧中国随处可见，至明清时代更尊之为"武圣"，与"文圣"孔夫子齐名。早年与刘备、张飞"桃园三结义"，誓同生死。关羽紧随刘备东征西战，曾因兵败身陷曹营，曹操待以厚礼，所谓"上马金，下马银，三日一小宴，五日一大宴"，但他却"身在曹营心在汉"，终于在斩颜良、诛文丑（袁绍手下两员大将）之后，挂印封金，过五关斩六将，回到刘备处，威震华夏。

义关，就是当革命触及家庭、亲友的利益时，能够坚定地站在农民的立场上，与地主阶级划清界线，第三，是过好社会主义关，也叫胜利关。走社会主义道路，……必须克服小资产阶级的动摇性，带着小资产阶级的尾巴，是过不了社会主义关的。"〔154〕

1950年元旦，针对第二野战军许多同志思想上存在的一个很现实的问题："胜利归于谁？"邓小平作了明确的回答，胜利归功于党，归功于人民群众。当时队伍中有的同志总觉得自己所在的部队吃苦最多，功劳最大，有的讲："全国几个战略区，我们在四个地区打过仗流过血，没有功劳也有苦劳，现在战争结束了，该好好休息了，该享受一点了。"还有的说："二野总离不开山，抗战时期在太行山，解放战争在大别山，解放全中国又要进军喜马拉雅山。为什么哪里穷，哪里山多，就叫我们到哪里？"这些说法反映出在胜利面前，党员干部队伍中居功自傲的思

194

1973年4月，在周恩来总理欢迎西哈努克亲王的宴会上，邓小平六年来首次公开露面。右二为李富春。邓小平已于3月10日正式恢复国务院副总理的职务

想在开始滋长。但在胜利面前，邓小平却亲自起草了一份感谢各战略区支援的电报，一千三百字左右。他在感谢电中诚挚地说："我们深感自己没有辱没华北人民子弟兵的称号。"谈到胜利的原因，他说：这除了毛泽东、朱德的英明领导之外，还由于华北人民给了我们经常的支持、督促和鼓励；由于三野和华东区的党、政府和人民同我们并肩战斗；由于四野及华中党、政府和人民的支持和优待，使二野顺利通过华中地区进军西南；由于一野十八兵团进军神速，由于兄弟部队的联合与支持才能取得战役的胜利。特别是我们这支部队是在人民抚育下生长壮大起来的，胜利归功于人民。这封电报，对于帮助许多同志过好胜利关，端正思想，正确对待自己，正确对待兄弟部队，正确对待党和人民群众，都有很深教益，这封电报由新华社广播和报纸刊登以后，引起了强烈的反响和热烈的讨论。大家都说：这一次是"用感谢各地党政军民的形式，教育了我们自己"〔155〕。

解放战争中，解放军战露宿门外

1950年元月，邓小平的部下、二野参谋长李达给邓小平写了个报告。李达在报告中说，有一位同志在重庆街头发现了一个因病掉队，却无人照顾、痛苦呻吟的解放军战士。这个同志就把因病掉队的解放军战士送到重庆市军事管制委员会，谁知军事管制委员会具体处理这件事的人并未将因病掉队的战士送到就近的该部队去，而是仍将其推出门外，使他带着病痛、匍匐在大街小巷；这个战士好不容易找到了司令部，向李达讲述了他的遭遇。读了李达的报告，邓小平感触很深，邓小平想起部队入城以后，在重庆有一些团以上干部，不愿意住乡村，不愿意到小城市，不愿意住没有电灯的房间，这不是享乐主义思想在作怪吗？听任这种思想发展下去，不是很危险吗？于是，邓小平和刘伯承起草了关于克服享乐主义的文件发下去教育部队。[156]

对关云长这个人物怎么看，历来争议很大，关云长是有性格缺陷的，史书给他的最后评定是"刚而自矜"。罗贯中则把这一评价移至《三国演义》第七十八回，借诸葛亮之口说出。诸葛亮说："关公平日刚而自矜，故今日有此祸。"有人说，关公这人能够过五关斩六将，但就是过不了骄矜关，也就是说不能正确对待自己，性情孤僻，与周围人很难相处，和张飞的关系紧张，在三顾茅庐时就种下了与诸葛亮的终生不解之怨，诸葛亮也总是难以信任他，甚至料定了关公会在华容道义释曹操，但为了团结，竟然让关公去卖这个人情。《三国演义》写关公是用墨如泼的，看起来，罗贯中是在讴歌他，称他为丹凤眼，卧蚕眉，面如重枣，身长九尺，髯长二尺，仪表堂堂，威风凛凛，他斩颜良，诛文丑，千里走单骑，秉烛夜读护叔嫂，过五关斩六将，单刀赴会，水淹七军……关公是个复杂人物，他既有温酒斩华雄之勇，又有三英战吕布的力不从心，刘关张三人合围吕布才打了个平局。对曹操，既有过五关斩六将之威，又有土山约三事之败，降汉不降曹，颇有点阿Q的味道。然而，不管怎么说，关云长这个历史人物是血肉丰满的，关云长是人不是神。历朝历代封他为关圣，是表彰其忠，对刘备忠，对曹操忠，不犯上，不作乱。老百姓歌颂关羽，是欣赏他的义，兄弟义气，对兄嫂的尊重，不爱女色，孤胆英雄，刮骨疗毒时谈笑自若。邓小平引用关云长过五关斩六将的故事，是借用他的传奇色彩，歌颂他的悲壮情操，赞扬他的英雄气概。

"过关斩将"对邓小平尤其有象征意义，这位世纪伟人一辈子风风雨雨，坎坎坷坷，不知经

江泽民与克林顿会见

历了多少险阻和难关。"三起三落"便是他政治生涯的生动写照。然而他全不以个人遭遇为意，他的心始终牵挂着党和人民的事业，关注着祖国的前途和命运。

在上海做地下工作，担任中央秘书长职务的时候，邓小平曾闯过许多次险关。据毛毛在《我的父亲邓小平（上卷）》中记载："父亲曾回忆说：'我们在上海做秘密工作，非常艰苦，那是吊起脑袋在干革命。我们没照过相，连电影院也没去过。我在军队那么多年没有负过伤，地下工作没有被捕过，这种情况是很少有的。但危险经过好几次。最大的危险有两次。

"'一次是何家兴叛变，出卖罗亦农。我去和罗亦农接头，办完事，我刚从后门出去，前门巡捕就进来。罗亦农被捕。我出门后看见前门特科一个扮成擦鞋子的用手悄悄一指，就知道出事了。就差不到一分钟的时间。后来罗亦农被枪毙了。

"'还有一次，我同周总理、邓大姐、张锡瑗住在一个房子里，那时我们特科的工作好，得知巡捕发现了周住在什么地方，要来搜查，他们通知了周恩来，当时在家的同志就赶紧搬了。但我当时不在，没有接到通知，不晓得。里面巡捕正在搜查，我去敲门，幸好我们特科有个内线在里面，答应了一声要来开门。我一听声音不对，赶快就走，没有出事故。以后半年的时间，我们连那个弄堂都不敢走。这是我遇到的最大的两次危险。那时候很危险呀！半分钟都差不得！'"[157]

在广西红七军任政委时期，邓小平也遇过险关。据苗宁《邓小平发明的"蚊帐"》记载：

1930年夏，在广西右江，26岁的邓斌（即邓小平，时任红七军政委）在摆脱一个白匪连的追

197

赶中，不小心把腿摔伤了。在这紧急关头，正巧我地下党一个外号叫"金刚锥"的交通员经过这里。"金刚锥"赶紧背起邓斌，渡过布柳河（在百色附近），钻进离河不远的一个旧瓦窑里。

瓦窑里阴暗潮湿，蚊子特别多，两个人被叮得吃不消。不一会儿，邓斌想出了一个好办法。他俩悄悄来到洞外，捉了许多非常善于结网的花背蜘蛛，把它们放在洞口结网，同时，又挥动衣服向外赶蚊子，过了一会儿，蜘蛛竟结起了好几张大网，网上粘住了不少企图从外面飞进来的蚊子。

追赶邓斌的白匪搜索了窑洞口。洞内漆黑一片，连长便命一个排长进去瞧瞧。排长害怕，推班长，班长又推士兵。一个士兵无奈，走向洞口发现了有许多蜘蛛网。于是，赶紧回来，对连长说："蜘蛛网都没破，哪有什么人进去啊！"连长听了觉得有道理，带了队伍又去别处搜查了。邓斌发明的"蚊帐"不仅能挡蚊子，而且还迷惑了敌人。这个故事很快在红军中传开了。[158]

在革命的征途中，险阻道道，关山重重。

有生死险关，有政治险关，有枪林弹雨，有胜利的考验，这一切，邓小平都处之泰然，闯过来了，顶过来了。邓小平自称老军人，其实他更是职业革命家，在20世纪的沧桑巨变中，闯过的关有那么多，那么复杂，经历得那么丰富，而又能取得那么辉煌灿烂业绩的。美国前总统布什说：邓小平有一种把握强硬和灵活间最佳比例的高超才能。

邓小平说："坚持改革开放是决定中国命运的一招。"[159]

在视察南方的讲话中，邓小平说："谁要改变三中全会以来的路线、方针、政策，老百姓不答应，谁就会被打倒。这一点，我讲过几次。如果没有改革开放的成果，'六四'这个关我们闯不过，闯不过就乱，乱就打内战，'文化大革命'就是内战，为什么'六四'以后我们的国家能够很稳定？就是因为我们搞了改革开放，促进了经济发展，人民生活得到了改善。所以，军队、国家政权，都要维护这条道路、这个制度、这些政策。"〔160〕

　　在《长征——闻所未闻的故事》的作者哈里森·索尔兹伯里的中共群星谱中，有一颗格外耀眼的明星，索氏称其为"打不倒的矮个子"，他便是邓小平。

199

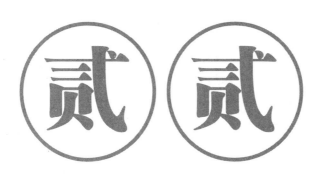

从华佗的"麻沸散"到八路军的药品来源的扩大

邓小平说："华佗在1700多年以前，就采用'麻沸散'内服，进行解剖手术……""李时珍在《本草纲目》中收藏的药物近两千种……"

华　佗

华佗（？—208年），汉末医学家，字元化，沛国谯（今安徽亳县）人。精内、外、妇、儿、针灸各科，外科尤为擅长。施针用药，简而有效。对"肠胃积聚"等病创用麻沸散，给患者麻醉后施行腹部手术。反映了我国医学于公元二世纪时，在麻醉方法和外科手术上已有相当成就。行医各地，声名颇著。他还创五禽戏，强调体育锻炼，以增强体质。认

1942年初春的一个夜晚，月色溶溶，万籁俱寂。医生肖战国背着药包到一二九师师部去巡诊。当他走到邓小平政委的门前想起了前几次，卫生处长韩卓然带他来巡视时，邓小平每次都向他们提出一些关于医药方面的问题，他这个只住了两年卫生学校的半拉子医生经常回答得不全，总是丢三落四，而邓小平政委却总要给他们纠正或补充，因此，每次从邓小平那儿巡诊回来，他既为自己的知识浅薄而难过，又为自己受到教益而高兴。

今天，肖战国一个人来巡诊，不知邓小平又要问什么，他能回答得上来吗？当时，他像一个心里没底的考生即将走进考场那样忐忑不安。

正当他在门前迟疑时，只听得房门嘎吱一声，邓小平从屋内走出来。

"哦——是肖医生，请到屋里坐。"邓小平热情地把他让进屋。

"政委，近来身体好吗？"肖战国在一把旧木椅上坐定后，向邓小平说明了来意。

"谢谢你们的关心。不过，病魔对我有些惧怕，轻易不敢往我身上附。"邓小平的脸在油灯下容光焕发，谈吐十分风趣。接着邓小平关切地

华佗故居

询问部队的发病情况和药品供应情况。

当时，部队在太行山上，山区有痢疾、疟疾、流感等病流行，发病率比较高。由于日寇的"三光"政策和国民党对边区实行经济封锁，我们的药品供应一天比一天紧缺。许多病伤员就是因为缺少药品治疗致使病情加重，甚至牺牲。我们卫生处的同志都在为此事着急。

邓小平听到这些情况，心情沉重地对肖战国说："是啊，日本帝国主义和国民党反动派，妄图困死我们，我们决不能让他们的阴谋得逞。没有药，光急也不行，要想点办法。"

说到这里，邓小平沉思了片刻后说：

"其实，药还是有的。李时珍在《本草纲目》中收藏的药物近两千种，我们这么大的太行山，怎么会没有药呢？前些天，我们在村口散步时，就看到路边有野菊花、柴胡、马齿苋，这些都是中草药，有消炎和清热解毒作用，采回来用，不是也可以嘛。当然，还有其他药，你们可以到群众中请教嘛。"

邓小平这几句话，使肖战国茅塞顿开，好像打开了一扇窗户，看到另一番天地。

这时，邓小平继续语重心长地说：

"历史上，我国的医药曾经比西方进步得多。华佗在1700多年以前，就采用'麻沸散'内

为"人体欲得劳动……血脉流通，病不得生，譬如户枢，终不朽也"。后因不从曹操征召，遂为所杀。所著医书已佚，现存《中藏经》，是后人托名之作。五禽戏是以模仿虎、鹿、熊、猿、鸟的动作和姿态进行肢体活动，以增强体质，防治疾病。此法为古代导引方法的一种。《后汉书·华佗传》："吾有一术，名五禽之戏……亦以除疾，兼利蹄足，以当导引，体有不快，起作一禽之戏，怡然汗出，因以著粉，身体轻便而欲食。"麻沸散药方今已失传，据《后汉书·华佗传》："若疾发结于内，针药所不能及者，乃令先以酒服麻沸散，既醉无所觉，因剖破腹背，抽割积聚。"

李时珍（1518—1593）明代杰出医药学家。字东璧，号濒湖，蕲州（治今湖北蕲春）人。世业医，继承家学，更着重研究药物，重视临床实践，主张革新。在群众协助下，经常上山采药，深入民间，向农民、渔

203

日军在杀人前百般折磨中国百姓

民、樵夫、药农、铃医请教，同时参考后代医药及有关书籍八百余种，对药物加以鉴别考证，纠正了古代本草书籍中药名、品种、产地等某些错误，并收集整理宋元以来民间发现的很多药物，充实了内容，经27年艰苦劳动，著成《本草纲目》，收录原有诸家《本草》所载药物共1518种，新增药物374种，总结了16世纪以前我国医学界丰富的药物经验，对后世药物学的发展作出重大贡献，为祖国医药学的一份宝贵遗产。他还著有《濒湖脉学》、《奇经八脉考》，流传于世。另有《五脏图论》、《三焦客难》、《命门考》等，已佚。

服，进行剖腹手术。后来，因为社会制度的原因，使我国的医药落到了后边。将来，我们一定要让我国的医药学和其他科学重新走到世界的前列。"

说完，邓小平随手拿起一根火柴梗，轻轻地拨了拨桌子上的那盏小油灯的灯芯。灯光，噼噼啦啦地升腾。

肖战国内心很激动，心中的热血如同眼前的灯火一样升腾。

在邓小平的指点下，肖战国他们门诊所的同志积极地向当地群众请教，在驻地附近的山坡上、河滩上采集了许多野菊花、柴胡、金银花、元胡、蒲公英、白扁豆、翻白草等中草药，扩大了八路军的药品来源。[161]

1942年9月1日，邓小平被任命为太行分区书记。图为当时的邓小平

204

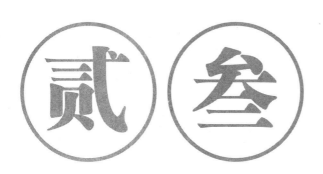

从"不知有汉，无论魏晋" 到彻底否定"文化大革命"

邓小平的智源

1975年11月，毛泽东设计了一个17人会议，提议由邓小平主持，作出一个肯定"文化大革命"的决议。然而，邓小平却把陶渊明的"不知有汉，无论魏晋"拿出来，说"文革"9年，自己6年没管事，不适宜由他来写……

秦　俑

邓小平曾经说过："我有'三个专'，1969年，我从北京来江西是用专机送来的，从鹰潭到北京是挂了一节车厢，'专车'送去的，在三〇一医院住院，一个人一层楼，也是一个'专'。"这是1992年邓小平视察了深圳、珠海之后到上海去，途经江西鹰潭时，对当地负责人讲的话。[162] 这"三个专"是邓小平"文革"中被迫与世隔绝的生动写照。

1969年10月18日，一些中央原领导，也包括"文革""要犯"因"林副主席第一号令"下达，从北京疏散到外地。老同志中，朱德、董必武到广东，叶剑英到湖南，陈云、王震等到江西，聂荣臻、陈毅等到河北。"走资派"中，刘少奇送河南开封，陶铸送安徽合肥，邓小平则被决定送到江西。邓小平是10月22日启程的，一辆吉普车，"厚厚的窗帘也严严实实地拉着。"车内坐着邓小平夫妇，邓小平的继母以及邓小平的女儿邓林。"车子驶出中南海后，颠颠簸簸地在北京转呀转的。在车内，他们什么也看不见，只是凭感觉知道车子有意转来转去地绕了很多的弯。大家一路无语，走了很长时间。"二十多年后，邓小平的女儿毛毛写道。"车子终于停了下来，下车一看，是一个不大的军用机场。"一架老式的伊尔—14型军用飞机载着他们飞向天空，邓林留下来了，她是到机场来送行的。[163]

专机抵达江西，邓小平在绝对与外界隔离的情况下，被监督劳动、生活达三年之久。三年之后，毛泽东在邓小平的一封来信上批示道："请总理阅后，交汪主任印发中央各同志。邓小平同志所犯错误是严重的。但应与刘少奇加以区别。（一）他在中央苏区是挨整的，即邓、毛、谢、古四个罪人之一，是所谓毛派的头子。整他的材料见《两条路线》、《六大以来》两书……（二）他没历史问题。即没有投降过敌人。（三）他协助刘伯承同志打仗是得力的，有战功。除此之外，进城以后，也不是一件好事都没有作的，例如率领代表团到莫斯科谈判，他没有屈服于苏修。这些事我过去讲过多次，现在再说一遍。"〔164〕

山重水复疑无路，柳暗花明又一村。

1973年2月19日，根据中央指示，邓小平告别了江西居住三年的将军楼，坐汽车到鹰潭，乘上从福州开往北京的46次特快列车，铁道部的专运局长和公安局长，为了邓小平的安全也都在这列火车上，邓小平一家乘着软卧回到北京。〔165〕

邓小平复出之后，主持中央日常工作，进行全面整顿，实际上是改革开放的预演。他提出以"三项指示为纲"，突出抓生产，抓经济建设，引起江青、毛远新等人的打击陷害，毛泽东听信了江青等人的话，要政治局开了几次会，就评价"文化大革命"问题批评邓小平。起初，毛泽东还有意地把邓小平的批评限制在较小的范围，并希望邓小平主持工作，作出一个肯定"文化大革命"的决议，总的基调是"三七开，七分成绩，三分缺点"。但邓小平婉拒此事。他说：由我主持写这个决议不合适，我是桃花源中人，"不知有汉，无论魏晋"，这为他以后彻底否定"文革"埋下了伏笔。1976年10月，"四人帮"被粉碎，但在"两个凡是"和"批邓"的大前提下，邓小平仍然处于被软禁的状态。12月4日，邓小平因前列腺炎住进301医院，为怕走漏风声，让他住进南楼五层，整个一层楼都归邓小平和照顾他的家人住着，这便是邓小平所说的专院。〔166〕

1975年11月，毛泽东设计了一个17人会议，提议由邓小平主持，作出一个肯定"文化大革命"的决议。这一年邓小平已经71岁了。71岁的

陶渊明

陶渊明（365或372或376—427），东晋大诗人。一名潜，字元亮，私谥靖节，浔阳柴桑人（今江西九江）。《晋书》、《宋书》均谓其系陶侃曾孙，曾任江州祭酒、镇军参军、彭泽令等职，因不满当时士族把持政权的黑暗现实，决心去职归隐。长于诗文辞赋，诗多描绘自然景色及其在农村生活的情景，其优秀作品隐喻着他对腐朽统治集团的憎恶和不愿同流合污的精神。至如《咏荆轲》、《读山海经·精卫衔微木》等篇，则寄寓抱负，颇多悲愤慷慨之音。其艺术特色，兼有平淡与爽朗之胜；语言质朴自然，而又极为精练，具有独特风格。散文以《桃花源记》最有名。这篇散文描述

207

邓小平的智源

一个与世隔绝，没有遭受祸乱的地方，有"自云先世避秦世乱，率妻子邑人，来此绝境，不复出焉，遂与外人间隔。问今是何世，乃不知有汉，无论魏晋"等语。后因用"世外桃源"比喻理想中生活安乐的地方，或与外界隔绝的境界。

人，在法国和苏联留过洋，在红七军当过政委，在长征中当过中央秘书长，在抗日中当过师政委，在解放战争中当过总前委书记，在建国后当过副总理、党中央书记处总书记，在复出后当过副总理、总参谋长等职务，在江西劳改的时候，喜欢看参考消息，一天四个版，连一个小角落都不放过。30年代，在上海白色恐怖的情况下，为了开展地下工作，当过杂货铺老板。1927年汪精卫背叛革命之后，邓小平在武汉将自己的名字改为邓小平……以上这些情况，以知人善任而著称的毛泽东全都知道。毛泽东曾经指着邓小平说：送你八个字：绵里藏针，柔中寓刚。毛泽东还说过：人才难得。正如邓小平的女儿毛毛所说："分析毛泽东的内心，他既真心地赏识邓小平的才干和品格，又恼恨邓小平对'文革'的态度。他对邓小平一再留情，是希望邓小平能够就此妥协、顺从了他这一最后的心愿。"[167]然而，邓小平却把陶渊明的"不知有汉，无论魏晋"拿出来作托词不买这个账！

那时，邓小平的姿态是退却。邓小平从陶渊明那里汲取了智慧，反其意而用之，用得非常巧

在《文汇报》发表的《评新编历史剧〈海瑞罢官〉》中，吴晗受到批判。这一事件成为"文化大革命"的直接导火索。这是吴晗在1960年与毛泽东在一起

妙、得体。这就像压在石头底下生长的植物一样，只能弯弯曲曲地绕过石头而生出地面。以屈求伸，韬光养晦，是一个成熟的政治家的忍耐性之所在，真是：

> 穿山透地不辞劳，到底方知出处高。
> 溪涧焉能留得住，终到大海作波涛。

1975年12月20日，邓小平在政治局会议上作"检讨"。在政治局会上的"检讨"，竟然连个正式的文字稿子都没有写，可见对于这次"检讨"的态度。邓小平这次的"检讨"，只留下了一个会议记录。在这次"检讨"中，谈了对派性，对工业生产，对文教系统，对老、中、青三结合，对新生事物，特别对"文化大革命"的态度。他谈到，检查原因，最主要、最根本的，是对"文化大革命"的态度问题。他说，"桃花源中人"，八年未工作，不是主要原因，主要原因是思想认识问题。

这是邓小平的"检讨"，更是一个申诉。

这次会后，康生生命垂危，但他仍然耍两面派，一面"揭发"张春桥和江青在历史上是叛徒，另一方面又向毛泽东进谗言，说邓小平想翻"文化大革命"的案，想跟在毛远新后面也立一功。

1976年4月4日，农历丙辰年的清明节，首都群众悼念周恩来的活动达到高潮，天安门前人数达到二百万之众。广大群众声讨"四人帮"，写出著名的诗句：

> 欲悲闻鬼叫，我哭豺狼笑；
> 洒泪祭雄杰，扬眉剑出鞘。

"文革"中，在楼顶修筑的武斗工事

抗议的人群中，有的展开用鲜血写成的悼词，有的为邓小平公开辩护，有的直接点出江青的名字进行批判，有的激昂地唱起《国际歌》。这次活动，被"四人帮"诬为"反革命活动"，并说邓小平是这次活动的黑后台。其实，邓小平只是去北京饭店理了个发。

早在1967年2月，由周恩来主持，陈毅、谭震林、叶剑英、李富春、李先念、徐向前、聂荣臻在怀仁堂的中央碰头会上，强烈批评"文化大革命"的错误，同陈伯达、康生、张春桥、谢富治一伙展开了面对面的斗争。斗争涉及三个原则问题：其一是运动要不要党的领导。会上，叶剑英质问张春桥、陈伯达，上海夺权，命名为上海公社，这样大的问题，涉及国家的体制，不经过政治局讨论就擅自改变名称，这是想干什么？革命能没有党的领导？能不要军队？谭震林也责问张春桥，为什么要无理扣押陈丕显？张春桥推说群众不答应，谭震林当即指出，不要党的领导，一天到晚老是群众自己解放自己，这是形而上学！要把老干部一个一个打倒。其二是老干部应不应该都打倒。会上，陈毅揭露江青一伙打着毛泽东的旗号，诬陷老干部的种种错误做法。谭震林怒斥张春桥，你们的目的，就是要整掉老干部。这一次是党的历史上斗争最残酷的一次，超过了历史上任何一次。出于义愤，谭震林提起皮包，就要离席而去。陈毅在一边叫住了谭震林，说，不要走，要留在里边斗争；一边作了长篇发言，达七个小时。陈毅说：现在有些人作风不正派，你要上去，你就上去嘛，不要踩着别人嘛，不要拿别人的鲜血去染红自己的顶子。中央的事，现在动不动就捅出去，弄一些不懂事的娃娃在前面冲。现在刘少奇的一百条罪状贴在王府井，这是泄密。八大的政治报告是政治局通过的

"文革"中，云南省某县农民每天对着毛主席像作"早请示"

嘛，怎么叫他一个人负责？朱老总今年八十一岁
了，历史上就是朱毛、朱毛，现在说朱老总是军
阀，要打倒。人家不骂共产党过河拆桥呀！这样
的一个伟大的党，只有毛泽东、林彪、周恩来、
陈伯达、康生、江青是干净的？承蒙你们宽大，
加上我们五位副总理。这么一个伟大的党，只有
十一个人是干净的？如果只有十一个是干净的，
把我揪出去示众好了！一个共产党员，到了这个
时候还不敢站出来讲话，一个铜板也不值。其三
是要不要稳定军队。叶剑英责问陈伯达、康生、
张春桥等人，你们把党搞乱了，把政府搞乱了，
把工厂、农村搞乱了，你们还嫌不够，还一定要
把军队搞乱。这样搞，你们想干什么？徐向前也
说，军队是无产阶级专政的柱石，这样把军队乱
下去，还要不要支柱？难道我们这些人都不行
啦，要蒯大富这类人来指挥军队？老帅们的这些
正确意见被当成"二月逆流"否定了，然而，历
史的辩证法是无情的。"四人帮"覆灭之后，
"二月逆流"得到了平反，"文化大革命"被彻
底否定。

211

　　邓小平彻底否定"文化大革命"，采取的是
由近及远的办法，首先为"文革"后期的天安门
事件和反击右倾翻案风平反，然后涉及毛泽东对
有关部门、有关事件、有关人物平反，如推翻
所谓对外联络部实行"三和一少"、"三降一
灭"，所谓统战部执行投降主义路线，所谓中
宣部是"阎王殿"，所谓文化部是"帝王将相
部"、"才子佳人部"等错误结论，为所谓"二
月逆流"、所谓"三家村"等冤案平反，撤销
1966年"部队文艺工作座谈会纪要"，1971年
"全国教育工作座谈会纪要"，推翻对17年教
育战线和知识分子的"两个估计"等等，对毛泽
东"两个司令部"斗争的提法，对打倒以刘少奇

周恩来日理万机，在座机
上也要批阅文件。"文化大革
命"中的周恩来力挽狂澜，心
力交瘁

为首的资产阶级司令部，对批判以刘少奇为代表的修正主义路线，也必须予以否定，如果刘少奇的案能翻过来，那就意味着"文革"的案全部都能翻过来。然而邓小平没有急于这么做，他是首先扫除外围，在刘、邓、陶、王这串"走资派"中，首先为三个次要人物平了反，等到1980年2月，水到渠成，才正式决定为刘少奇平反，至此，"文化大革命"的案全都翻了过来。

"文化大革命"这一场浩劫，把国民经济推向了崩溃的边缘。自"文革"开始至1966年10月，在不到半年的时间里，被指为"牛鬼蛇神"从城市赶到农村的人数达39.7万多人。从1966年8月下旬到9月底40多天的时间，仅北京就有8.5万多人被"轰回"原籍，1772人被打死，3.3万多户被抄家，从1967年到1971年4年中，北京市郊监狱关押高级干部500人以上，其中被折磨死的达34人，伤残20多人，迫害成精神病的60余人。"文化大革命"的历史教训，值得永远记取。[168]

1975年9月中旬，全国农业学大寨会议在山西省昔阳县召开，邓小平在会上发表了重要讲话。这是会议期间，邓小平在大寨虎头山上

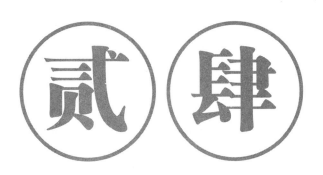

从贾岛的"鸟宿池边树，僧敲月下门"到"摸着石头过河"

唐代诗人贾岛推敲诗句的故事广为流传。据胡仔《苕溪渔隐丛话前集》卷十九引《刘公嘉话》："贾岛初赴举京师，一日于驴上得句云：'鸟宿池边树，僧敲月下门'，始欲着'推'字，又欲着'敲'字，练之未定，遂于驴上吟哦，时时引手作推敲之势。时韩愈吏部权京兆，贾岛不觉冲至第三节。左右拥至尹前，岛具对所得诗句云云，韩立马良久，谓岛曰：'作敲字佳矣。'后因谓斟酌字句，反复考虑为'推敲'。"

1963年8月20日，邓小平在"工业决定起草委员会"会议上关于工业发展问题的发言中说："改革管理体制，搞托拉斯，大工业市直属中央，是否如此，请各大区同志考虑，要推敲一下矛盾在哪里。"[169]

1982年7月30日，邓小平就设顾问委员会问题发表讲话，提出十二大报告和修改党章的报告总的来说是比较成熟的，但某些地方还要推敲，办不到的事情就不要写。[170]

1957年4月8日，邓小平在西安作报告说："搞建设……我们全党还是小学生，我们的本领差得很。搞革命不能说我们没有本事，我们把革命干成功了。搞建设我们还说不上有多大的本事。""今后的主要任务是搞建设。""我们花钱要买到经验，经验这个东西很宝贵，今后还要花钱买经验，要力争花很少的钱买更多的经验。"[171]

1998年万里深有感触地说："有中国特色

记限仪，用于测定60度以内任意两个天体的角度和日、月的角直径

的社会主义怎么搞？谁知道！还得'摸着石头过河'。石头是什么？就是实践，摸清历史的脉搏，历史的趋势。这是我们的传家宝，但长期的'左'倾错误使我们把它弄丢了。农村改革中把它恢复起来，发扬光大，所以搞得比较成功，这是一条十分重要的经验，以后千万不能再丢掉了。"〔172〕

　　推敲，总结经验、摸着石头过河，这三者有一个共同之处：我们在办事的时候，有一个从主观到客观的认识过程，有一个"去粗取精，去伪存真，由此及彼，由表及里"的飞跃过程，有灵感的火花的闪现，有从感性到理性的认识跳跃。

　　邓小平身经百战，新中国成立后的政治命运大起大落，呈驼峰形。在他正式退休的时候，向第三代中央领导集体作正式交待时说："一个总结经验，一个使用人才，这两点是我的正式建议。"〔173〕

　　邓小平的经验总是从实践中来，从调查中来，从实际摸索中来。新华社记者李锦曾经对大型电视文献纪录片《邓小平》摄制组的记者说："1982年12月24号我正在商河县，鲁西北的商河县，就是这个地方，正在采访。突然接到新华总社的电话，说穆青同志让我到北京来。31号这一天，在人民大会堂北大厅，万里同志把我领到小平同志面前，说他去过二百多个村庄。小平同志说，那你有发言权哪。小平同志说，农村情况怎么样你讲一下。万里同志就说，你就说说农民现在吃多少肉吧。我说，一个星期买一次肉，一大锅煮着，买个五六斤。一般下次再赶集的时候，一般就是五天，再去买一次。以后小平同志又问，说农民的房子怎么样？我说，一般都盖五间房子，三间正房，两间偏房。小平同志听的时候非常认真，耳朵都是侧着，很专注地在听着，我

1963年8月邓小平在工业决定起草委员会会议上说："改变管理体制，搞托拉斯，大工业市直属中央，是否如此，请各大区同志考虑，要推敲一下矛盾在哪里。"1982年7月，邓小平就设顾问委员会问题发表讲话，提出对十二大报告和修改党章的报告的草稿的某些地方还要推敲，办不到的事情就不要写。

215

1985年10月，邓小平在会见美国时代公司组织的美国高级企业家代表团时说："多年的经验表明，要发展生产力，靠过去的经济体制不能解决问题，所以，我们吸收资本主义中一些有用的方法来发展生产力。"党的十二届三中全会通过的《中共中央关于经济体制改革的决定》，是指导中国经济体制全面改革的纲领性文件。邓小平在1985年10月还说："多年的实践说明，在某种意义上说，只搞计划经济会

束缚生产力的发展。把计划经济和市场经济结合起来，就更能解放生产力，加速经济发展。"

贾岛（779—843），唐代诗人，字阆仙，一作浪仙，范阳（今河北涿县）人。初落拓为僧，名无本，后还俗，屡举进士不第。曾任长江主簿，人称贾长江。其诗喜写枯寂荒凉之境，颇多寒苦之辞，以五律见长，注重词句锤炼，刻苦求工，"推敲"的典故就是由其诗句"僧敲月下门"而来。据胡仔《苕溪渔隐丛话前集》卷十九引《刘公嘉话》：贾岛初赴举京师，一日于驴上得句云："鸟宿池边树，僧敲月下门"，始欲着"推"字，又欲着"敲"字，练之未定，遂于驴上吟哦，时时引手作推敲之势。时韩愈吏部权京兆，贾岛不觉冲至第三节。左右拥至尹前，岛具对所得诗句云云，韩立马良久，谓岛曰："作敲字佳矣。"后因谓斟酌字句、反复考虑为"推敲"。

216

当时就讲了一些具体的事情，小平同志连声说，好，好，好。"〔174〕

在这之后，农村改革继续深入，包产到户从局部进入全面推广，浅层次的改革向深层次发展，农村社会格局也发生变化，在四川省广汉县，人民公社的牌子悄悄地摘下来了，换成了乡人民政府，那时候，县里头规定说，不广播，不登报，不宣传，这是全国第一个摘掉人民公社的牌子，这也算是摸着石头过河，是基层干部、基层群众的首创，后来推广到全中国。

只要有利于发展生产力，有利于老百姓生活的改善，有利于增强社会主义中国的综合国力，那就往前赶。

1982年邓小平会见利比亚国家元首多伊时说："你们想了解中国的经验，中国的经验第一条就是自力更生为主。""再就是重视发展农业。不管天下发生什么事，只要人民吃饱肚子，一切就好办了。"〔175〕

70年代末开始农村生产责任制，到1983年初已覆盖了全国90%以上的农户和土地。1984年"包"字进城，到1988年底，全国预算内工业企业80%以上实行承包，在邓小平"责任制"三个字的推动下，整个中国都在"包"。根据邓小平的思路，1984年10月20日，中共中央召开十二届三中全会，作出《关于经济体制改革的决定》。这个决定涉及国营企业、计划体制、价格体制、财税金融、政府职能转变、分配制度和多种经济形式等各方面的改革。个体户、民营企业、乡镇企业、特区、年广久现象、马胜利现象、温州模式、小康、恭喜发财、让一部分人先富起来、承包、效益、时间就是金钱、跟着感觉走、秋菊打官司、松绑、四小龙、股票、证券、黄土高坡、冬天里的一把火、二渠道、倒爷、大款、托

福、签证、广货北伐、简政放权、人才市场、桑
拿、麦当劳、麦当娜、优化组合、开发区、伊妹
儿……改革开放时期的新名词、流行语，花样翻
新，层出不穷，市场上货物堆积如山，琳琅满
目，改革开放后，农民一张身份证揣在兜里，走
遍天下。

邓小平以冷静著称。在深圳、珠海、汕头、
厦门四个经济特区初战告捷、取得经验之后，他
的目光投向了海南岛。

邓小平要把海南建成全国最大的经济特区。
"从外向经济的眼光看，海南是一块宝地。海南
岛和台湾岛面积差不多，自然经济条件也相似，
如同中国在南海海面上的两只眼睛。"《邓小平
谋略》一书的作者萧诗美这样说，他继续写道：
"海南长期荒弃，致使两只眼睛，一只睁得亮亮
的，另一只却黯然失色。邓小平意识到开发海南
是很了不起的大胜利，因为这是中国向整个南海
进发的第一站。可是开发海南中央没有钱，办法
还是借鸡生蛋，以对外开放促岛内开发。其实周
边诸国之所以在南海抢先，也是采取这个办法。
例如越南早在70年代末就同苏联达成共同开发近
海油气的协作。引资开发要送一些好处给人家，
但这总比被人抢占为好。自己要得一部分好处，
更重要的是主权有保障。1988年海南正式建省，
如今岛内开放和开发已伸展到西岸的洋浦和最南
端的三亚。"

摸着石头过河是不断实践、不断总结经验的
一种形象性的说法。通观《邓小平文选》，邓小
平关于总结经验的论述比比皆是，一气贯通。

总结经验，说到底，是一个合不合乎实际的
问题。以邓小平为核心的第二代中央领导集体主
政时期，以大刀阔斧的姿态实行城乡大规模、多
层次、全方位的改革，总是切中时弊。以机构改

革来说，邓小平早就发现机构的庞大和臃肿带来的坏处。他指出："许多机构设立许多公司，实际是官办机构，用公司的形式把放给下面的权力收了上来。机构多，人多，就找事情干，就抓住权不放，下边搞不活，企业没有积极性了……一九八〇年就提出政治体制改革，……机构庞大，人浮于事，官僚主义，拖拖拉拉，互相扯皮，你这边往下放权，他那边往上收权，必然会阻碍经济体制改革，拖经济发展的后腿。"〔176〕发现问题，怎么办？半年之后，邓小平总结经验，想出了一个办法。他说："企业下放，政企分开，是经济体制改革，也是政治体制改革。下放总会遇到障碍。现在机构臃肿，有的部委据说有上万人，必须精简。否则，这么多人，就要当'婆婆'，揽权。这些人在中央机关工作多年，多数都有一定知识，到基层竞选厂长、经理，显示自己的本领去嘛！"〔177〕

将近20年过去了，机构的精简工作正在逐步地得到解决。

从某种意义上说，邓小平的政治智慧很多都是来源于他的亲密战友刘伯承，人们习惯地把刘邓连在一起。在他们两人心里，也觉得彼此难以分开。他们两人从抗日战争到解放战争，8年加5年，共事达13年整。在改革开放的年代里，邓小平所总结出来的三条经验——"猫论"、"摸论"、"不争论"，其中有两条便是来自于刘伯承。这两条便是："不管黄猫黑猫，抓住老鼠就是好猫"和"摸着石头过河"。

对于"猫论"，邓小平曾在1962年7月7日《怎样恢复农业生产》这篇讲话中说："刘伯承同志经常讲一句四川话：'黄猫、黑猫，只要捉住老鼠就是好猫。'这是说的打仗。我们之所以能够打败蒋介石，就是不讲老规矩，不按老路子打，一切看情况，打赢算数。"

"摸着石头过河"，也是刘伯承说过的一句话。新中国成立初期，张爱萍将军受命前去办军事院校，行前向刘伯承请教。刘伯承说："我给你六个字，可要牢牢记住，这就是：摸着石头过河！"

改革开放初期，邓小平有一句名言，就是创办深圳经济特区，杀开一条血路。这"杀开一条血路"，也是刘伯承在千里跃进大别山时讲的一句话。

据说，知人善任的周恩来曾对刘邓两人各有评语。周评价刘伯承是"举轻若重"。刘伯承是军事大家，对战术抓得很紧，认为战机、地形、敌我双方情况不能有丝毫的粗心大意。周恩来评价邓小平则是"举重若轻"，即是说泰山压顶不弯腰，多大的问题也能扛着，泰然处之，"天将降大任于斯人也"，使他具有超常的忍耐性和承受力，故能在贯穿整个20世纪的革命、建设生涯中，在中国共产党第一代、第二代、第三代领导集体的运作过程中，起到中流砥柱的作用。其功劳，独一无二；其职务，从不当头，实属经天纬地之奇人。邓小平从战友刘伯承那里吸取智慧，并且运用到改革开放的伟大事业中。

十一届三中全会以来，在一个10多亿人口的

219

图为在荒野中密布的土高炉群。大跃进中，全民大办钢铁，使国民经济蒙受了巨大损失

大国中，有一个词汇出现的频率最高，那就是
"中国特色"四个字。邓小平的智慧是同这四个
字紧紧地联系在一起的。中国自从秦始皇统一国
家以来，"车同轨，书同文，行同伦"，几千年
来的悠久传统和文化代代传承，例如中国象形文
字、中药、十二生肖、春节、中央集权制、问候
语、抱拳行礼、中国人讲面子等等，这些东西已
经渗透到中国人生活的方方面面，就像海绵吸满
了水一样，是很难挤干净的。在物质严重匮乏的
六七十年代，中国因为照搬苏联计划经济的一套
模式，老百姓的日常生活用品，均在计划经济的
圈子之列。粮票、油票、布票、糖票、烟票，乃
至火柴票、肥皂票成了人们的稀罕物。邓小平是
国家高级干部，一家九口开支不小。1967年造
反派抄他家时惊奇地发现，邓家不仅没有一分钱
的存款，反而欠了公家200元钱的债。他家每月
收入524元，"文革"中扣除收入的一大半，每
月才发给205元，这一家九口，日子颇为难过。
而当时中国普通老百姓的生活，特别是农民，生
活更加艰难。邓小平女儿下放所在的生产队一个
工分才一毛二三分钱，可见生活之艰辛。在"牛
棚"的时候，邓小平对这样一种最底层的生活，

1987年5月30日，北京长城
饭店举行烫发技巧表演

有了切身的体验。经济一紧张，邓小平又像抗日
战争时期那样自力更生起来，开始开荒种菜养鸡
酿酒，连馊了的饭也吃，还说："烧开了，细菌
就杀死了，我肚子好，吃了没事！"那时候，邓
小平用读书来调剂生活，他读了大量的马列著
作、二十四史以及古今中外的不少名著。在那最
黑暗的年代里，邓小平推敲着中国贫困的原因、
症结之所在，思考着"中国向何处去"的大问
题。正是从正反两方面的经验教训中，邓小平才
昂起头来，横下一条心搞改革开放，1973年复出
之后，1975年的整顿，其实就是改革开放的预
演，是邓小平下决心建设中国特色社会主义的大
动作之前的热身。从1979年开始，中国特色的社
会主义改革开放事业经过不断实践、不断总结经
验，至1984年10月，中共中央十二届三中全会通
过了《中共中央关于经济体制改革的决定》，这
是建设中国特色社会主义的纲领性文件，也是指
引12亿中国人民"摸着石头过河"的灯塔。

80年代京城一景——"倒爷"

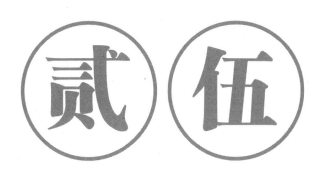

从"八股文章"到"农业文章很多，我们还没有破题"

八股文,亦称"时文"、"制义"或"制艺",明清科举考试制度所规定的文体,每篇由破题、承题、起讲、入手、起股、中股、后股、束股八部分组成。破题用两句说破题目要义,承题是承接破题的意义而阐明之。起讲是议论的开始,入手是起讲后的入手之处,下自起股至束股才是正式议论,以中股为全篇重心。这四段中,都有两股排比对偶的句子,合共八股,故叫"八股文"。这种死板的文体,是束缚人们思维的工具。

邓小平同志1983年1月对国家计委、国家经委和农业部门的负责同志谈话时说:"农业文章很多,我们还没有破题。农业科学家提出了很多好意见。要大力加强农业科学研究和人才培养,切实组织农业科学重点项目的攻关。农业是根本,不要忘掉。"

邓小平在1983年说:"农业要有全面规划、首先要增产粮食。""农业翻番不能只靠粮食,主要靠多种经营。农业文章很多,我们还没有破题。农业科学家提出了很多好意见。要大力加强农业科学研究和人才培养,切实组织农业科学重点项目的攻关。农业是根本,不要忘掉。"[178]

邓小平家中挂有一幅《双猫图》,一白一黑,一前一后,十分惹人喜爱。图上方是几行遒劲苍老的题词:"不管白猫黑猫,会捉老鼠就是好猫。"这是1984年83岁的老画家"江南猫王"陈莲寿送给邓小平的,邓小平很喜欢这幅画,其女儿向他索要他还不肯给。老画家得知后,又画了一只小猫送给也是画家的邓林。

"猫论"有争论。据称争论还通过薄一波反映到了邓小平处,邓小平回答说,第一,我不收回;第二,我是针对当时情况说的。不论实情如何,也不论理论界或其他什么界怎么看。对中国广大平民百姓和很多国外人士来说,认识邓小平,钦佩邓小平,对邓小平产生亲切感,基本上都是从"猫论"开始的。日本著名中国学专家竹内实说,"猫这句名言,就是在我们日本也广为流传。"外国学者评述邓小平,几乎都会相当突出地谈到"猫论"。"猫论"是大白话,但寓意深刻。邓小平阐述"猫论"的代表性言论,与邓小平对发展生产力、解放生产力、社会主义的本质、革命和改革开放的本质等论述是一致的。"猫论"就是一种本质论,就是经济建设中心论,就是"发展才是硬道理",就是"学习马列要精,要管用",就是理论联系实际,就是实践标准,就是实事求是……猫作为一个物种,其生存法则就是捉老鼠,能否捉到老鼠就是好猫坏猫的最主要的或惟一的本质特征。[179]

八股文,并不是邓小平所喜欢的。1975年7

月，邓小平在关于军队整顿的任务的讲话中说："惰性，不只是在一些人身上存在，甚至有些机关也不同程度地存在。有些高级干部革命意志衰退，追求个人利益，不注意保持革命晚节。……讲五分钟话都要人家写成稿子照着念，有时还念错了。这是思想懒惰。……写出来照着稿子念就没有错误？我看起码是文风不好。写的稿子都是照着报纸抄的，那不是八股？"[180]可见，邓小平非常鄙视八股文。但邓小平关于"农业文章很多，我们还没有破题"的论断，是借用八股破题这一说法，来说明农业发展的空间广阔，道路长远，大有可为。

1982年，邓小平会见利比里亚国家元首多伊时说：我国经济建设的历史经验，"重视发展农业。不管天下发生什么事，只要人民吃饱肚子，一切就好办了"。[181]

1985年4月，邓小平对坦桑尼亚联合共和国副总统姆维尼说："十一届三中全会以后，我们探索了中国怎么搞社会主义。……改革首先是从农村做起的，农村改革的内容总的说就是搞责任制，抛弃吃大锅饭的办法，调动农民的积极性。为什么要从农村开始呢？因为中国人口的百分之八十在农村，如果不解决这百分之八十的人的生活问题，社会就不会是安定的。工业的发展，商业的和其他的经济活动，不能建立在百分之八十的人口贫困的基础之上。农村改革经过三年的实践证明是成功的。现在农村面貌一新，百分之九十的人生活改善了，还有百分之十的人生活差一些，但也不难解决。刚才你说在北京看到了很多新盖的高楼大厦，这还不是中国主要的变化，中国最大的变化在农村。……如果说农村改革三年成功，城市改革经过三年五载也能判断成败。我们相信会成功的。我们不靠上帝，而靠自己的

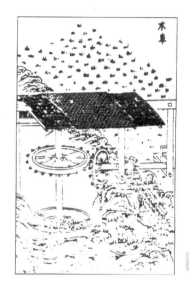

225

八股文，亦称"时文"、"制义"或"制艺"，明清科举考试制度所规定的文体，每篇由破题、承题、起讲、入手、起股、中股、后股、束股八部分组成。破题用两句说破题目要义。（唐宋以后考试诗赋及八股文的破题，比喻事情的开端或第一次。《西厢记》第四本第三折：却告了相思回避，破题儿又早别离。）承题是承接破题的意义而阐明之。起讲是议论的开始，入手是起讲后的入手之处，下自起股至束股才是正式议论，以中股为全篇重心。这四段中，都有排比对偶的句子，合共八股，故叫

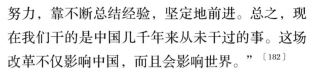

"八股文"。这种死板的文体，是束缚人们思维的工具，但对训练人们的思维也有一定作用。

226

努力，靠不断总结经验，坚定地前进。总之，现在我们干的是中国几千年来从未干过的事。这场改革不仅影响中国，而且会影响世界。"[182]

1987年6月，邓小平对南斯拉夫客人说："农村改革见效非常快，这是我们原来没有预想到的。当然，开始的时候，并不是所有的人都赞成改革。有两个省带头，一个是四川省，那是我的家乡；一个是安徽省，那时候是万里同志主持。我们就是根据这两个省积累的经验，制定了关于改革的方针政策。还有一些省犹豫徘徊，有的观望了一年才跟上，有的观望了两年才跟上。中央的方针是等待他们，让事实教育他们。""农村改革中，我们完全没有料到的最大的收获，就是乡镇企业发展起来了，突然冒出搞多种行业，搞商品经济，搞各种小型企业，异军突起。这不是我们中央的功绩。乡镇企业每年都是百分之二十几的增长率，持续了几年，一直到现在还是这样。乡镇企业的发展，主要是工业，还包括其他行业，解决了占农村剩余劳动力百分之五十的人的出路问题。农民不往城市跑，而是建设大批小型新型乡镇。如果说在这个问题上中央有点功绩的话，就是中央制定的搞活政策是对头的。这个政策取得了这样好的效果，使我们知道我们做了一件非常好的事情。这是我个人没有预料到的，许多同志也没有预料到，是突然冒出这样一个效果。总之，农村改革见效非常快，非常显著。当然，这并不是说农村的问题都解决了。农村改革的成功增加了我们的信心，我们把农村改革的经验运用到城市，进行以城市为重点的全面经济体制改革。"[183]

关于农业的重要性，邓小平还说过这样的话：中国历史上为什么农民的起义和暴动接连不断？归根结底都是因为民不聊生。民以食为天，可是到1979年，中国仍有四分之一的生产队约二亿人口的农村社员人均年收入在四十元以下，每人每天不足一毛一分钱。邓小平估计改革前"大多数农民是处在非常贫困的状况"。农民的普遍贫困，贫困到不得温饱的地步，这个问题的严重性迫使新一代领导者首先要想办法使农民尽快富起来。农民不富，四个现代化无从谈起。工业的发展，商业和其他经济活动的发展，不可能建立在80％人口贫困的基础上。实现人均国民收入翻两番的目标，最令人担心的就是这80％的农村人口不能达到。"[184]

邓小平第三次复出后，在考虑农村改革的过程中，对农村的体制进行了深入的思考。1979年元月，他在听取中共四川省委汇报工作时说：农村和城市有个政策问题。我在广东听说，有些地方养三只鸭子就是社会主义，养五只鸭子就是资本主义，怪得很，农民一点回旋余地没有怎么行？[185]

在邓小平改革开放方针指导下，1979年9月，中央召开了各省、市、自治区第一书记座谈会，讨论了关于进一步加强和完善农业生产责任制的问题。会议分析了农业集体化过程中的一些曲折和失误，认为由于集体化运动中的缺陷，由于有极"左"路线的干扰，由于很长时期党的工作重点没有转移到经济建设上来，目前集体经济的物质技术基础还是比较薄弱的，人民公社的体制、结构方面也存在需要改革和完善的问题。经营管理工作更是一个突出的薄弱环节。群众对集体丧失信心，因而要求"包产到户"的，应当支持群众的要求，可以"包产到户"，也可以包干到户，并在一个较长时间内保持稳定。会后中央发出通知，第一次郑重地肯定了大包干和"包产到户"的改革行动，认为它不会脱离社会主义轨道，没有什么复辟资本主义的危险。这种以包产到户、家庭联产承包责任制为特征的农村改革在全国全面铺开。[186]

农业问题，一直受到邓小平的高度关注。从1982年到1986年，中共中央连续五年用第一号文件指导农村改革。1984年中央决定将土地承包期延长到15年以上。就在这年10月，中共十二届三中全会正式通过《关于经济体制改革的决定》，开始了以城市为重点的全面经济体制改革。人们将这一农村包围城市的过程形象地称作"包字进城"，中国从此走上了全面经济体制改革的道路。

改革不就是要废除苏联式的计划管理体制吗？苏联模式在农村远不及城市成功。中国的农业政策受苏联影响不大，即使是一大二公的人民公社也不像苏联的集体农庄那样集中统一。以家庭为单位的传统经营方式有着顽强的生命力。尽管批了二十多年农村"资本主义自发倾向"，农民发家致富的观点始终没有根绝。因为农民享受到的"社会主义优越性"没有城里人多，农民没有工人手中的"铁饭碗"，农村的"大锅饭"也没有城里的大，农民不得不自负盈亏，他们不可能像国营企业那样依靠国家资助进行蚀本经营，……农村的自然经济虽然比城市的计划经济要"落后"一些，但是在朝着市场经济的改革

228

1998年，百年不遇的大水淹没了安徽省凤台县焦岗乡。乡长孙兆海揣着乡政府的大印，带着几十名干部撤离后，在大堤上搭起两间窝棚，作为乡政府办公室，继续指挥抗灾

中,农村又比城市显得先进,让农民转向市场经济似乎是自然而然的事,只要放松一下控制就可以了。可是要把国家包下来的企业和它们的工人推向市场则意味着一场深刻的革命,阻力要大得多。因此,改革的切入点在农村,是顺理成章的事,而且事实证明:农村的改革非常成功![187]

对于农业的改革与发展,邓小平从长远的观点出发,高瞻远瞩,提出了两个飞跃的思想。"第一个飞跃,是废除人民公社,实行家庭联产承包为主的责任制。这是一个很大的前进,要长期坚持不变。第二个飞跃,是适应科学种田和生产社会化的需要,发展适度规模经营,发展集体经济。这是又一个很大的前进,当然这是很长的过程。乡镇企业很重要,要发展,要提高。农业问题要始终抓得很紧。"[188]

农业文章很多,破题难,束股也难。邓小平曾经预言:"将来农业问题的出路,最终要由生

湖北汉川县分水镇630户农民组成58个粉丝加工联合体,一年转化粮食400万斤。图为联合体的农民在晾晒粉丝

物工程来解决，要靠尖端技术。"〔189〕

"农业问题也要研究，最终可能是科学解决问题。"〔190〕如今，邓小平的预言又一次应验了，"杂交水稻之父"袁隆平的农业实验取得了举世瞩目的成就，联合国授予了他崇高的荣誉称号，党和人民也给予了他非常的认可。农业这篇大文章，正吸引越来越多的科学家努力劳作。

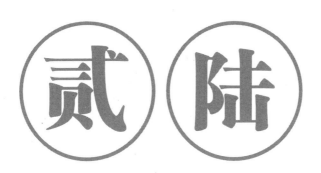

从"郑和下西洋"到"让傻子瓜子经营，怕什么？"

郑 和

郑和是明朝的宦官，本姓马，小字三保，回族，云南晋宁人，祖与父都到过伊斯兰教圣地麦加，幼时就对外洋情况有所了解。明初入宫作宦官，从燕王起兵，赐姓郑，任内宫监太监。永乐三年（1405年）率船队通使西洋，两年而返，以后又屡次航海，28年间，七次航海，最远曾达非洲东岸和红海海口，促进了中国与亚非各国的经济、文化交流。

邓小平在1984年10月中顾委第三次全体会议上讲话说，现在任何国家要发达起来，闭关自守都不可能。我们吃过这个苦头，我

1984年10月邓小平在中顾委第三次全体会议上说：“现在任何国家要发达起来，闭关自守都不可能。我们吃过这个苦头，我们的老祖宗吃过这个苦头。恐怕明朝明成祖时候，郑和下西洋还算是开放的。明成祖死后，明朝逐渐衰落。以后清朝康乾时代，不能说是开放。如果从明朝中叶算起，到鸦片战争，有三百多年的闭关自守，如果从康乾算起，也有近二百年。长期闭关自守，把中国搞得贫穷落后，愚昧无知。……按照现在开放的办法，到国民生产总值人均几千美元的时候，我们也不会产生新资产阶级……前些时候那个雇工问题，相当震动呀，大家担心得不得了。我的意见是放两年再看。那个影响能影响到我们的大局吗？如果你动一动，群众就说政策变了，人心就不安了。你解决了一个‘傻子瓜子’，会牵动人心不安，没有益处。让‘傻子瓜子’经营一段，怕什么？伤害了社会主义吗？”〔191〕

1992年元月，邓小平发表南方谈话，他说：

1987年4月13日，中华人民共和国政府和葡萄牙共和国政府关于澳门问题的联合声明在北京人民大会堂正式签署。图为邓小平和葡萄牙总理席尔瓦举杯庆贺

"改革开放以来，我们立的章程并不少，而且是全方位的。经济、政治、科技、教育、文化、军事、外交等各个方面都有明确的方针和政策，而且有准确的表达语言。这次十三届八中全会开得好，肯定农村家庭联产承包责任制不变。一变就人心不安，人们就会说中央的政策变了。农村改革初期，安徽出了个'傻子瓜子'问题，当时许多人不舒服，说他赚了一百万，主张动他。我说不能动，一动人们就会说政策变了，得不偿失。"〔192〕

"傻子瓜子"问题，是指安徽省芜湖市的一家个体户，姓年名广久，他雇工经营，制作和销售炒瓜子，称为"傻子瓜子"，得以致富。

《中共中央关于经济体制改革的决定》，于1984年10月在北京举行的中国共产党第十二届中央委员会第三次全体会议通过，这个决定，总结了中国社会主义建设正反两方面的经验，特别是中共十一届三中全会以来城乡经济体制改革的经验，根据马克思主义基本原则同中国实际相结合的原则，提出进一步贯彻执行对内搞活经济，对外实行开放的方针，加快以城市为重点的整个经济体制改革的步伐。决定指出改革的基本任务，是从根本上改革束缚生产力发展的经济体制，建立起具有中国特色的、充满生机和活力的社会主义经济体制。它突破了把计划经济同商品经济对立起来的传统观念，指出中国社会主义是公有制基础上的有计划的商品经济。这个决定，是指导中国经济体制全面改革的纲领性文件。邓小平评价这个文件是"一个政治经济学的初稿，是马克思主义基本原理和中国社会主义实践相结合的政治经济学，我是这么个评价"。〔193〕

"对内搞活，对外开放"的政策来之不易。

"对内搞活，对外开放"，意义非凡。

们的老祖宗吃过这个苦头。恐怕明朝明成祖时候，郑和下西洋还算是开放的。明成祖死后，明朝逐渐衰落，以后清朝康乾时代，不能说是开放。如果从明朝中叶算起，到鸦片战争，有三百多年的闭关自守，如果从康乾算起，也有近二百年。长期闭关自守，把中国搞得贫穷落后，愚昧无知。……按照现在开放的办法，到国民生产总值人均几千美元的时候，我们也不会产生新资产阶级。你解决一个"傻子瓜子"，会牵动人心不安，没有益处。让"傻子瓜子"经营一段，怕什么？伤害了社会主义吗？

233

自19世纪以来，鸦片在中国为害甚剧。图为一位"瘾君子"在大烟馆吸食鸦片

明成祖（1360—1424年），即朱元璋第四子朱棣，明代皇帝，年号永乐，1402—1424年在位。初封燕王，镇守北平（今北京）。建文元年（1399年），起兵自称"靖难"，四年破京师（今江苏南京市），夺取帝位。永乐七年（1409年）派亦失哈等设奴儿干都司，管辖今黑龙江、精奇里江、乌苏里江、松花江流域和库页

234

"洋务派"首令之一张之洞

中国是一个历时几千年的文明古国，曾经具有对外开放的悠久历史，两汉时代有享誉世界的"丝绸之路"；唐代的中外文化交流达到鼎盛时期，敦煌文化，唐都长安是8世纪下半叶，巴格达兴起之前，亚洲最为繁华的国际大都会；宋代、元代，"万国衣冠、络绎不绝"，马可·波罗来华又离去，给西方文明世界带去了东方文化的奇妙信息。明代陆上阻塞，海上郑和下西洋的开拓，举世皆惊。可惜明成祖去世后，中国的大门关闭了，一关就是三百多年，外国列强打来了，枪炮进入中国了，愚昧的人们竟然相信把粪便泼向他们便可抵御。"文化大革命"中，整个中国的落后与愚昧达到登峰造极的地步。中国比起先进的西方国家，落后了不知多少年！

打破这种与世隔绝状态的，是改革开放的总设计师邓小平。邓小平抓住了第三次复出的机遇，抓住了"文化大革命"结束之后，人民热切盼望过上好日子，结束阶级斗争为纲的状态，一心一意发展经济建设的机遇，抓住了"冷战"结束之前，和平与发展成为国际主流的机遇。从60年代起，苏联在中国北部边境陈兵百万，中国为

了准备打仗，搞"三线建设"，按战时经济要求发展国防建设，自然就顾不上经济效益。70年代末，邓小平高瞻远瞩地认识到"战争可能推迟"，于是把工作重心转移到发展经济上来，同时抓住了新技术革命浪潮到来的机遇，利用"后发优势"，在一个"百废待举"的空白基地上起飞。

改革开放是决定中国命运的创举！

邓小平在改革开放中与美国企业家阿蒙德·哈默博士交朋友的故事是颇有传奇色彩的。哈默博士本人也是一个传奇性的人物，他于1921年毕业于哥伦比亚大学医学院，同年到了苏联，同苏维埃政权做起粮食生意，受到了列宁的接见。哈默在苏联呆了9年，其间经常见到列宁。1979年2月2日，邓小平访美期间，在休斯敦的一次聚会上，第一次见到哈默。当译员把哈默介绍给邓小平时，邓小平打断译员的话：不用介绍，中国许多人都知道哈默先生，你是列宁的朋友。苏联困难的时候，你帮助过他们。我们欢迎你到中国来访问。哈默说：我很愿意到中国去，可是我年纪太大了，坐一般民航飞机受不了。可是中国又不让专机降落。邓小平爽快地说：这很简单，你来之前先来个电报，我们会做出安排的。

岛等地。永乐十九年（1421年）迁都北京，以南京为留都。他解除藩王兵权，巩固中央集权，屡次出兵打击蒙古贵族的势力。使解缙等编纂《永乐大典》，对保存古代文化典籍，有所贡献。

郑和（1371—1435年）明宦官，航海家，本姓马，小字三保。回族，云南昆阳（今并入晋宁）人。祖与父都到过伊斯兰教圣地麦加，幼时就对外洋情况

235

一位双脚裹成"三寸金莲"，足不出户、待字闺中的江南富户家的千金小姐

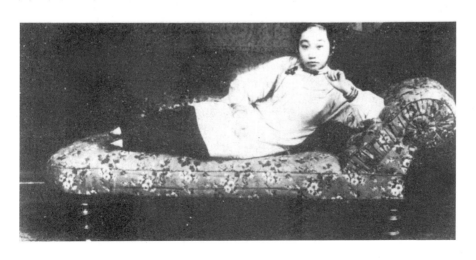

有所了解。明初入宫做宦官，跟从燕王起兵，赐姓郑，任内宫监太监，永乐三年（1405年）率舰队通使"西洋"，这是明初大规模的远洋航行，世界远程航海史上的创举。郑和与副使王景弘率水手、官、兵27800余人，乘"宝船"62艘，远航西洋（当时称今加里曼丹至非洲之间的海洋为西洋）。他们从苏州刘家港（今江苏太仓东浏河镇）出发，到占城（今越南南部）、爪哇、苏门答腊、锡兰（今斯里兰卡）等地，经印度西岸折回，至1407年返国。以后于1407—1409年、1409—1911年、1413—1415年、1417—1419年、1421—1422年（以上均为永乐时），1431—1433年（宣宗宣德时期）出海，前后28年，7次（一说8次）远

1979年1月，邓小平出访美国。图为欢迎仪式后卡特总统和夫人罗莎琳·卡特、邓小平和夫人卓琳登上白宫接待厅的阳台，向草坪上的群众挥手致意

希望你多带专家来。

果真，1979年5月，哈默坐着他的私人飞机，降落在北京首都机场，随即与中国达成了关于石油勘探、煤炭开采、杂交水稻和化学肥料方面的协议。此后，他几乎每年来一次中国，到1987年的时候，89岁的哈默已到中国作了八次访问，多次见到邓小平。1984年，中外合资的企业安太堡露天煤矿在山西北部长城脚下破土动工，总投资额6.5亿美元（哈默出资2亿美元）。这是当时世界上最大的露天煤矿。直到90年代，这个煤矿仍是中国合资企业中最大的一个企业，同时也是"三资企业"中创汇第一的企业。哈默在与邓小平的会见中对中国的经济建设提出了一些建议，他认为，中国应该尽快发展高效的液态肥料，迅速把农业搞上去，这样就可以不再进口粮食，并力争能够有所出口。他说：我认为世界上最重要的两个问题，一个是吃饭问题，一个是能

236

源问题，中国在这两个方面都能在世界上处于领先地位，这两方面的成功，就能帮助第三世界，为世界和平做出贡献。〔194〕

中国的改革开放事业从一开始就有一个通盘的考虑，由点到面，逐步推进。1979年党中央国务院同意在深圳、珠海、汕头和厦门试办出口特区，1980年正式批准这四个特区为经济特区。"特区是个窗口，是技术的窗口，管理的窗口，知识的窗口，也是对外政策的窗口。"〔195〕特区为外商投资提供优惠政策和环境，吸引国外的资金、技术、管理和人才。先进的技术和管理经验也向内地辐射，从而带动内地经济的发展。1984年沿海15个港口城市被列为开放城市，1985年又把珠江三角洲、长江三角洲和闽南三角地区划为沿海开放地区。1988年海南建省，使海南岛成为中国最大的经济特区，同年还决定把辽东半岛、胶东半岛、环渤海地区也划为沿海开放地区。到了90年代初，又建立上海浦东开发区，初步建立全方位的改革开放格局。邓小平南方谈话之后，改革开放无论是从深度还是广度上讲都是空前的，对外开放由南向北、从东到西，由沿海向内地，以前所未有的速度和规模发展，1992年又进一步提出"四沿"开放战略，除沿海继续对外开放外，还实行沿边境、沿长江、沿主要交通干线开放的方针。

"对外开放……是三个方面的开放。一个是对西方发达国家的开放……一个是对苏联和东欧国家的开放……还有一个是对第三世界发展中国家的开放，这些国家都有自己的特点和长处，这里有许多文章可做。"〔196〕我国的对外开放，除了吸收外国资金、技术、设备和不断增长经贸往来，还在文化、教育、科技、体育、艺术、政治等许多领域开展了多种形式的交流，留学潮，出

航，经30余国，最远曾达非洲东岸、红海和伊斯兰教圣地麦加。所乘的船，最大的长达44丈4尺，阔18丈，可容1000人。这些航行比西方哥伦布、达·伽马等的航行早半世纪以上，舰队规模与船只之大，都超过他们几倍。郑和每到一地，都以瓷器、丝绸、铜铁器和金银等物，换取当地特产，与亚非各国加强联系。南洋各地至今还保留了不少有关郑和的遗迹。随行人员马欢著《瀛涯胜览》，费信著《星槎胜览》，巩珍著《西洋番国志》，记述航行中的见闻，都很有价值。郑和第六次航海回国后，曾任守备南京太监，最后一次航行时，年已六十，回国后不久即病死。

237

旧时街头拔牙的江湖郎中

国潮，达到前所未有的高度。改革前我国的对外贸易进出口总额仅有206亿美元，经过20年的发展，到1997年我国的进出口总额已达到3251亿美元，第一次进入了世界十大贸易国的行列。在劳务交流方面，我国1997年签订的对外劳务交流的合同金额已达114亿美元，完成的营业额达到84亿美元。国际旅游业在我国的发展情况良好，1997年海外旅客入境人数达到5759万人，其中外国游客743万人，国际旅游的外汇收入达到121亿美元。……总之，历史和现实无不证明了邓小平的名言："坚持改革开放是决定中国命运的一招。"〔197〕

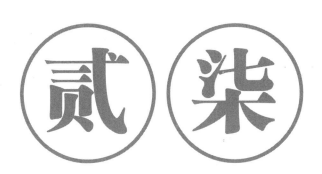

从卢生的"黄粱美梦"到蒋介石"踏平太行，生擒刘邓"的破产

卢生在梦中历尽富贵荣华，当官生子，飞黄腾达，醒来后发现主人所蒸黄粱尚未蒸熟。

蒋介石悍然发动内战，叫嚣"三个月内消灭共产党"，然而，中国共产党人坚决奉陪，打掉和平幻想，准备严重斗争，粉碎了国民党反动派"生擒刘邓"的黄粱美梦……

240

1946年2月26日，在毛泽东主席赴重庆谈判回来之后，刘伯承率领一个二十多人的代表团，到国民党军驻扎的新乡，参加马（歇尔）、张（治中）、周（恩来）三人谈判小组的会谈，刘司令员与平汉战役被我俘虏的国民党军十一战区副司令官马法五及四十军副军长刘世荣等五位将军同行，一起来到国民党准备进攻晋冀鲁豫解放区的前哨阵地——新乡。会谈回来以后，刘伯承回到邯郸，他见到邓小平头一句话就是："新乡火药味很浓，要做好大打的准备。"

邓小平说："我已把全区主要领导干部都找到邯郸，目的就是动员打掉和平幻想，准备严重斗争。"

接着，刘伯承向邓小平说起到新乡的见闻。那里的国民党军已做好一切战争准备，嚣张的战争气焰到了一触即发的程度。一辆又一辆满载着国民党士兵的军用卡车，由南向北风驰电掣般地开过；南面来的军用列车卸下来的，都是大炮坦克；在一块旧飞机场跑道上，荷枪实弹的国民党军正在演习。他们刺杀的靶子，戴着"八路"臂章；他们进行投弹，在命中的线框中，用白灰写下"邯郸"、"延安"字样。新乡正像一只装得满满的火药桶，战争随时都可能大打起来。

……在与国民党军驻新乡最高总指挥王仲廉会面时，王仲廉趾高气扬，傲气十足。一番唇枪舌剑之后，王仲廉说："谁都知道刘将军是军事专家，不妨在新乡多逗留些时日，也看看我布置的军事演习，多多给予指导……没有刘将军在军事上的辟画，共军前方是否能稍微安静一些？！"

"啊，你这是要扣压我方谈判代表？"刘司令员义正词严，据理反驳："谁都知道，道不同，不相为谋。我参观你的什么演习，又能指导什么？扣压我方代表，你们不会得到什么好处！
谢谢你的恭维，我算什么军事专家？你别以为我
不回去，我们就打不了胜仗，这你们可想错了，
要知道邓小平比我更会指挥打仗，他正带着十几
万军队做我的后盾呢！"〔198〕

谈判毫无结果。一场大战一触即发。

邯郸位于河北省的南部，是华北一座历史名
城。自从战国时期赵敬侯由晋阳移都于此以来，
邯郸已有两千三百多年的历史。城中古都遗址
"回车巷"、"梳妆楼"、"照眉池"，还有坐
落在城西北角上的赵武灵王丛台等等，都留存
着，诉说着往昔的辉煌与业绩。邯郸古城是晋
冀鲁豫解放区的首府，是刘邓大军总指挥部的
所在地，也是国民党军准备南北对进、东西夹
击的重要攻击目标。对于这座从战国时代就称为
"四战"之地的城市，用刘伯承的话说，这里是
华北解放区的大门，敌人要进攻首先就从这个口
子来。

邓小平在对二野历史的回顾中说："毛主席
到重庆谈判的时候，敌人从两路来。一路是阎锡
山，我们就手打了个上党战役。接着对马法五、
高树勋一路，又打了个平汉战役"〔199〕

上党战役是刘邓亲自指挥的。1945年8月25
日，刘邓刚刚在延安开完七大，立即乘飞机返回
太行。上党战役是晋冀鲁豫野战军成立后的第一
次大战役，也是国共两党自抗战胜利后的第一大
战役。当时蒋介石和毛泽东在重庆举行的国共两
党最高级和平谈判刚开始，蒋即电令山西的阎锡
山向我刘邓大军的根据地上党进攻。阎军集中了
13个师的兵力，战役从9月10日开始至10月12日
结束。毛泽东对此役评价很高。他说："现在有
些地方的仗打得相当大，例如山西的上党区。太
行山、太岳山、中条山的中间，有一个脚盆。就

汤显祖

241

汤显祖（1550—1616
年），明戏曲作家、文学
家。字义仍，号海若，若
士，清远道人，江西临川
（临川镇于1955年设立抚
州市）人。所居名玉茗堂。
早年即有文名，曾拒绝首辅
张居正招揽，万历十一年进
士（1583年）。任南京太
常寺博士、礼部主事，上疏
弹劾大学士申时行，降职为
广东徐闻典史。后改任浙江
遂昌知县，又以不附权贵而
被议免官，未再出仕。曾从
泰州学派罗汝芳读书，后又
受李贽的思想影响，并和僧
人达观相友善，晚年滋长了
佛教、道教的出世思想。在
戏曲创作方面，反对拟古和
拘泥于格律，与沈璟过于讲
求声律对立。作有传奇《紫
箫记》、《紫钗记》、《还

魂记》（即《牡丹亭》）、《南柯记》、《邯郸记》五种。后四种合称《临川四梦》或《玉茗堂四梦》，作品对封建礼教和当时黑暗政治现象都进行了暴露和抨击。《邯郸记》取材于唐人沈既济的传奇小说《枕中记》，写卢生在邯郸客店中遇道士吕翁授枕入梦，时客店主人方蒸黄粱；卢生于梦中历尽富贵荣华，醒后发现

242

在国共重庆谈判期间，1945年9月12日，蒋介石在官邸约见毛泽东、周恩来共进午餐，商谈整编军队事宜，但毫无结果。两位政坛风云人物举杯相互致意的场景，对他们而言，恐怕是最后一次了

是上党区。在那个脚盆里，有鱼有肉，阎锡山派了十三个师去抢。我们的方针也是老早定了的，就是针锋相对，寸土必争。这一回，我们'对'了，'争'了，而且'对'得很好，'争'得很好。就是说，把他们的十三个师全部消灭。他们进攻的军队共计三万八千人，我们出动三万一千人，他们的三万八千被消灭了三万五千人，逃掉两千，散掉一千，这样的仗，还要打下去。"

1945年8月，蒋介石发动内战的扳机已经扣动，上党地区已被侵占，陆上、海上、空中，都在向北进军。更令人焦急的是，蒋介石以掩盖内战的"和平"骗局已经开始上演，图谋在军事压力下，迫我订城下之盟。毛泽东寄厚望于刘邓亲临指挥。9月12日，我太行部队胜利收复桓城。刘邓在这里召开了紧急军事会议。之后，邓小平即赶回涉县赤岸村军区司令部，指挥陈再道、杜义德率领的冀南部队和陈赓率领的太岳部队，向上党地区作向心集结。根据邓小平的意见，太行部队攻屯留，太岳部队攻长子，冀南部队攻潞城，另以一部监视可能从壶关窜长治的敌人。三城攻克后，即三军会攻长治。9月5日，刘邓下达指令，攻城"主要是加强侦察和器材的准备"，"攻城运动动作以愈突然愈隐蔽为好"，登城战斗"主要是突然隐蔽一举登城"。

刘伯承常常指出：指挥要摆在能够指挥全部部队，特别能够指挥主要方向行动的位置。刘邓选择常村镇以东的故县村，便于指挥屯留战斗，同时是大胆地把自己的指挥部坐镇于敌长治、屯留、潞城三据点构成的正三角北面的一条线

上，楔入白晋公路和临屯公路的交会处。这两条公路，是置总指挥部于太原，依托同蒲路作为作战要线的阎锡山进犯军进退所必须使用的输血管和后路，但不论对于附近敌人哪一个据点，刘邓指挥部又处在它的侧背，并在兵力部署上使敌人的据点处于我之钳形攻击的态势中。这就是刘邓在指挥作风上，关于时间和空间的严谨性和准确性，而时间和空间这两项，是指挥员必须紧紧掌握的五个要素（任务、敌情、我情、时间、地形）中的两个。9月12日，屯留守敌已被我军消灭，第二步是攻取长子并吸引长治伪军出援，争取在长（治）长（子）路上作运动战而消灭之。指战员们把攻打长子之敌称为打圈猪，攻打长治出援之敌为打野猪。野猪不敢轻易出动，刘邓决心在打圈猪的同时，实施第三部行动，移师攻打潞城，尔后又攻夺壶关城，并由东南北三面进逼陷于孤立的长治，迫使长治阎军向西北突围，而在野战中将其歼灭。战至9月19日，我军攻占了襄恒、屯留、长子、壶关、潞城及其附近之据点，消灭上党区伪军兵力三分之一以上，使长治伪军陷于孤立无援的层层包围之中，城内及城郊共有伪军9000人，其主力部队仅5000人，粮弹被服无法补给，士气低落恐慌，整日整夜赶筑内外之工事，企图做最后挣扎。刘邓决心夺取长治。这时刘邓将指挥所移至长治城东南十里的北天河村。从9月10日至22日这12天中，刘邓五移指挥位置，他们的足迹，已经遍及长治城的四周。

没有通讯联络就没有指挥。

9月28日，根据阎锡山从白晋路南下驰援长治的新情况，刘邓指挥所移至长治城北白晋路东侧的黄碾镇，决心切断援军与守敌之间的联系，采取围三阙一的战法，在北面敌人来路上放开一个口子，虚留生路，在虒亭南的土落村一带截住

主人所蒸黄粱尚未熟，因有所悟，作品对当时热衷功名的士人作了讽刺，后世"黄粱梦"或"邯郸梦"一词皆从此出。

243

1947年3月，胡宗南部23万人进攻延安。19日，延安失陷。毛泽东、周恩来主动撤出延安，继续留在陕北指挥全局。图为毛泽东在行军途中

逃敌，予以消灭，因此，刘邓于10月4日移驻厫亭东南的太平村，这里最便于指挥攻击老爷岭等处的战斗，尤便于指挥在厫亭南截住北逃沁州之敌的战斗，而后者是关键的关键。10月7日歼灭援敌，10月8日夜，史泽波部弃长治城西逃之后，上党战役胜利已成定局。此役击毙国民党第七集团军副总司令彭毓斌，俘敌十九军军长史泽波以及五个师长等高级将领。[200]

上党战役的硝烟未散，邯郸战役又开始了。国民党派兵从新乡沿平汉路北犯，企图在十天内打通平汉线，进占石家庄，尔后又同胡宗南会师北进。中央军委指示晋冀鲁豫军区的部队，必须歼灭沿平汉路北犯之敌，因为这个战役的胜负，关系着全局。刘邓根据中央军委指示精神，决心采取诱敌深入的办法，引诱敌人进入滏阳河的多沙地区，逐个歼灭敌人。刘邓不仅替敌人选择好坟场，而且以巨大的钳形攻势，夹住了敌人。

刘邓的作战指挥，是把政治争取与军事打击放在一起考虑的。此时，刘邓派李达参谋长到国民党新八军军部所在地马头镇去争取新八军军长高树勋起义的工作。

四十多年后，邓小平在对二野历史的回顾中说："平汉战役，国民党第十一战区两个副司令长官马法五、高树勋带的三个军，还有一个乔明

1946年6月开始，国民党军队向中原中共军队辖区疾速推进，拉开全面内战序幕

礼的河北民军纵队，几个部队打过来，马法五的第四十军、三十军都是强的。高树勋的新八军也有战斗力呀！锡联在马头镇拼了一次，一拼就是几百人伤亡。我们打平汉战役比打上党战役还困难。打了上党战役，虽然弹药有点补充，装备有点改善，但还是一个游击队的集合体。在疲惫不堪的情况下，又打平汉战役。队伍没有到齐，敌人进攻。我跟苏振华通电话，叫他坚持五天，等后续部队到达指定地点。那次他们那个一纵队的阻击战是打得不错的，完成了阻击任务。这样，后面的队伍才赶上。平汉战役应该说是政治仗打得好，争取了高树勋起义。如果硬斗硬，我们伤亡会很大。我一直遗憾的是，后来我们对高树勋处理不公道。他的功劳很大。没有他起义，敌人虽然不会胜利，但是也不会失败得那么干脆，退走的能力还是有的，至少可以跑出主力。他一起义，马法五的两个军就被我们消灭了，只跑掉三千人。这个政治仗，我们下的本钱也不小。高树勋在受汤恩伯指挥的时候，就同我们有联系。由于关系比较久，所以我们是派参谋长李达亲自到马头镇他的司令部去做工作的。这件事你们好多人可能不知道。同李达一起去的还有王定南，当时是我们的联络，我见过多次。我们确实知道高树勋倾向起义，但在犹豫之中。那时国民党要吃掉西北军，有这个矛盾。李达、王定南一到那里，看见所有的汽车、马车都是头向南，准备撤退的。他们见面后，一谈就合拍了，高树勋决定起义，并且第二天就实行起义，把部队开向西北面的解放区。起义的第二天，伯承就到马头镇去看望高树勋。"[201]

刘邓把敌人主力调动到平汉路东滏阳河流域的多沙地带，在这里不能快速机动，汽车坦克行动缓慢，解放军从10月28日黄昏发起总攻，至

245

1945年10月30日，国民党第十一战区副司令高树勋率部在邯郸前线起义，在国民党军队中引起震动。中共迅速发起"高树勋运动"，争取国民党军队投诚。图为起义后的高树勋

11月2日夜战斗结束，俘敌战区副司令长官马法五、副军长刘世荣以下1.9万余人，毙伤敌军长师长以下3000余人。上党、平汉两次战役的伟大胜利，使晋冀鲁豫解放区人口增至3000万，军队发展到30万人。

上党、平汉战役硝烟未尽，刘邓没有得到休息，便又率军执行豫东方向作战任务。这天，他们和薄一波、张际春、李达等人，带着卫士长和警卫人员一起到马头镇，参加三、六纵队召开的誓师大会。刘邓等人来到昔日的火车站。平汉路从新乡到邯郸的废路基，像一条残破的干涸了的沙河堤岸，火车站已被拆除，路轨早已不见，过去凸出路面的路基，现已成为道道深沟，水塔残破，机车轱辘朝天，车厢上的国民党青天白日图徽依稀可辨，那些白漆涂抹的标语历历在目：

"勘乱才能建国，华北必须收复"
"三个月消灭共产党"
"打通平汉线，运兵大东北"
"踏平太行，生擒刘邓"
……

看到这些，刘邓勒住马缰，驻足观看。

刘伯承揽着缰绳，用衣袖擦擦眼镜片上的尘土，笑着对邓小平说："蒋介石真敢胡吹法螺！三个月消灭共产党？癞蛤蟆打哈欠，口气不小！到底是谁给了蒋介石魔枕，使他做着一个又一个的黄粱美梦？"

"当然还是吕翁，他的青瓷枕最灵！"邓小平接过话茬说："蒋介石在这邯郸道上，还一直黄粱未熟哩！"

刘伯承、邓小平，一位留苏，一位留法，他们讲起这个脍炙人口的《邯郸记》也就是《枕中记》的故事，身边的随从人员，都紧催坐骑，拥在刘邓的马前马后，侧耳倾听。

从前，有位穷书生名叫卢生，为了建立功名，出将入相，几次骑着毛驴风尘仆仆地赶往京城赴考，屡试未中。有一次来到邯郸驿站，自叹生不逢时，怀才不遇。有一位吕翁很同情他，就借给他一个青瓷枕，让他先安睡一觉，等着店主人蒸黄粱米饭。卢生安然入睡，梦中经历了他希望得到的一切。他先梦见自己娶了清河名门望族的崔氏为妻，接着不仅中了进士，而且立了战功，高官厚禄，福寿双全，子孙繁衍，享不尽的荣华富贵。他在宦海沉浮中，当然也遇到风波：一是被当权者所嫉，有人制造流言蜚语中伤他；一是有人诬陷他谋反，他被抓起来，几乎被开刀问斩……最后还是宝马香车，位及人臣，但不得不死……一觉醒来，却是南柯一梦。吕翁还坐在身边，黄粱米饭还未蒸熟……

讲完故事，刘伯承说："在新乡，我对国民党谈判代表说过，你们不要再做黄粱美梦了，中国共产党人是不怕战争威胁的！"

"是啊！"邓小平接着说："既然他们把战争强加在我们头上，我们只有坚决奉陪到底！"〔202〕

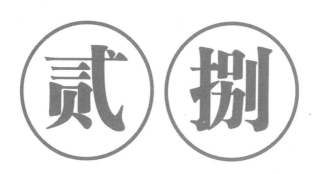

从"东林党人的风雨声"到整顿"老大难"

"风声雨声读书声，声声入耳；国事家事天下事，事事关心。"（顾宪成语）

邓小平在1975年9月提出：当前，各方面都存在一个整顿的问题。农业要整顿，工业要整顿，文艺政策要调整，调整其实也是整顿。我在政治局讲了几个方面的整顿，向毛泽东同志报告了，毛泽东同志赞成。毛泽东思想紧密联系着多个领域的实践，我们一定要全面地学习，宣传和实行，不能听到风就是雨。

邓小平与邓颖超在中共十届一中全会主席台

1975年9月邓小平提出："当前，各方面都存在一个整顿的问题。农业要整顿，工业要整顿，文艺政策要调整，调整其实也是整顿。……我在政治局讲了几个方面的整顿，向毛泽东同志报告了，毛泽东同志赞成。……毛泽东思想紧密着各个领域的实践，紧密联系着各个方面工作的方针、政策和方法，我们一定要全面地学习、宣传和实行，不能听到风就是雨。"

1975年1月13日四届人大召开之后，由垂暮之年的毛泽东确定，邓小平担任党中央副主席、国务院第一副总理、军委副主席和解放军总参谋长，集党政军要职于一身，这充分说明毛泽东信任邓小平的才能，赏识他的品格。从2月2日起，周恩来因病住院，由邓小平代周恩来主持国务院的工作。那时的状况，工业、农业、商业、财贸、文教、科技等方面都是问题成堆，积重难返。邓小平主政开始，首要的是抓干部问题、班子问题。1月25日，邓小平刚刚就任总参谋长，就在总参机关团以上干部会上发表讲话，开宗明义，提出军队要进行整顿。他说："从一九五九年林彪主管军队工作起，特别是在他主管的后期，军队被搞得相当乱，现在好多优良传统丢掉了。……军队的绝大多数同志是不满意这种现状的，所以毛泽东同志提出军队要整顿。"[203]

1975年2月，邓小平提出铁路要整顿。自"文化大革命"以来，特别是"批林批孔"运动以来，由于"四人帮"在铁路系统的破坏，造成徐州、南京、南昌、太原等地铁路长期堵塞，到1975年2月，全国铁路日装车量降为42900车，比计划欠装5000车，距实际需要相差12000车，1974年一年发生行车重大事故和大事故755起。2月25日至3月8日，邓小平主持召开全国各省、市、自治区主管工业的书记会议，会议的议题就是整顿铁路。3月5日，中共中央发出《关于加强铁路工作的决定》，即著名的九号文件，文件规定：全国铁路由铁道部统一管理，在铁路系统大力恢复和健全各项必要的规章制度。会后，铁道部采取果断措施，调整、充实、加强了各铁路局、铁路分局的领导班子，调离、撤职、逮捕了一小撮破坏铁路运输、专搞资产阶级派性的坏头头，初步稳定了铁路运输的秩序。到4月份，原来堵塞严重的几个铁路局都疏通了，全国铁路日装车平均达到53700车，煤炭日装车达17900车，是五年来第一次完成和超额完成计划。紧接着邓小平又提出整顿钢铁工业，5月，中共中央召开钢铁工作座谈会，邓小平在5月29日的会议上，提出解决钢铁工业领导班子软、懒、散的问题，同派性作坚决斗争的问题，认真落实政策的问题；建立必要的规章制度的问题。到6月份，欠产严重的几个大型钢铁企业逐步向好的方向转变，全国钢的平均日产量不仅不再欠账，而且超过了全年计划平均日产水平。7月17日，中共中央转发国务院《关于今年上半年工业生产情况的报告》，指出："三月以来，工业生产和交通运输一月比一月好，原油、原煤、发电量、化肥、水泥、内燃机、低级纸制品、铁路货运量等，五月、六月份创造了历史上月产的最好水平，军工生产的情况也比较好。".铁的事实说明，对任何事物，抓与不抓，大不一样。7月20日至8月4日又抓了对国防工业的整顿。9月15日至10月10日，国务院先在山西昔阳县，后在北京，召开了全国农业学大寨会议，邓小平在开

东林党是晚明以江南士大夫为主的政治集团。神宗后期，政治日益腐败，社会矛盾激化。万历二十二年（1594年）无锡人顾宪成革职还乡，与高攀龙、钱一本等在东林书院讲学，议论朝政，得到部分士大夫的支持，他们反对矿监、税监的掠夺，主张开放言路，实行改良，遭到在朝权贵的嫉视。熹宗时宦官魏忠贤专政，党人杨涟、左光斗等因弹劾魏忠贤被捕，与黄尊素、周顺昌等都遭杀害。魏忠贤使人编《三朝要典》，借梃击案、红丸案、移宫案三案为题，打击东林党人，更嗾其党羽造作《东林点将录》，欲将东林党人一网打尽。天启七年（1627年）崇祯帝即位后，逮治魏忠贤，对大批阉党，定为逆案，分别治罪。东林党人所受迫害才告停止。顾宪成，字叔时，世称东林先生（1550—1612年），也叫泾阳先生。万历进士，官至吏部文选司郎中。万历二十二年（1594年）革职还乡。

革职还乡后，与弟顾允成和高攀龙等在东林书院讲学，和赵南星、邹元标号为三君。他们议论朝政人物，号称"风声雨声读书声，声声入耳；国事家事天下事，事事关心"，得到了部分士大夫的支持。东林书院在今江苏省无锡市，北宋杨时讲学于此，后即以此地为书院，元代废为僧舍，明万历间顾宪成重修，并与高攀龙等人讲学其中，以清议为武器，抨击阉党，被称为东林党。及兴党狱，诏毁全国书院，东林居其首。梃击案即万历四十三年（1615年），张差手执木棍，闯进太子（光宗）住的慈庆宫，打伤守门太监。被执后供系郑贵妃手下太监庞保、刘成引进。时人怀疑郑贵妃欲谋杀太子，神宗与太子不愿追究，以疯癫奸徒之罪，杀张差于市，并毙庞、刘于内廷了案。红丸案发生于晚明泰昌元年（1620年），光宗即位后即生重病，司礼监秉笔兼掌御药房太监崔文升下泻药，病益剧。鸿胪寺丞李可灼进红

幕式上讲话，提出了军队、地方、工业、农业、商业、文化教育、科学、文艺的整顿，一共八个方面的整顿，在讲话结束的时候，特别提出："毛泽东思想紧密联系着各个领域的实践，紧密联系着各个方面的方针、政策和方法，我们一定要全面地学习、宣传和实行，不能听到风就是雨。"[204]

"不能听到风就是雨"这句话有什么特定的含义呢？1960年，邓小平就提出了要正确地宣传毛泽东思想、反对庸俗化这个问题，当时，主要针对的是林彪把毛泽东思想简单化、庸俗化。15年后，在毛泽东思想处于绝对权威地位的时候，在党内民主生活已经极不正常的时候，他再次提出了个问题。[205]具体来说，"四人帮"利用毛泽东关于《水浒》的评论，找到了向邓小平进行反攻的武器，江青、姚文元一伙开始向邓小平发难。

话还得从1975年8月13日说起。毛泽东由于视力不好，请来北京大学中文系教师芦笛给他朗读《水浒传》。当芦笛读完一个章回时，毛泽东提出要小芦休息一下。这时，芦笛问毛泽东："主席，在中国众多的古典小说中，以《三国演义》、《红楼梦》、《水浒》最受读者的喜爱，那么这些小说的好处在哪里呢？"

毛泽东对《红楼梦》、《三国演义》逐一作了述评，然后说："《水浒》这部书，好就好在投降。做反面教材，使人民都知道投降派。《水浒》只反贪官，不反皇帝，摒晁盖于一百零八人之外，宋江投降，搞修正主义，把晁的聚义厅改为忠义堂，让人招安了。宋江同高俅的斗争，是地主阶级这一派反对那一派的斗争。宋江投降，就去打方腊。这支农民起义队伍的领袖不好，投降。"毛泽东喝了一口茶，继续说："鲁迅评

《水浒》评得好，他说：'一部《水浒》，说得很分明，因为不反对天子，所以大军一到，便受招安，替国家打别的强盗——不替天行道的强盗去了。终于是奴才。'金圣叹把《水浒》砍掉了二十多回，砍掉了，不真实。鲁迅非常不满意金圣叹，专写了一篇评论金圣叹的文章《谈金圣叹》，收在了《南腔北调集》。《水浒》百回本，百二十回本和七十一回本，三种都要出，把鲁迅的那段评语印在前面。"

8月15日，芦笛将毛泽东关于《水浒》的谈话整理成文，送交姚文元，姚文元欣喜若狂，认为终于找到了向邓小平进行反攻的利剑。他略加思索之后，提笔写到：

主席：

您的关于《水浒》的评论，对中国共产党人、中国无产阶级，贫下中农及一切革命群众在现在和将来，在本世纪和下世纪坚持马克思主义、反对修正主义，把毛主席的革命路线坚持下去，都有重大的、深刻的意义。应该充分发挥这部反面教材的作用。

为了执行主席提的任务，拟办以下几件事：

一、将您的批示印发给政治局在京同志，增发出版局、《人民日报》、《红旗》杂志、《光明日报》及北京批判组谢静宜同志、上海市委写作组。附此信。

二、找出版局、人民文学出版社的同志传达落实主席的指示，做好三种版本印刷和评论的工作。我还看过一种专供儿童青年读的《水浒》，是根据七十一回本改的六十五回本，也要改写前言，增印鲁迅的话，否则，流毒青少年。

三、在《红旗》杂志上发表鲁迅论《水浒》的段落，并组织或转载评论文章，《人民日

丸，自称仙方。光宗服药后即死去，当时有人怀疑系神宗的郑贵妃指使下毒，引起许多争论，结果崔文升发遣南京，李可灼遣戍。魏忠贤专政时翻案。免李可灼戍，擢崔文升总督漕运。移官案紧接在红丸案后发生。泰昌元年（1620年）光宗死，熹宗当立。抚养他的李选侍与心腹宦官魏进忠（魏忠贤原名），想利用熹宗年幼的机会，把持政权，据乾清宫。朝臣杨涟、左光斗等不让李选侍与熹宗同居一宫，迫使迁至哕鸾宫，然后举行即位仪式。熹宗即位时，魏忠贤被任为司礼秉笔太监，后又兼掌东厂。他勾结熹宗的乳母客氏，专断国政，政治日益腐败，天启五年（1625年）兴大狱，杀东林党人杨涟等，自称九千岁，下有五虎、五彪、十狗等名目，从内阁六部至四方督抚，都有私党。崇祯帝即位后，黜职，安置凤阳，旋命逮治，他在途中惧罪自缢死去。

253

报》、《光明日报》订个计划。

以上可否，请批示。

姚文元

一九七五年八月十四日

毛泽东批示：同意。

毛泽东和芦笛关于《水浒》的谈话，本来是二人就中国古典文学作品的探讨，但江青、张春桥、姚文元等人却借着毛泽东的批示，对邓小平主持中央日常工作进行了猖狂反扑。9月12日，江青窜到大寨，说什么："你们不要把学评《水浒》看成文学界的事，主席对学马列的讲话，有人就不提，胆敢删掉，现在我们批《水浒》，就是要看宋江是如何排斥晁盖、架空晁盖的。他把那些土豪劣绅、武将文吏请到梁山上去，把重要的岗位统统都占领了。不然，他那么容易得逞？"等等，江青要求印发她的讲话稿，播放录音。此事由华国锋请示毛泽东，毛泽东批示道："放屁，文不对题。稿子不要发，录音不要放，讲话不要印。"此时是9月20日。[206]

因此，邓小平在9月27日、10月4日题为《各方面都要整顿》的讲话中，提出"全面学习、宣传、贯彻毛泽东思想"的问题，告诫人们"不能听到风就是雨。"[207]

九年之后的1984年，邓小平说："拨乱反正在一九七五年就开始了，那时我主持中央党政工作，提出了一系列整顿措施，每整顿一项就立即见效，非常见效。这些整顿实际上是同'文化大革命'唱反调，触怒了'四人帮'。他们又一次把我轰下了台。"[208]

1975年1月5日，根据毛泽东提议，邓小平任中共中央军委副主席兼中国人民解放军总参谋长。6月至7月，中共中央军委召开扩大会议，对军队进行整顿。图为邓小平同广州军区司令员许世友交谈

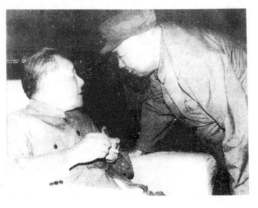

从曾涤生的"不愿多立新营"
到精简机构，实现"百万大裁军"

1942年元月7日，一二九师师长刘伯承做关于"精兵简政"的报告。精兵简政是我抗日根据地实行的一项极其重要的措施。针对敌军日益疯狂的扫荡和蚕食，针对根据地日益困难的经济情况，为了适应新的战争形势，中共中央指示各根据地实行精兵简政。精兵就是缩编主力部队和指挥机关，简政就是紧缩机构和人员编制，减轻人民的负担。邓小平告诫一二九师全体指战员，由于长年不断的战争和日本强盗的掠夺，天灾人祸，生活困难。但是，我们是人民的军队，就应该特别关心民间疾苦，厉行精兵简政，减轻人民负担，人民才能更好地支援我们打败日本侵略者。〔209〕据杨国宇《刘邓麾下十三年》记载：当时，邓小平政委身先士卒，其他领导尤其机关谁敢不动。因此组织了机关人员分头下到军分区、旅，进行深入动员。今明两日分头出动，小平同志临行前作了规定：调整编制紧缩机关，减少人员马匹，充实战斗连队，并规定了比例，调一批相当有才能的本地干部，到地方武委会去，加强地方武装，开展游击战争；安置老弱战士，荣誉军人，从事学艺生产，半工半读……这几条是关系抗战能否持久与军民生活的大事。

1985年6月4日，邓小平在军委扩大会议上讲话说：把中国人民解放军的员额减少100万，这是中国共产党、中国政府和中国人民有力量、有信心的表现。

1989年6月，邓小平接见首都戒严部队军以上干部

毛泽东表扬了晋冀鲁豫边区的精兵简政工作。他说："晋冀鲁豫边区的领导同志，对这项工作抓得很紧，做出了精兵简政的模范例子。"[210]

由于精兵简政的实行，我军"身体小了"，灵活机动了，于是大胆采用"敌进我进"的作战方式（即敌向我根据地进攻，我则向敌后方进攻）。在一年的艰苦卓绝的反"扫荡"战斗中，坚决地打击日军，采用灵活多样的游击战术打击日军，并积极开展了一系列的对敌政治攻势，用主力军、地方军和民兵的三结合武器力量体制，有效地粉碎了日军的反复"扫荡"。[211]

在新的历史时期，1982年1月，邓小平提出：精简机构是一场革命。他说："总之，这是一场革命。当然，这不是对人的革命，而是对体制的革命。这场革命不搞，让老人、病人挡住比较年轻、有干劲、有能力的人的路，不只是四个现代化没有希望，甚至于要涉及亡党亡国的问题，可能要亡党亡国。……这个问题要涉及几百万。精简不是百万，是几百万。……我建议政治局原则上批准中央国家机关的精简方案。中央直属机关的方案不够具体，可能减的人还少了。我这里说一句不客气的话，可能革命精神不够。中央直属机关不是拆大庙，但小庙多得很嘛。还有每个庙的菩萨也太多，很有文章可做的，不要以为没有好多油水。比如群众团体，工青妇现在趁这个机会搞一个精简的方案，搞一个精简的机构，造成一个好传统。过去，工青妇的人也不多的，本来机构并不大，现在相当大。事业单位也不是没有油水。国务院系统精简百分之三十多一点，中央党群系统只精简百分之几恐怕太少了。对中央直属机关的方案也原则批准，但是，应该再去摸一摸，不要以为没有油水。总之，这个方

曾国藩（1811—1872），清末湘军首领。字涤生。湖南湘乡人，道光进士。1853年初（咸丰二年底）为对抗太平天国革命，以吏部侍郎身份在湖南办团练，后扩编为湘军，次年发布《讨粤匪檄》，称太平天国是开天辟地以来名教之奇变，率兵阻击太平军，并出省作战，夺取武昌和田家镇，1855年初在湖口被太平军打败，退守武昌。次年因太平天国发生杨、韦事件，乘隙恢复力量。1858年11月令李续宾率湘军主力六千人攻三河，被太平军歼灭。旋以曾国荃吉字营为基础，扩充实力。1860年曾国藩升任两江总督，次年节制浙、苏、皖、赣四省军务，主张"借洋兵助剿"，派李鸿章到上海，左宗棠入浙江，伙同英人戈登的"常胜军"，法人德克碑的"常捷军"夹攻太平军，并派曾国荃围攻天京（今南京）。1864年（同治三年）七月攻陷天京。1865年调任钦差大臣，对捻军作战，战败去职。曾国

257

案的革命性还不够。军队正在考虑，坚决减少军队的人数。"〔212〕

据袁厚春《百万大裁军——中国人民解放军精简整编掠影》记载：1985年，成为中国的裁军年。这一年，人民解放军三总部机关的人员编制精简了近一半；空、海军和二炮都做了相应的精简和调整，原先的十一大军区精简合并成七个，被裁掉的有昆明、武汉、福州、乌鲁木齐四个军区；减掉军级以上单位31个，撤销师、团级单位4054个，县、市人武部改归地方建制、干部战士退出了现役；各级领导班子都减少了副职干部，机关、部队的76种职务由军官改为士兵担任，官兵比例达到一比三点三。从这一年起，三年内将有60万干部退出现役，转业到地方……这是一次从上到下，从里到外的"立体振荡"，"全方位波动"。这是对一个庞大肌体实行的脱胎换骨性的大手术。这一切，发生在南疆的自卫反击战场枪声不绝的时刻，发生在全党大力整顿力求党风根本好转而尚未实现的关口，发生在整个国家经

藩与李鸿章、左宗棠创办江南制造局，福建马尾船政局等军事工业，1870年在直隶总督任内查办天津教案，残民媚外，受到舆论谴责，调任两江总督，不久病死，著有《曾文正公全集》。曾国藩以编练湘军起家，书生治国，其军事思想内涵丰富，有过人之处。他认为，兵不在多而在于精，"兵少而国强"，"兵愈多，则力愈弱；饷愈多，则国愈贫"。"所以不愿多立新营者，一则饷项极细，明年恐有断炊之虞；二则局面愈

国民党发动内战激起中共军队的昂扬斗志。这是正在宣誓保卫解放区的中共军队

济、政治生活大刀阔斧改革图新、各种事物新旧更替的背景之下，这就使得这一大规模的精简整编呈现出极其复杂的局面。它是惊心动魄的，引人深思的。

百万大裁军的举措还得从1984年国庆阅兵一个月之后的军委座谈会说起。11月1日，包括海军、空军、第二炮兵和十一个大军区司令员、政委在内，聚集在首都京西宾馆的会议厅举行座谈会。邓小平同大家打过招呼，轻松地在讲台前坐下来，然后发表了将近90分钟的讲话。他以幽默诙谐的口吻，表达了一个惊人的战略决心。在人民解放军的历史上，这次讲话无疑是重要的历史性文献，仅从风格和演讲艺术上来说，也是一篇精彩的感情丰富的散文。

"从哪里讲起呢？"邓小平随和、亲切地望着高级将领们。

"从这次国庆阅兵讲起吧。我不是讲这次阅兵如何，这次阅兵是不错的。国际国内反映都很好。最近有位国际友人讲，非常好。

"我说有个缺陷，就是八十岁的人来检阅部队，本身就是个缺陷……"

八十岁的军委主席触及了对在座的人来说最敏感的问题，即军队高层领导老龄化问题。他由此讲到军队的体制改革和进一步实行精简整编的必要性。就在这次会议上，他作出世界大战十几年内打不起来的惊人论断。这就从根本上改变了若干年来我军"立足于早打、大打、打核战争"的指导思想，使我军从此走上了和平时期建军的轨道。

据此，邓小平提出要裁减员额一百万！邓小平说："这是个得罪人的事情哪！我来得罪吧，不把这个矛盾交给新的军委主席。"

他是直接针对高层老化问题讲的。但就他面

大，真气愈少，和张晚年覆辙，只是排场廓大，真意消亡，一处挫败，全局瓦裂，不可不引为殷鉴。""古来大战争、大事业，人谋仅占十分之三，天意恒居十分之七，往往积劳之人，非即成名之人，成名之人，非即享福之人。""吾辈当一面顺天意，一面尽人事，改弦更张，另谋活着。古人用兵，最重'变化不测'四字。"曾国藩治军，最重治心，亦即现代所谓思想工作也。曾国藩常将演练精兵之策，以深入浅出的歌谣唱出，让全军一起唱和。如"陆战真秘诀歌"，其六曰："第六兵勇要演操，清清静静莫号嘈。早习大刀并锚子，晚习扒墙并跳壕。壕沟要跳八尺宽，墙子要扒七尺高。树个靶子十丈远，火球石子手中抛。闲时寻个宽地方，又演跑队又演枪。鸟枪手劲习个稳，抬枪眼力习个准。灌起铅子习个靶，翻山过水习跑马。事事操习事事精，百战百胜有名声。这个六条句句好，人人唱熟是秘宝。兵勇

259

临的全军体制改革、精简整编来说，这话也完全恰如其分。

裁军，在国际上和在中国国内，都不是新题目。

我军1953年至1983年30年间的武器装备发展费，比美国1982年一年的同类经费还少200亿人民币。

中国兵员多，结构又不合理。据有关资料，世界几个国家军队的官兵比例是：苏联为一比四点五六；美国为一比六点一五；联邦德国是一比十；法国是一比十七；而中国是一比二点四五，平均每个军官领导两个半士兵。

军官多，首先是由于机关庞大，每个军区有

甘苦我尽知，生怕你们吃了亏。仔细唱我得胜歌，保你福多寿又多。"曾国藩是中国近代一位很有影响的人物，章炳麟曾对曾国藩有过这样的评价："誉之则为圣相，谳之则为元凶。"他是镇压太平天国的刽子手，是农民革命的敌人。也有的人因此而肯定他，如冯友兰就说过："太平天国是要执行神权统治，假如太平天国统一了中国，那么中国的历史将倒退到黑暗时期。……

毛泽东在青少年时代受过曾国藩很大影响，曾经说："吾于近人独服曾文正。"毛泽东的老师杨昌济

260

南昌起义指挥部所在地——江西大旅社

十几名或几十名大部以上的领导，邓小平说，打麻将都能凑好几桌。邓小平有一句尖锐的话：从1975年讲到1985年："这样庞大的机关，不要说指挥打仗，跑都跑不赢！"

早在1975年邓小平开始主持军委工作时，他就提出军队要把"消肿"作为首要任务。近十年军队进行了三次精简整编，经历了曲折反复的过程，由于没有从体制上加以改革，部队的编制和员额缩了又胀，再缩再胀。

从1983年起，杨尚昆副主席为进一步实现"消肿"的目标花费了大量心血。

现在该下决心了。邓小平在阐述了世界大战十几年内打不起来的论断之后说："我们既然看准了这一点，就犯不着花更多的钱用于国防开支，要腾出更多的钱来搞建设。可以下这个决心。"

邓小平说："即使战争要爆发，我们也要消肿。"

邓小平说："现在需要的是全国党政军民一

在《达化斋日记》中，提到毛泽东这个得意门生，以为他出身农家，"而资质俊秀若此，殊为难得，余因以农家多出异材，引曾涤生、梁任公（启超）之例勉之。"曾国藩曾作《爱民歌》："三军个个仔细听，行军要爱老百姓。第一扎营不偷懒，莫走人家取门板……"毛泽东更胜一筹，翻出新意，制定《三大纪律八项注

261

中央军委扩大会议结束时，邓小平亲切会见身着新式军装的高级将领。前排右二为张震

意》。歌曰:"革命军人个个要牢记,三大纪律八项注意,第一一切行动听指挥,步调一致才能得胜利……"1942年,中共中央指示各根据地实行"精兵简政",毛泽东说:"目前我们须得变一变,把我们的身体变得小些,但是变得更加扎实些,我们就会变成无敌的了。"

262

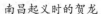
南昌起义时的贺龙

心一意地服从国家建设这个大局,照顾这个大局。这个问题,我们军队有自己的责任,不能妨碍这个大局,要紧密地配合这个大局,而且要在这个大局下面行动。军队各个方面都和国家建设有关系,都要考虑如何支援和积极参加国家建设。无论空军也好,海军也好,国防科工委也好,都应该考虑腾出力量来支援国民经济建设的发展。如空军,可腾出一些机场,一是搞军民合用,一是搞民用,支援国家发展民航事业。海军的港口,有的可以合用,有的可以腾出来搞民用,以增大国家港口的吞吐能力,国防工业设备好,技术力量雄厚,要充分利用起来,加入到整个国家建设中去,大力发展民用生产。这样做,有百利而无一害。总之,大家都要从大局出发,照顾大局,千方百计使我们国家经济发展起来。发展起来就好办了。大局好起来了,国力大大增强了,再搞一点原子弹、导弹,更新一些设备,空中的也好,海上的也好,陆上的也好,到那个时候就容易了。"

当国际和平年——1986年到来的时候,中国人民解放军已经从总体上完成了裁减100万员额的战略性行动,它向全世界表明了中国人民的和平诚意。[213]精简机构,多出的人消到哪里去?要真是减兵那好办,哪来哪去,复员就是了。难就难在干部,多出几十万,又不能削职为民,怎么安置?唯一的办法是转业,消化到社会上去。但又不能甩包袱,因为社会上其他行业也肿得厉害。邓小平知道有些军队干部转到地方后不对口,不懂行,用不上原来的一套,只有搞政治,到党政部门,然而又不能加剧地方党政机构臃肿。于是实行培训,培养军地两用人才,使军队干部到地方后积极发挥作用,让军徽在经济长河中闪耀。

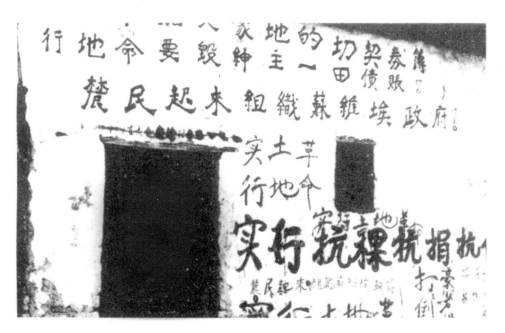

有些老干部，就进入顾问班子。

通过百万大裁军，国家把人力物力更多地集中到经济建设中去，军队把更多的国防经费用于改善武器装备，军队强化教育训练提高战斗力，兵更精了，结构也调整了，改变了官多兵少的状况，领导班子大大地实现了年轻化。这种裁军，是精兵之道，强军之策。

湘鄂西革命根据地的民房上写满了革命标语

263

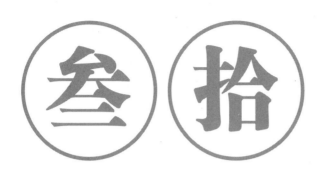

叁拾

从晚清政府、李鸿章"割地赔款"到"一国两制"解决香港、澳门、台湾问题

李鸿章，安徽合肥人，晚清军政重臣。1870年起任直隶总督兼北洋大臣。他曾代表清政府签订了中英《烟台条约》、《中法新约》、中日《马关条约》、《中俄密约》、《辛丑条约》等一系列割地赔款、丧权辱国的不平等条约。

1982年9月，邓小平会见英国首相撒切尔夫人时说：如果中国在1997年不把香港收回，就意味着中国政府是晚清政府，中国领导人是李鸿章！

1901年11月17日，晚清重臣李鸿章病逝。图为晚年李鸿章坐像

由于历史和人为的原因，台湾、香港、澳门这三块地方与祖国大陆分隔多年，台港澳同胞也无时无刻不思念回归祖国。诗人闻一多有诗曰："你可知道妈港不是我的真名姓？我离开你的襁褓太久了，母亲！但是他们掳去的是我的肉体，你依然保管我内心的灵魂。三百年来梦寐不忘的先母啊，请叫儿的乳名，叫我一声澳门！母亲！我要回来，母亲！"国民党元老于右任先生在1964年，也就是辞世前的两年写下诗篇："葬我于高山之上兮，望我大陆；大陆不可见兮，永不能忘！天苍苍，野茫茫；山之上，有国殇！"

1984年2月22日，邓小平在会见美国乔治城大学战略与国防问题研究中心代表团时说："世界上有许多争端，总要找个解决问题的出路。我多年来一直在想，找个什么办法，不用战争手段而用和平方式，来解决这种问题。我们提出的大陆与台湾统一的方式是合情合理的。统一后，台湾仍搞它的资本主义，大陆搞社会主义，但是是一个统一的中国。……各位是研究国际问题的，请好好了解和研究一下我们对台湾、香港问题提出的解决方式。总要从死胡同里找个出路。"[214]

"一国两制"的方针是在1978年底和1979年初初露端倪的，但这个方针的要点首先是针对台湾问题提出的。1979年元月18日，邓小平在会见美国参议院军事委员会特别任务小组议员团时，重申台湾回归后，首先是它的社会制度不变，它的生活方式不变。邓小平在这里提出的，就是后来所说的"一国两制"的雏形。

1949年共产党虽然建立了新中国，但台湾与大陆天各一方。毛泽东等中国老一辈革命家无不萦怀于心的是，如何使中华人民共和国版图归于统一。两千多年前的政治家吕不韦把中国政治的症结诊断为六个字："一则治，两则乱。"邓小

清政府总理衙门

平的创造性在于承认两，而复归于一。

郑成功于明末清初，从荷兰殖民者手中收复台湾，后世誉之为民族英雄。然而清朝统治者视台湾郑氏政权为一统江山之外的异端，进行封锁、围剿。康熙初年，清王朝曾一度改武力征讨为和平招抚，两次派员到台湾谈判。清政府承认郑氏世守台湾并开放沿海对台贸易，郑氏同意改奉清朝，称臣纳贡。然而结果还是武力解决问题。康熙命珍灭三藩之名将施琅去平定海疆。施琅通过激烈的战斗攻克澎湖，使台湾郑氏管辖的"数千里之疆，重归土宇，百余万之户口，并属版图。"和平为何告吹？原来郑氏坚持，臣服可以，但须援朝鲜例，不剃发，不易服。康熙则认为，"朝鲜系从来之外国，郑氏乃中国之人"，不能相提并论，这就是中国大一统政治思维的奇怪逻辑：外国人管不了，可以不同；在中国人管

清朝，1616年女真贵族努尔哈赤建立后金政权。天聪十年（1636年）皇太极即皇帝位，改国号为清。顺治元年（1644年）世祖入关，定都北京，逐步统一全国。疆域西至今巴尔喀什湖、楚河、塔拉斯河流域、帕米尔高原，北到戈尔诺阿尔泰、萨彦岭，东北到外兴安岭、鄂霍次克海，东到海，包括台湾及其附属岛屿，南到南海诸岛，西南到广西、云南、西藏，包括达拉克。到了18世纪后期，人口增至三亿左右，是当时亚洲东部最强大的封建帝国。自鸦片

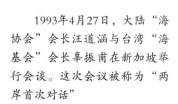

理之下，不能有所不同，称臣纳贡还不算统一，还要求服装发式统一，就因为这一点不能达成谅解，使一场战争不能避免。[215]

"一国两制"的思想在毛泽东时代有所萌芽。

1949年大陆基本全部解放后，毛泽东与周恩来共同决策，对香港暂不收回，作为中国与英美等西方国家保持联系的一个特殊通道，作为新中国对外联系交往的一个窗口，等到条件合适时，中国政府随时可以收回，他们认为这样做对中国更有利。在台湾问题上，中国政府和毛泽东也一直在进行和平统一的努力。50年代末60年代初，双方经过一段时间的秘密沟通与接触，毛泽东周恩来代表中国大陆提出了"一目四纲"的统一方案。"一目"，即主权在中华人民共和国，台湾统一于中华人民共和国，"四纲"是指：台湾地方仍由国民党执政，共产党人不派人去台湾，台湾可派人到中央政府做官，地位远高于傅作义，远高于国务院副总理；台湾财税不上交，每年还由中央政府补贴十亿美元；民主改革以后再说，什么时候改，怎么改，由台湾方面决定；军队仍

战争以后，由于外国资本主义的侵入，中国一步一步地变成了一个半殖民地半封建社会。19世纪中叶后，海疆香港、澳门、台湾、澎湖为英、葡、日本所占，东北乌苏里江以东黑龙江以北，西北今国界以外为沙俄所占，帕米尔为俄英所分，拉达克为英属克什米尔所并，宣统三年（1911年）辛亥革命推翻清王朝，结束了两千多年来的封建君主制度。清代从皇太极改国号为清起，共历11帝，统治276年。

《马关条约》，日本强迫清政府订立的关于结束甲

1993年4月27日，大陆"海协会"会长汪道涵与台湾"海基会"会长辜振甫在新加坡举行会谈。这次会议被称为"两岸首次对话"

台湾《联合报》上刊登的李登辉发表分裂祖国言论的漫画

由台湾管，外交上要统一由中央政府代表，双方互不派特工人员，不做破坏对方的事。"一目四纲"已经具备了邓小平"一国两制"构想的雏形。台湾蒋氏父子曾经作出过回应。1965年7月李宗仁回大陆后，两蒋在日月潭行馆曾经密议过一个方案，打算蒋介石回大陆定居，仍任国民党总裁。蒋经国留台湾出任台湾省省长，交出外交和军事权，仍全权处理其他政务。显然，双方的想法都是既然统一，索性就大方些，表现了相当的对国家民族负责的政治家风度。可惜"文化大革命"使形势变化，国共合作的密谈由此中断。[216]

香港问题，英国人有英国人的打算。他们想坚持历史上有关香港的三个国际条约《南京条约》、《北京条约》、《展拓香港界址专条》的合法性。《南京条约》和《北京条约》分别规定将香港本岛和九龙半岛南端永久割让给英国，1898年的《展拓香港界址专条》，又将九龙半岛大片土地和附近两百多个岛屿（统称"新界"）租借给英国，租期99年。如果这三个条约都有效，那就是说，到1997年，英国理当把新界归还

午战争的不平等条约。1895年（光绪十一年）4月17日清政府议和全权大臣李鸿章与日本首相伊藤博文在日本马关签订，共十一款，附有《另约》、《议定专条》各三款。主要内容为：（1）中国承认朝鲜完全"自主"；（2）中国割让台湾全岛及所有附属各岛屿、澎湖列岛和辽东半岛给日本；（3）赔偿日本军费二万万两；（4）开放沙市、重庆、苏州、杭州为商埠；（5）允许日人在中国通商口岸任便设立领事馆和工厂及输入各种机器；（6）片面的最惠国待遇；（7）中国不得逮捕为日本军队服务的汉奸分子。这个条约表明外国资本主义对中国的侵略加深，中国沦为半殖民地状态。

《南京条约》，即《江

宁条约》。中国近代史上外国侵略者强迫清政府签订的第一个不平等条约。1842年（道光二十二年）8月29日清政府钦差大臣耆英、伊里布与英国全权代表璞鼎查在南京签订的关于结束鸦片战争的条约。共十三款。主要内容为：（1）中国向英国赔款二千一百万银元；（2）割让香港；（3）开放广州、福州、厦门、宁波、上海等五处为通商口岸；（4）中国抽收进出口货的税率由中英共同议定，不得随意变更。从此，西方资本主义侵略者打开了中国的门户。

中国，但它仍拥有港、九两地的主权。英国人这种算盘打得虽好，但心里仍是虚的。1979年春，英国政府派出了当时驻香港的总督麦理浩来中国投石问路，试探中国政府的态度。老实说，他们非常希望把香港这个会下金蛋的鹅留在自己手里。

1979年3月26日傍晚，麦理浩一行乘坐中方安排的飞机离开广州，直飞北京，27日下午，麦理浩迫不及待地向中方提出希望1997年之后中国继续租让香港。负责接待的交外部部长助理宋之尧表示要向上级请示才能做出答复。28日，中国外交部终于给麦理浩作了明确的答复："中国要收回香港。"并说"续租的建议并不是什么新东西"。3月29日，邓小平在人民大会堂新疆厅会见麦理浩一行，外贸部长李强和港澳办公室主任廖承志也在场陪同。邓小平对麦理浩说：我们历来认为，香港主权属于中华人民共和国。不管怎么去说土地租期，但必须避免提及"英国的管治"。邓小平说：请投资人放心，在本世纪和下世纪初的一段时期内，香港还可以搞它的资本主义，我们搞我们的社会主义。这是邓小平

1982年9月，邓小平在会见英国首相撒切尔夫人时，公开提出了"一国两制"的构想

首次透露以"一国两制"的方式来解决香港的前途问题。

　　1981年9月30日，叶剑英代表中共中央、国务院、人大常委会发表《关于台湾回归祖国实现和平统一的方针政策》，提出了九条政策，"一国两制"的构想清晰分明。1982年元月，英国副外交大臣兼掌玺大臣艾金斯访问中国，中国方面向英方明确表示中国将恢复行使对香港的主权，但同时保持香港的繁荣。同年4月，英国前首相爱德华·希思访华，4月6日，邓小平会见了老朋友。希思回顾了1974年5月毛泽东同他会见谈到香港问题时的情景。希思说："那次你也在座，当时毛主席和周总理说，反正要到1997年，还早哪，还是让年轻人去管吧。现在离1997年只有15年的时间了，你是如何考虑在这期间处理这个问题的？"邓小平说："我们是多年的老朋友了，如中国到时不把香港的主权收回来，我们这些领导人谁也交不了账。"同时邓小平还透露：中国政府已经确定了解决香港问题的政策，与中国对台湾九条方针的精神是基本一致的。

　　1982年6月，邓小平听取香港知名人士对解决香港问题的意见，为解决香港问题作调查研究。这时，邓小平了解到一些香港投资者害怕"九七"之后跳不出"如来佛的巴掌心"。在中国古典小说《西游记》中，孙悟空纵然神通广大，一个筋斗十万八千里，但最终还是跳不出如来佛的巴掌心。香港有些投资者担心，中国恢复对香港行使主权之后，中央政府会"事事出主

1983年6月，邓小平会见澳门知名人士马万祺

271

　　李鸿章（1823—1901年），字少荃，安徽合肥人。清末淮军军阀，洋务派首领。道光进士。1853年（咸丰三年）在籍办团练抵抗太平军，继而当曾国藩幕僚。1861年编练淮军，次年调至上海，在英、法、美侵略者的支持下与太平军作战，升任江苏巡抚，伙同戈登"常胜军"夺取苏常，扼杀太平天国革命。1865年（同治四年）署两江总督，调淮军六万人对捻军作战，次年继曾国藩任钦差大臣，先后在弥河和徒骇河镇压了

东、西捻军。1870年又继曾国藩任直隶总督兼北洋大臣，掌管外交、军事、经济大权。从19世纪60年代开始开办近代军事工业，逐步扩大其"自强求富"的洋务事业，先后设立江南制造局、轮船招商局、开采煤矿、天津电报局、津榆铁路、上海机器织布局等企业，利用海关税收购买军火和军舰，扩充淮军势力，建立北洋海军。对外一贯妥协投降。1876年（光绪二年）与英国签订《烟台条约》。1885年在中法战争中，与法国订立《中法新约》。在1894年中日甲午战争中，避战求和，招致战争失败和北洋海军覆没，签订了《马关条约》。1896年接受俄帝贿赂，在莫斯科签订《中俄密约》，出卖主权，允许俄国在中国东北修筑铁路等。1900年八国联军侵占北京后，被任为全权大臣，与庆亲王奕劻代表清政府签订《辛丑条约》，临死前还推荐袁世凯继任他的职务。李鸿章是中国近代史上典型的卖国人物。

意，分分发指示"。邓小平听了这种议论后表态说：我们也不来如来神掌，让香港的中国同胞自己继续管理香港。

撒切尔夫人是继丘吉尔之后英国政坛的铁腕人物，人称铁娘子，在处理国际事务中向以强硬和变通著称。1982年9月22日，撒切尔夫人和她的丈夫丹尼斯以及一大批政府官员外加16名记者飞抵北京，她要与第三次复出的邓小平谈判香港问题。撒切尔此次来华，是挟着英阿马尔维纳斯战役胜利的余威来华讨论香港问题的。来华前她就先声夺人，声明"有关香港的三个条约仍然有效"。这次来华的架势，等于是摊牌。9月24日，铁娘子被告知先在人民大会堂新疆厅与邓颖超叙谈片刻，然后再前往隔壁的福建厅与邓小平会谈。这时，撒切尔身着蓝色套裙，脚蹬黑色高跟皮鞋，手挽黑色手袋，脖颈上戴着一串珍珠项链，显得雍容华贵，气质不凡。当她与邓颖超叙谈完毕，从新疆厅走向福建厅时，走了一半还不见邓小平的人影，福建厅大门紧闭，与刚才邓颖超老早就在门外伫立迎候的情形判然有别。人们注意到：尽管撒切尔足下款款而行，但面有难色，心存疑惑：怎么还不见主人出来迎接？

主人心中有数，他没有早早迎候女首相，但也不会过分冷落来自远方的客人。在距离大门约20来步时，福建厅的门忽然洞开，邓小平笑着走出来，上前五六步与撒切尔握手问好。

终于见到了中国的一号人物，撒切尔说："我作为现任首相访华，看到你很高兴。"不料，邓小平却说："是呀，英国的首相我认识好几个，但我认识的现在都下台了。欢迎你来呀！"这本来是句大实话，不过弦外之音言外之意所指者何，真不知撒切尔夫人是怎么揣测的。寒暄之后，记者们被请离现场，会谈闭门进行，但全世界的人都可以通过卫星电视看到会谈的每个细节，听到两位大师级的谈判高手的对话。铁娘子首先发言，声称历史上有关香港的三个条约按国际法仍然有效，1997年以后英国要继续管治香港。

所谓三个条约，是英帝国主义与腐败无能的满清政府签订的，中华人民共和国成立之初，早就声明废除外国侵略者强加在中国人民头上的一切不平等条约。早在1943年开罗会议时，罗斯福、丘吉尔、蒋介石三巨头会晤时还认真讨论过香港归还中国的问题，日本投降后，英国曾打算归还香港与中国，只是因为国共两党打仗而搁置下来。1949年，中国人民站起来了，解放军一直打到海南岛，但始终没有跨过深圳河。此后，三十多年里，中国一直有意保护香港的现状，因为中国领导人认为，香港的存在对中国有一定的好处，可以作为赚取外汇、观察世界的窗口。从1962年起，周总理亲自批准每日三趟往返于香港和内地的列车，保证香港的副食品和蔬菜的供应。对收回香港、中国人是有耐心的，建国后等了33年，如果再加15年，就是48年，连同过去的100年，共等了一个多世纪，可见中国人耐心之足够，然而事到如今，英国人竟不知足，还侈谈

1982年9月24日，邓小平在会见英国首相撒切尔夫人时说："如果中国在1997年，也就是中华人民共和国成立48年后还不把香港收回，任何一个中国领导人和政府都不能向中国人民交代，甚至也不能向世界人民交代。如果不收回，就意味着中国政府是晚清政府，中国领导人是李鸿章！"

273

1988年1月21日，台湾返乡探亲团团长何文德登上长城，激动不已

什么继续管治！

邓小平说："主权问题不是一个可以讨论的问题。""中国在这个问题上没有回旋余地。""如果中国在1997年，也就是中华人民共和国成立48年后还不把香港收回，任何一个中国领导人和政府都不能向中国人民交代，甚至也不能向世界人民交代。如果不收回，就意味着中国政府是晚清政府，中国领导人是李鸿章！"[217]

听到这里，撒切尔心中"咯噔"一下，若有所失，"主权牌"打输了，铁娘子又扔出张"利害牌"。她说：中国不是很关心香港的繁荣吗？如果中国收回香港，给香港带来的将不是繁荣，而是灾难性的影响，这可是对中国的四化建设不利啊！

对此，邓小平胸有成竹地回答，寥寥数语如同四两拨千斤，把撒切尔夫人弄得个面红耳赤。邓小平说："如果在十五年的过渡时期内香港发生严重的波动，怎么办？那时，中国政府将被迫不得不对收回的时间和方式另作考虑。如果说宣布收回香港就会像夫人说的'带来灾难性的影响'，那我们要勇敢地面对这个灾难，做出决策。"[218]

外电评论这次会议，撒切尔夫人是锋芒毕露，邓小平是绵里藏针。会谈结束后，撒切尔夫人落寞地从门口走出，神色凝重。当她走到人民大会堂倒数第二级台阶时，一脚踏空，高跟皮鞋磕绊到石阶上，身体失去平衡栽倒在地，连皮鞋和手袋也飞到一边。幸亏摔得不重，左右连忙将她扶起。[219]

铁娘子第一个回合中被逼到下风，并不因此气馁。在第二个回合中，她采取拖的方针，想以主权换治权。1983年，邓小平再次会见希思，明确指出英国想用主权换治权是行不通的，中国

 274

要的是完整的主权，治权是主权的具体体现，没有治权，算什么主权？治权可以交给港人，但不是英人，不然就不是一国两制，而变成"两国两制"了。邓小平劝英国改变态度，以免出现到1984年9月中国不得不单方面公布解决香港问题方针政策的局面。

1984年9月，正好是邓小平规定的两年期限，英方终于认识到邓小平所说的"主权问题不容讨论"是一句认真的话，是代表了十几亿中国人民意志的体现。于是不得不接受了它，并且在中英联合声明上签了字，确认中国于1997年7月1日起对香港恢复行使主权。

在这之后，邓小平排除了英方以及英方所操纵的所谓"三脚凳"方案、"政改方案"等等搞三搞四的干扰。所谓"三脚凳"，就是把中英谈

1997年7月1日凌晨，中英两国政府香港政权交接仪式在香港会议展览中心隆重举行

判变成中英港三只脚，所谓"政改方案"，即港督彭定康提出要就"政改方案"在香港进行"全民投票"，并一再威胁要交立法局讨论通过。中方认为："全民投票"即是由一个局部地区的人来就全国性的问题（中国的主权）作出决定；后者是将香港一个地方立法局凌驾于中英两国会议之上。道理很简单，根据中英协议，香港问题在1997年以前是中英两国间的事，港府不过是英国属下的一个地方殖民政府，只有执行两国协议的责任，断无同两个主权国家平起平坐，插足两国政府级谈判的权力。[220]

1985年5月27日，中英两国在北京互换批准书，中英联合声明正式生效。

1990年4月，全国人大七届三次会议通过了《香港特别行政区基本法》，为解决香港问题提供了法律依据。

邓小平多次表示，我的最大愿望是活到1997年，因为那时候将收回香港，我还想去那里看看。他表示到那时候，就是坐轮椅也要到香港去站一站，看一看。

1987年4月13日，中葡之间关于澳门回归的问题，也达成了协议，双方签署了联合声明。

邓小平曾经说到，和平共处原则具有强大生命力。他说："根据中国自己的实践，我们提出'一个国家、两种制度'的办法来解决中国的统一问题，这也是一种和平共处。我们解决香港问题，允许香港保持资本主义制度，五十年不变。解决台湾问题也是这个原则。台湾跟香港不同，还可以保留军队。台湾当局提出要以'三民主义'统一中国，至少是太缺乏现实感了。能用一千几百万人口的台湾的现行制度来统一十亿人口的大陆吗？我们曾多次劝台湾当局，不要这样想，要搞一个你不吃掉我，我也不吃掉你的办法。十亿人口的大陆坚定不移搞社会主义，台湾也可以搞它的资本主义，北京不派人到台湾去，这不也是和平共处吗？"[221]

在香港、澳门以"一国两制"的方式回归祖国之后，台湾问题的解决，是全中国人民（包括台湾同胞在内）的共同愿望。"一国两制"是个新事物，是邓小平智慧的产物，是中国特色的体现。"一国两制"的生命力将随着时间的久远和推移显出它越来越璀璨的光辉。

从"八国联军侵略中国"到"七国首脑会议制裁中国"

八国联军是1900年英、美、德、法、俄、日、意、奥八个帝国主义国家为镇压中国义和团运动而发动侵华战争所组成的联军。侵略军先后攻陷天津、北京、山海关等地。同时，沙俄又单独出兵侵占中国东北，清政府屈膝求和，全盘接受帝国主义的条件，于1901年9月7日在条件极为苛刻的丧权辱国的《辛丑条约》上签字。

1990年4月，邓小平在会见泰国正大集团董事长谢国民等人时说：我是一个中国人，懂得外国侵略中国的历史。当我听到西方七国首脑会议决定要制裁中国，马上就联想到1900年八国联军侵略中国的历史。七国中除加拿大外，其他六国再加上沙俄和奥地利就是当年组织联军的八个国家。要懂得些中国历史，这是中国发展的一个精神动力。

1990年4月7日，邓小平在会见泰国正大集团董事长谢国民等人时说："我是一个中国人，懂得外国侵略中国的历史。当我听到西方七国首脑会议决定要制裁中国，马上就联想到一九〇〇年八国联军侵略中国的历史。七国中除加拿大外，其他六国再加上沙俄和奥地利就是当年组织联军的八个国家。要懂得些中国历史，这是中国发展的一个精神动力。"〔222〕

据宫力、周敬青、张曙《邓小平在重大历史关头》的文章说：1989年春夏之交，北京发生了一场政治风波。在此期间，美国政府和国会不断发表言论进行干预。"六四"事件发生后，美国总统布什于6月5日发表声明，对中国的局势进行指责，并且宣布对中国采取如下五项"制裁"措施：

一、暂停政府对政府的一切武器销售和商业性武器出口；

二、暂停美中军事领导人之间的互访；

三、同情地重新研究中国留学生要求延长逗留时间的请求；

四、通过红十字会向那些在突然袭击中受伤的人提供人道主义的医疗援助；

五、在中国的事态不断揭开的同时重新研究美中双边关系的其他一些方面。

美驻华使馆还允许并接受方励之夫妇在美使馆寻求"避难"，从而使中美关系陷入危境。

在这之后，美国方面又接连采取了一些举动，进一步恶化了中美关系。美国国务卿贝克致函美国司法部部长，建议"准许"所有旅居美国的中国公民在其签证到期后继续留在美国，而不改变其身份；美国国务院已责成驻中国使馆和总领事馆放宽对去美国的中国公民的签证限制；美国防部已根据布什指示，于6月8日通知在美国格鲁曼飞机公司工作的40名中国工程技术人员离开该公司，从而中断了美中双方签署的一项改良中国55架歼—8型战斗机的5亿美元的合同；6月9日，美国国家科学院院长弗兰克·普赖斯通知中国科学院院长周光召暂时停止同中国的科学交流活动；6月7日，纽约市市长郭德华宣布中止纽约同北京的姐妹城市关系等。

不仅如此，6月20日，美国白宫发言人菲茨沃特在一份书面声明中宣布布什总统已指示美国政府对中国采取新的"制裁"措施："总统今天指示美国政府停止参加与中华人民共和国政府官员的所有高层接触。"他还说："除禁止接触外，美国将寻求国际金融机构推迟考虑向中国提供新的贷款。"6月29日和7月4日，美国众议院和参议院又分别通过制裁中国的修正案，并提出一系列对中国的制裁措施。美、英、德、法、日、意、加七国首脑会议一致决定对中国进行"制裁"。〔223〕

中日甲午战争之后，帝国主义加紧掠夺中国沿海军港并深入内地掠夺路矿权益，划分势力范围，企图瓜分中国。中国人民掀起了反对帝国主义的义和团运动。义和团源自义和拳等民间秘密结社，同白莲教和八卦教有源流上的关系。最初流行于山东、河南等地，以设拳厂、练拳术等方式组织群众，参加者大多是农民、手工业者和其他群众。1896年起，山东曹州（今菏泽）等地的大刀会，德州一带朱红灯领导的义和拳，都进行过反对教会侵略势力的斗争，相继遭到山东巡抚毓贤、袁世凯的残酷镇压。1899年义和拳改称义和团，提出"扶清灭洋"口号，逐步由山东扩展至华北、东北各省，京津一带声势尤为浩大。为了镇压中国人民的反帝运动，1900年（光绪二十六年），英、美、德、法、俄、日、意、奥八个帝国主义国家组织的八国联军于6月17日攻

全副武装的义和团员

邓小平的智源

占大沽炮台，7月14日攻陷天津；8月2日集结兵力两万人自天津沿运河两岸进发，14日攻陷北京。义和团在保卫津京的廊坊和紫竹林等战斗中英勇奋战，迫使侵略者多次退却。在八国联军的残酷镇压下，义和团运动终遭失败。八国联军掠夺财物，残杀人民，肆意践踏中国主权，火烧圆明园。慈禧太后、光绪皇帝和亲贵大臣逃往西安，派奕劻和李鸿章为全权大臣乞和。9月，德国陆军元帅瓦德西被推为联军总司令来华，侵略军陆续增至10万人，由京津出兵，分侵

282

八国联军在金水桥前举行阅兵式

从1989年年初到1990年，短短一年多时间，原东欧社会主义阵营六国纷纷取消了共产主义政党的领导，修改了宪法，改变了国家性质。国际大背景和国内小背景相结合，导致中国1989年发生了短暂而剧烈的政治风波。在政治风波发展到失控的边缘，国家前途危在旦夕时，中国政府采取果断措施恢复了法律秩序，维护了国家安定团结与统一的局面。然而美国和其他西方国家却以此为借口，在国际上掀起了汹涌的反华浊浪。

关键时刻，邓小平说话了！

邓小平反复告诫新一届的中央领导同志，在复杂的局势面前，"不要急，也急不得，要冷静、冷静、再冷静"。"对国际形势还要继续观察，有些问题不是一下子看得清楚，总之不能看成一片漆黑，不能认为形势恶化到多么严重的地步，不能把我们说成处在多么不利的地位。实际上情况并不尽然。世界上矛盾多得很，大得很，一些深刻的矛盾刚刚暴露出来。我们可利用的矛盾存在着，对我们有利的条件存在着，机遇存在着，问题是要善于把握。"〔224〕

几年后，钱其琛副总理兼外交部长在回顾这一段历史时，用高度凝练的二十个字概括了邓小平在这一历史关头为国家制定的外交战略："冷

清军前往东交民巷围攻使馆区

静观察、沉着应付、稳住阵脚、韬光养晦、有所作为。"〔225〕

1989年7月14日至16日，巴黎西方七国首脑会议召开。这是由法国、美国、英国、联邦德国、日本、意大利、加拿大等七国首脑和欧洲共同体委员会主席在法国巴黎举行的会议。会议在7月15日发表的政治宣言中"谴责"中国平息反革命暴乱是所谓"中国违反人权的暴力镇压"，宣称要采取中止对华高层政治接触及延缓世界银行的贷款等制裁措施。中国外交部发言人7月17日就此发表谈话，指出七国首脑会议"对中国横加指责，施加压力，对此，中国政府不能不表示极大的遗憾"。《人民日报》于7月17日以《中国的内政不容干涉》为题发表社论，指出"这种指责是毫无道理的，是对中国内政的粗暴干涉。中国政府和人民理所当然不能接受"。〔226〕

面对严峻的国际形势，邓小平显示了临危不惧的风度。1989年7月2日，邓小平在会见秘密访华的美国总统特使、总统安全事务助理斯考克罗夫特时指出：现在中美关系确实处在一个很微妙、甚至可以说相当危险的地步。中国没有触犯美国，任何一个小问题都没有触犯。问题出在美国，美国在很大范围内直接触犯了中国的利益和尊严。我要明确告诉阁下，中国的内政决不允许

山海关、保定、正定以至山西境。在此期间，帝俄又单独调集步骑兵17万人，分六路侵占我国东北，企图并吞东三省。12月联军提出《议和大纲》，清政府全盘接受帝国主义的条件，1901年9月7日签订了屈辱的《辛丑条约》。八国联军除留一部常驻京津，津榆铁路外，其余撤兵回国。义和团余部为反对《辛丑条约》，举起"扫清灭洋"的旗帜。《辛丑条约》由清政府全权代表奕劻、李鸿章与美、英、俄、德、日、奥、法、意、西、荷、比十一个国家的代表在北京签订，共12款，附件19件。主要内容：（1）中国赔款银四亿五千万两，分39年还清，年息四厘，本息折合九亿八千多万两，以海关税、常关税和盐税作抵押。（2）将东交民巷划为使馆界，界内由各国驻兵管理，

283

中国人概不准居住。（3）拆毁大沽炮台及京师至海通道之各炮台，外国军队驻扎在北京和从北京到山海关沿线的十二个重要地区。（4）永远禁止中国人民成立或参加"与诸国仇敌的各种组织，违者处死"，各省官员对所属境内发生的"伤害诸国人民"事件，必须立刻镇压，否则立即革职，永不叙用。（5）外国认为各个通商章程中应修之处或其他应办的通商事项，清政府概允商议，并改善北河及黄浦两水道。（6）清政府承认"纵信"义和团的错误，向帝国主义各国"道歉"，惩罚擅敢得罪外国的官员，提升为帝国主义效劳的官员。（7）改总理各国事务衙门为外务部，班列六部之前。这个条约从政治、经济、军事各方面都扩大和加深了帝国主义对中国的统治，并表明清政府已完全成为帝国主义统治中国的工具。

任何人加以干涉，不管后果如何，中国都不会让步。中国的内政要由中国来管，什么灾难到来，中国都不会让步。中国领导人不会轻率采取和发表处理两国关系的行动和言论，现在不会，今后也不会，但在捍卫中国的独立、主权和国家尊严方面决不含糊。[227]

1989年6月16日邓小平同几位中央负责同志说："这次发生的事件说明，是否坚持社会主义道路和党的领导是个要害。整个帝国主义西方世界企图使社会主义各国都放弃社会主义道路，最终纳入国际垄断资本的统治，纳入资本主义的轨道。现在我们要顶住这股逆流，旗帜要鲜明。因为如果我们不坚持社会主义，最终发展起来也不过成为一个附庸国，而且就连想要发展起来也不容易。现在国际市场已经占得满满的，打进去都很不容易。只有社会主义才能救中国，只有社会主义才能发展中国。"[228]中国坚决顶住了西方国家所施加的种种压力，并逐步稳定了国内形势，因此在扑面而来的惊涛骇浪中站稳了脚跟。在中美关系处在僵局的时刻，曾经为打开中美关系大门做出过重大贡献的美国前总统尼克松和前国务卿基辛格等人利用其与中国领导人有良好关系的特殊身份，再次肩负与中国领导人对话、共同探索摆脱危机的重任。

1989年10月28日至11月2日，尼克松应中国政府的邀请访问北京。中国方面对尼克松的来访极为重视。邓小平、江泽民、杨尚昆、李鹏、李瑞环等中国党政领导人分别会见了尼克松，并与之进行了实质性的对话。邓小平对尼克松说，"我们同美国应该结束这几个月的过去，开辟未来"。邓小平认为在这个问题上，中国是真正的受害者。中国没有做任何一件对不起美国的事。可以各有各的看法，但不能要我们接受别人的错

284

误指责。美国公众得到的情报来自"美国之音"和美国报刊,什么"天安门血流成河",死了多少万人,连具体数字都有。"美国之音"太不像话,一批撒谎的人在干事,连起码的诚实都没有。如果美国领导人根据"美国之音"定调,制定国策,要吃亏的。

邓小平对尼克松说:"请你告诉布什总统,结束过去,美国应该采取主动,也只能由美国采取主动。美国是可以采取一些主动的,中国不可能主动。因为强的是美国,弱的是中国,受害的是中国。要中国来乞求,办不到。哪怕拖一百年,中国人也不会乞求取消制裁。如果中国不尊重自己,中国就站不住,国格没有了,关系太大了。中国任何一个领导人在这个问题上犯了错误都会垮台的,中国人民不会原谅的。这是我讲的真话。"〔229〕

1989年11月23日,邓小平会见南方委员会主席,坦桑尼亚革命党主席尼雷尔时说:"霸权主义过去是讲美苏两家,现在西方七国首脑会议也是霸权主义、强权政治。中国平息暴乱后,七国首脑发表宣言制裁中国,他们有什么资格!谁给他们的权力!真正说起来,国权比人权重要得多。贫弱国家、第三世界国家的国权经常被他们侵犯。他们那一套人权、自由、民主,是维护恃强凌弱的强国、富国的利益,维护霸权主义者、强权主义者利益的。我们从来就不听那一套,你们也是不听那一套的。……中华人民共和国建立之后,困难很多,内战刚结束,国内问题成堆,又打了一场抗美援朝的战争,实际上是中国和美国打了一仗。美国是个庞然大物,力量对比起来,中国很弱,特别是装备差得很,但是,正义取得了胜利,美国只得坐下来同我们在板门店谈判。"〔230〕

东交民巷的外国侵略军准备炮击进攻的义和团和清军

在美国宣布中止中美高级官员接触的情况下，尼克松和基辛格以私人身份访问中国，邓小平等中国领导人与之举行会谈，实际上起到官方的作用，维护了两国间的微妙关系，沟通了两国对彼此间立场的了解，而这对恢复和发展中美关系是有重要意义的。与美国国会咄咄逼人的对华姿态相比，白宫的态度稍稍冷静一些。经过几个月的观察，鉴于中国政局逐渐恢复稳定，中国在国际事务中仍然有着举足轻重的一票，更由于美国自身的利益，布什总统派遣美国总统特使，总统国家安全事务助理布伦特·斯考克罗夫特公开访华，这是一次阻止中美关系继续恶化趋势的大胆的冒险行动。1989年12月9日，总统特使来了，随同特使来访的有美国副国务卿劳伦斯·西德尼·伊格尔伯格、总统人事事务助理查·格·昂特迈耶和国家安全委员会负责中国事务的官员道·海·帕尔。美国驻华大使李洁明同

晚清京城名妓赛金花

机到达。邓小平会见了美国特使一行。邓小平说："你这次访问是非常重要的行动。中美之间尽管有些纠葛，有这样那样的问题和分歧，但归根到底中美关系是要好起来才行。这是世界和平和稳定的需要。尽快解决六月以来中美之间发生的这些问题，使中美关系得到新的发展，取得新的前进，这是我们共同的愿望。我已经退休了，本来这样的事情不是我分内的事，但是我的朋友布什总统的特使来，我不见也太不合情理了。中国在国际上有特殊的重要性，关系到国际局势的稳定与安全。如果中国动乱，问题就大得很了，肯定要影响世界，这不是中国之福，也不是美国之福。中国威胁不了美国，美国不应该把中国当作威胁自己的对手。我们没有做任何一件伤害美国的事。一九七二年到现在的十七年中，世界局势总的比较稳定，中美关系的发展形成这样好的局势的一个原因，占的分量不轻。中美不能打架，我说的打架不是打仗，而是笔头上和口头上打架，不要提倡这些。我多次讲过，美国的制度中国不能搬，美国制度究竟好不好，美国人自己说，我们不干预。两国相处，要彼此尊重对方，尽可能照顾对方，这样来解决纠葛。只照顾一方是不行的。双方都让点步，总能找到好的都可接受的办法，恢复中美关系要双方努力，不要拖久了，拖久了对双方都不利。请特使转告布什总统，在东方的中国有一位退休老人，关心着中美关系的改善和发展。"〔231〕

时隔七个月之后，加拿大前总理特鲁多来华，邓小平对他说："去年以来一些国家对中国实行制裁。我认为，第一，他们没有资格制裁中国，第二，实践证明中国有抵抗制裁的能力。中国经济发展虽然受了一些影响，但影响不大。事实上，制裁正在逐渐消失。中国的特点是建国

287

四十多年来大部分时间是在国际制裁之下发展起来的。我们别的本事没有，但抵抗制裁是够格的。所以我们并不着急，也不悲观，泰然处之。尽管东欧、苏联出了问题，尽管西方七国制裁我们，我们坚持一个方针：同苏联继续打交道，搞好关系；同美国继续打交道，搞好关系；同日本、欧洲国家也继续打交道，搞好关系。这一方针，一天都没有动摇过。中国度量是够大的，这点小风波吹不倒我们。"〔232〕

历史真是惊人地相似。然而今天的中国已经崛起了，再也不会任人宰割了。西方七国首脑会议对中国的制裁破了产，他们再想重演八国联军的那一幕，就会碰见迎面的一块牌子上写着四个字：此路不通。

从"慈禧太后垂帘听政"到给江青打"零分以下"的分

慈禧太后，又称西太后，咸丰帝妃，1861年咸丰帝死，其六岁子载淳即位，被尊为太后，与恭亲王奕䜣定计除掉了摄政大臣肃顺等人，实行太后垂帘听政，是同治、光绪两朝的实际统治者。

1980年6月，邓小平回答了意大利记者奥琳埃娜·法拉奇的提问。奥琳埃娜·法拉奇问：是否毛主席对江青的错误视而不见？江青是否像慈禧一样的人？对江青你觉得应该怎么评价，给她打多少分？邓小平回答说：江青本人是打着毛主席的旗帜干坏事的，但毛主席和江青已分居多年。江青打着毛主席的旗帜搞，毛主席干预不力，这点毛主席是有责任的。江青坏透了。零分以下。

慈禧太后（1835—1908年），又称西太后，清末同治、光绪两朝实际的统治者、咸丰帝妃。满族。叶赫那拉氏。1861年（咸丰十一年）咸丰帝死，其六岁子载淳即位。被尊为太后。端华、载垣、肃顺等八人为赞

1980年8月21日、23日，邓小平会见意大利记者奥琳埃娜·法拉奇，回答了她的提问。

奥：是否毛主席对江青的错误视而不见？江青是否像慈禧一样的人？

邓：江青本人是打着毛主席的旗帜干坏事的，但毛主席和江青已分居多年。

奥：我们不知道。

邓：江青打着毛主席的旗帜搞，毛主席干预不力，这点，毛主席是有责任的。江青坏透了。怎么给"四人帮"定罪都不过分。"四人帮"伤害了成千上万的人。

奥：对江青你觉得应该怎么评价？给她打多少分？

邓：零分以下。[233]

据权延赤《走下神坛的毛泽东》记载，三年困难时期，江青的女儿同全国人民一样挨饿，因在学校寄宿，周末才能回到中南海家中，狼吞虎咽，连残汤剩水都喝光了，江青看了心疼，哭红了眼睛，不敢让毛主席看见。1961年3月，安徽省委书记曾希圣将该省搞责任田的情况向毛泽东作了汇报，毛泽东说："你们试验嘛，搞坏了检讨就是，如果搞好了，能增产十亿斤粮食，那就是一件大事。"……不长时间内，全国有20％的生产队搞起了责任田，这样大大地缓解了全国的饥饿之况。[234]可见江青的眼泪，在客观上起了好的作用。江青提倡穿布拉吉，然而在蓝蚂蚁年代，并没有普及开来；江青在京剧《沙家浜》日寇来扫荡的静场戏中，加上汽笛声，造成敌人来了的紧张气氛，据汪曾祺说，很有独到之处。如果江青作为一个平常人，不是没有可取之处的。然而作为一个政治家，那就太离谱了，她的所作所为，给党、给人民、给毛泽东、给她自己带来的灾难，真是无穷无尽。

慈禧太后乘肩舆出巡

江青（1914—1991年），山东诸城人。"文化大革命"前，担任中共中央宣传部电影处处长。从1965年2月，江青秘密窜到上海，与柯庆施、张春桥、姚文元阴谋策划《评新编历史剧〈海瑞罢官〉》起，在中国的政治舞台上活跃了11年之久。"文革"初期，担任中央"文革"小组副组长，后来担任中央政治局委员，是江青反革命集团的头子，积极参与夺取党和国家最高权力的阴谋活动。1977年7月中共十届三中全会通过决议，开除她的党籍，撤销其党内外一切职务。1981年1月被中华人民共和国最高人民法院特别法庭判处死刑，缓期二年执行，剥夺政治权利终身。1983年1月被最高人民法院刑事审判庭依法减为无期徒刑，原判处剥夺政治权利终身不变。

毛毛在《我的父亲邓小平：文革岁月》一书中写道：1968年10月召开的扩大的八届十二中全会上，毛泽东坚持保留了邓小平的党籍，这就更让林彪、江青等人揣测和不安。江青、康生多次指示"邓专案组"，首要任务是尽快突击攻下邓小平历史上"叛变自首"的问题。中央专案组第二办公室为加强"邓专案组"的外调力量，从

襄政务王大臣，定明年改元祺祥。慈禧太后与恭亲王奕䜣秘密策划废除大臣辅政。十一月，奕䜣控制北京的军队，乘皇室从热河回京之机，将端华、载垣、肃顺杀死，拥护慈禧垂帘听政，改年号祺祥为同治，史称"祺祥政变"。后来慈禧太后采用奕䜣的"借洋兵助剿"政策，依靠外国侵略者的支援和地方团练兵勇，镇压了太平天国及云南、贵州、陕西、甘肃的回民、苗民等武装起义。1875年同治帝死，立五岁的载湉为帝，仍由太后听政，采用洋务派李鸿章"自强"和"求富"政策，开办军事工业，训练海军和陆军，镇压人民的反抗，对外妥协投降，先后签订了一系列丧权辱国的条约，对内

291

仇视改良派的维新变法，1898年（光绪二十四年）发动政变，幽禁光绪帝，杀害维新派谭嗣同等六人。1900年义和团运动发展至京津地区，为了保住自己的统治和发泄对外国公使要其"归政"的怨恨，利用义和团的反帝爱国力量，曾对外宣战。八国联军侵入北京后，逃往西安，下令残杀义和团，与侵略者签订了《辛丑条约》。1901年后，一面用"实行新政"和"预备立宪"拉拢立宪派，一面训练新军和各地警察，镇压人民。

驻京西宾馆的"叶向真（叶剑英的女儿）专案组"抽调人员进行补充。兵强马壮的"邓专案组"加快了活动步伐，四方八面搜罗取证。……当"专案组"人员找大将张云逸调查时，就被以"首长身体不好"为名吃了闭门羹。"专案组"人员也是急疯了，竟然在黄永胜和吴法宪的亲自安排下，不知天高地厚地找当时中央军事委员会副主席聂荣臻进行调查。1969年7月20日，在京西宾馆的一个小会议室里，德高望重的聂帅坐在一张藤椅上，对着"邓专案组"人员的提问，侃侃而谈，聂帅从青年时代起，从20年代初期留法勤工俭学时起就与邓小平成为战友，相知甚深。让他谈邓小平，他可是知道得太多了。聂帅谈得极富耐心，一谈就谈了差不多40分钟，他谈的内容，等于把他的老战友的履历，从头至尾地述说了一遍，至于"专案组"人员所要的"罪行"和"问题"，连只言片语也未涉及。最后，聂帅说了一句："我身体不好，今天就谈到这里吧。"之后，在秘书的陪同下，头也不回地走了。"专案组"人员听了半天，居然一无所获，不禁大为懊丧……在被认为最为要害的"历史问题"上，"邓专案组"的希望落空。不过，"邓专案组"大张旗鼓的调查工作并没有从此偃旗息鼓。从1969年下半年起在林彪、江青等人的旨意下，"专案组"对邓的"现行问题"抓得更紧了。在秦城监狱，他们提审了彭真、刘澜涛、李楚离等，在小汤山监狱提审了安子文等，在京郊一个部队营区提审了杨尚昆，在总政西单一个小看守所提审了萧华……最后落得一个没有结果的结果。到了1970年12月24日，专案组不了了之地撤销了。为什么呢？因为九届二中全会批判了陈伯达，搞专案的大头目康生称病不起，而林彪集团又忙于和毛泽东进行较量。上面的大人物都在忙

1936年，毛泽东与贺子珍在陕北保安

于他们自己的大"事"，专案组的小帮办们草草收场，是必须而又自然的事情。[235]

在毛泽东的安排下，在阔别政坛近7年之后，邓小平于1973年4月12日，奇迹般地出现在人民大堂宴会厅，宴会未散，外国记者纷纷抢先奔出大厅，直奔邮电大楼，向全世界发布邓小平复出的重大新闻。

被"文革"动乱势力打倒的老干部们重新回来掌权，这是江青一伙所不愿意看到的，因此，在1974年元月，江青等人为了除掉以周恩来为首的老干部们，开始了"批林批孔批周公"。元月24日、25日，正值春节之际，江青不经中央同意，在首都体育馆擅自召开两次万人大会，由迟群、谢静宜发表煽动性演说，大肆吹捧江青，攻击诬蔑国务院和中央军委领导人，江青、姚文元等也不时趁机插话，对参加会议的周恩来、叶剑英进行突然袭击。

会后，江青以个人名义，给军队一些单位写信、送材料，指使梁效（也就是"两校"）撰写《孔丘其人》的文章，露骨放肆地攻击周恩来。2月16日，江青叫嚣说：现在党内有很大的儒，重点要批现在的儒。2月8日，王洪文、张春桥攻击解放军三总部，3月5日，江青派人到军队"放火烧荒"……3月18日，毛泽东给江青写信，针对江青要求见见毛泽东的要求，毛泽东说："不见还好些。过去多年同你谈的，你有好些不执行，多见何益？有马列书在，有我的书在，你就是不研究。我重病在身，81了，也不体谅。你有特权，我死了，看你怎么办？你也是个大事不讨论，小事天天送的人。请你考虑。"[236]

1974年3月，毛泽东提议由邓小平率领中国政府代表团出席联大特别会议，江青恼怒不满，她认为，由邓小平出席联大会议这样一个在世界舞台出风头的美差，简直无法容忍。3月27日，毛泽东给江青写信："江青，邓小平同志出国是我的意见，你不要反对为好。"当晚，在一个会上，江青迫于毛泽东的怒气，表示同意由邓小平率团参加联大特别会议。[237]

1974年7月，中共中央发出通知，为杨成武、余立金、傅崇碧平反。6月14日，江青发表言论，明有所指地称党内有很大的儒，重点要批现在的儒。6月23日，江青窜到天津小靳庄活动，她一边借机影射攻击周恩来，一边大肆吹捧自己，气焰嚣张。7月17日，在毛泽东书房召开的政治局会议上，毛泽东当着所有出席会议的人的面，严厉地批评江青："江青同志你要注意呢！别人对你有意见，又不好当面对你讲，你也不知道。不要设两个工厂，一个叫钢铁工厂，一个叫帽子工厂，动不动就给人戴大帽子。不好呢，要注意呢。你那两个工厂不要了吧。"毛泽

沈阳市第一机床厂的工人
参加"批林批孔"运动

东对与会者说："她不代表我，她代表她自己。对她也要一分为二，一部分是好的，一部分不大好呢。"他对着张春桥、姚文元和王洪文说："总而言之，她代表她自己。她算上海帮呢！你们要注意呢，不要搞四人小宗派呢！"[238]

1974年10月14日，江青在一份有关风庆轮问题的材料上批道："交通部是不是毛主席、党中央领导的中华人民共和国的一个部？国务院是无产阶级专政的国家机关，但是交通部却有少数人崇洋媚外，买办资产阶级思想的人专了我们的政。""政治局对这个问题应该有个表态，而且应该采取必要的措施。"在10月17日的政治局会议上，江青逼邓小平对风庆轮事件表态，被邓小平顶了回去，"四人帮"当晚在钓鱼台十七号楼密谋策划，由王洪文出马到长沙向毛泽东告周恩来邓小平的状，王洪文到长沙后耸人听闻地说：北京现在大有庐山会议的味道，不料引起了毛泽东的反感，当即警告王洪文不要跟江青搞在一起。10月19日。王海容、唐闻生去医院向周恩来汇报了"四人帮"在风庆轮问题上整邓小平的情况，周恩来说他已知道政治局会议的事情，事情并不是江青等人所说的那样，小平同志已经忍了好久了。10月20日，毛泽东会见外宾后，听王、唐二人作了汇报，毛泽东对江青的行为表示愤慨，说风庆轮的问题本来是件小事情，且先念同志已在解决，可江青还这么闹，这么搞很不对头嘛！毛泽东让王、唐转告周恩来和王洪文，四届人大的筹备工作和人事安排问题要总理和王洪文一起管，同时建议邓小平任党中央副主席、第一副总理、军委副主席兼总参谋长。11月12日，毛泽东在江青关于人事安排的信上批示道："不要多露面；不要批文件；不要由你组阁（当后台老板）。你积怨甚多，要团结多数。至嘱。人贵有

天津市小靳庄的农民参
"批林批孔"运动

自知之明。又及"。

1974年11月19日，江青又向毛泽东写信，说什么"自九大以来，我基本上是闲人，没有分配我什么工作，目前更甚"。第二天，毛泽东复信给她说："可读李固给黄琼书，就思想文章而论，都是一篇好文章，你的职务就是研究国内外动态，这已经是大任务了。此事我对你说了多次，不要说没有工作。此嘱。"1974年12月23日，周恩来抱病飞长沙，王洪文另机到达。毛泽东在与周恩来、王洪文的谈话中，再次批评了江青一伙的宗派活动。毛泽东指着手对王洪文说：不要搞"四人帮"，团结起来，四个人搞在一起不好！……毛泽东还说，邓小平"人才难得"。"江青有野心。你们看有没有？我看是有。我比你们了解她，几十年。我对她做工作。搞乱了，三件事，批林批孔批走后门，又不告诉我。"

1975年1月1日，由周恩来主持召开了中央政治局会议，讨论四届人大人事安排，其中最重要的就是：在十二名副总理中，邓小平名列第一。面对这种形势，江青气急败坏，大骂政治局的许多同志，毛泽东就此批评江青，"她看得起的没几个，只有一个，她自己"。并预言："将来她会跟所有的人闹翻，现在人家是敷衍她。我死了以后，她会闹事。"1月8日至10日，周恩来主持召开党的十届三中全会讨论四届人大的准备工作。1月13日至18日，四届人大召开，朱德任人大常委会委员长，周恩来任总理，邓小平为第一副总理。

1975年5月3日，毛泽东亲自召集在京的政治局委员开会，毛泽东反复强调要安定团结，要坚持"三要三不要"，并对江青等人批评道："你们不要搞四人帮，你们不要搞了，为什么照样搞呀？为什么不和二百多个中央委员搞团结？搞少数人不好，历来不好。"毛泽东此时已近83岁高龄，因患白内障双目不能看东西，身体状况也是江河日下。在这种情况下，还要由他亲自出面召开会议，也算得上是极不寻常了。这次亲自召开的政治局会议，是毛泽东一生中最后一次召开和参加政治局会议。从这次以后，他进入了更加多病的时日和生命的最后岁月。

5月和6月，由邓小平主持，中央政治局两次召开会议，学习贯彻毛泽东5月3日讲话精神，对江青等人进行批评。会上，邓小平、叶剑英、李先念、陈锡联等人相继发言，对"四人帮"进行严肃尖锐的批评，会议上，王洪文、江青被迫作出检讨，江青等人还被迫写出书面检查。迫于毛泽东的压力，江青不得不放下架子，"屈尊"到邓小平家中找他谈话，假意做出一副"诚心诚意"的样子。据毛毛回忆道："我们全家都记得那一天，说是江青要来我们在宽街的家，全家人立即戒备十足。妈妈吩咐，在家的人各自呆在自己的屋里，谁也不许出来。如果江青借口要看一看窜到什么地方，谁也不许随便说话。要知道，随便一句不经意的话语，可能就会招来许多不必要的麻烦。于是乎，好像防瘟疫一样，我们一个个把门窗关得紧紧的，全家壁垒森严。从窗帘缝里，我们看到江青来了。她的头上戴着一顶帽子，身上披着一件长长的外套，还是那样一副昂首挺胸，趾高气扬，却极其做作的样子。父亲在会客室里等着，没有出迎，连母亲都在自己的房间里，没有露面。江青径直走进父亲的会客室，与她的'敌手'邓小平谈话。谈话的时间并不长，江青从会客室出来时，父亲也没有送。江青就这样地来了，又这样地走了。这次谈话，没有争论，但也没能缓解双方的矛盾。父亲后来回忆时说：'江青找我，毛主席叫她来，她不敢不

297

来。谈得不好，她吹她的一套，水平不高。'其实，邓小平和江青，双方的心里都是明明白白的。他们之间的分歧，是根本性的原则性的，不可能通过一次谈话即行弥合。"

　　1975年，邓小平提出全面整顿，其实是改革的演习。江青抓住评《水浒》大做文章，借题发挥，被毛泽东批评，说她"文不对题"。1975年11月20日政治局十七人会议上，讨论毛泽东的提议：由邓小平主持，中央做一个肯定"文化大革命"的决议，七分成绩，三分缺点，这个提议，邓小平没有接受，这就导致后来的"批邓，反击右倾翻案风"。然而，邓小平顶住了，他宁肯被再一次打倒，也不愿意屈服。在这场斗争中，江青暴露得更加清楚了。1976年3月2日，江青擅自召开十二个省、自治区领导人会议，并发表长篇讲话，用恶狠狠的语言说："邓小平是谣言公司的总经理"，是"反革命老师"，"是个大汉

审判"四人帮"时，江青等人在听候判决

奸","是买办资产阶级、代表买办、地主资产阶级。中国有国际资本家的代言人,就是邓小平","要共同对敌,对着邓小平"。江青野心毕露地说:"有人写信给林彪说我是武则天,有人又说是吕后,我也不胜荣幸之至。吕后是没有戴帽子的皇帝,实际上政权掌握在她手里。诽谤吕后,诽谤我,目的是诽谤主席嘛。"教育部部长周荣鑫被逼做检查并每日遭到批斗,4月12日于追查会上被斗争迫害至死。

1976年9月,毛泽东逝世后,"四人帮"两次大闹政治局。叶剑英、华国锋、汪东兴经过商议,最后决定以坚决的方式智取,具体方案是,10月6日,以讨论《毛泽东选集》第五卷为题召开中央常委会,吸收姚文元参加,会上即对王洪文、张春桥、姚文元三人采取行动。当天夜晚,单独解决江青。在中南海二○一住地,江青正穿着丝绸睡衣,一边看着进口录像片,一边看"文件",中央警卫局行动人员进来后,她尚且没有明白,对来人厉声呵斥:"你们来干什么?"当来人向她宣布决定时,江青慌了,站起来连声问道:"为什么?为什么?""你去了就知道了"。听到来人的回答,江青明白了,便提出要方便一下。她在厕所里赖了一刻钟,最后不得不在两名女警卫的"护送"下,悻悻离去。

10月16日,中共中央正式公开宣布粉碎"四人帮"的消息。1977年7月,邓小平终于再次复出,改革开放的大幕终于正式拉开。

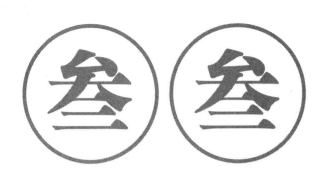

从马克思的名言到"科学技术是第一生产力"

邓小平的智源

马克思说过，科学技术是生产力。1988年9月，邓小平会见捷克斯洛伐克总统胡萨克时说：依我看，科学技术是第一生产力。

1986年3月5日，邓小平对王大珩、王淦昌、杨嘉墀、陈芳允四位科学家提出的跟踪高技术发展的建议批示："这个建议十分重要。""找些专家和有关负责同志讨论，提出意见，以凭决策。此事宜速作决断，不可拖延。"同年十一月，中共中央、国务院批准了《高技术发展计划纲要》，简称"八六三"计划，计划中选择对中国未来经济和社会发展有重大影响的生物技术、航天技术、信息技术、先进防御技术、自动化技术、能源技术和新材料技术的一些领域作为突破重点，在几个重要的高技术领域跟踪世界水平。1987年3月，这个计划开始组织实施。

1973年7月，毛泽东和周恩来会见美籍华人、著名物理学家杨振宁（右一）。左二为周培源

1978年3月，邓小平在第三次复出后不久，在全国科学大会开幕式上的讲话中说："对科学技术是生产力的认识问题。在这个问题上，'四人帮'曾经喧嚣一时，颠倒是非，搞乱了人们的思想。科学技术是生产力，这是马克思主义历来的观点。早在一百多年以前，马克思就说过：机器生产的发展要求自觉地应用自然科学。并且指出：'生产力中也包括科学。'现代科学技术的发展，使科学与生产的关系越来越密切了。科学技术作为生产力，越来越显示出巨大的作用。"〔239〕

1988年9月5日，邓小平在会见捷克斯洛伐克总统胡萨克时说："马克思说过，科学技术是生产力，事实证明这话讲得很对。依我看，科学技术是第一生产力。"〔240〕9月12日，在听取关于价格和工资改革初步方案汇报时他再次重申："马克思讲过科学技术是生产力，这是非常正确的，现在看来这样说可能不够，恐怕是第一生产力。将来农业问题的出路，最终要由生物工程来解决，要靠尖端技术。对科学技术的重要性要充分认识。"〔241〕邓小平重视科学技术的作用是一贯的。早在"文化大革命"中，针对"四人帮"肆意践踏科学与技术，肆意侮辱科学技术人员的行为，邓小平就作过坚决的斗争。1975年在邓小

平领导的全面整顿中，指导中国科学院起草《科学院工作汇报提纲》，他当时就强调科研工作要走在国民经济发展的前面，他引用马克思的观点，说："科学技术是生产力，科技人员是劳动者。"他要求"要给有培养前途的科技人员创造条件，关心他们，支持他们……"

1978年在全国科学大会上，邓小平实事求是地分析了我国科学技术落后的状况："几亿人口搞饭吃，粮食问题还没有真正过关。我们钢铁工业的劳动生产率只有国外先进水平的几十分之一。新兴工业的差距就更大了。在这方面不用说落后一二十年，即使落后八年十年，甚至三年五年，都是很大的差距。"总的来说，"我们的科学技术水平同世界先进水平的差距还很大，科学技术力量还很薄弱，远不能适应现代化建设的需要。""我们现在在科学技术方面的创造，同我们这样一个社会主义国家的地位是不相称的。"〔242〕

邓小平智慧的灯塔之光，为全国科学大会导航。他综述了世界科学技术的最新发展："现代科学技术正经历着一场伟大的革命。近三十年来，现代科学技术不只是在个别的科学理论上、个别的生产技术上获得了发展，也不只是有了一般意义上的进步和改革，而是几乎各门科学技术领域都发生了深刻变化，出现了新的飞跃，产生了并且正在继续产生一系列新兴科学技术。现代科学为生产技术的进步开辟道路，决定它的发展方向。许多新的生产工具，新的工艺，首先在科学实验室里被创造出来。一系列新兴的工业，如高分子合成工业、原子能工业、电子计算机工业、半导体工业、宇航工业、激光工业等，都是建立在新兴科学基础上的。……当代的自然科学正以空前的规模和速度，应用于生产，使社会物质生产的各个领域面貌一新。特别是由于电子计

马克思（1818—1883），马克思主义的创始人，全世界无产阶级的伟大导师和领袖。生于普鲁士莱茵省特里尔城一个律师的家庭里。马克思从1842年4月起为《莱茵报》撰稿，同年10月起任该报主编。马克思早在主编《莱茵报》时期就致力于钻研政治经济学。1859年发表了《政治经济学批判》，为详细论证剩余价值理论奠定了基础。1867年出版了不朽著作《资本论》第一卷（第二、三卷在他逝世后由恩格斯整理出版。第四卷，即《剩余价值理论》，

《泥板试印初篇》书影

在恩格斯逝世后出版）。在这部著作中，马克思阐明了自己的经济理论的主要基石——剩余价值理论，论述了资本主义社会经济运动的规律，把社会主义学说置于牢固的科学基础上。生产力也叫社会生产力，人们征服自然、改造自然的能力。表示人们在生产过程中对自然界的关系。它和生产关系是社会生产不可分割的两个方面。生产力要素包括：具有一定的科学技术知识、生产经验和劳动技能的劳动者；同一定的科学技术相结合的、以生产工具为主的劳动资料；劳动对象。劳动者是生产力的首要的能动的要素，因为只有劳动者才能制造和改进生产工具，掌握和使用生产资料。生产工具是生产力发展水平的物质标

算机、控制论和自动化技术的发展，正在迅速提高生产自动化的程度。同样数量的劳动力，在同样的劳动时间里，可以生产出比过去多几十倍几百倍的产品。社会生产力有这样巨大的发展，劳动生产率有这样大幅度的提高，靠的是什么？最主要的是靠科学的力量、技术的力量。"[243]高科技的竞争，使得许多国家纷纷制定各自的高科技计划。

1983年，美国率先推出战略计划，即"星球大战计划"。这个计划借同前苏联进行军备竞争而占据科学技术的制高点。

前苏联、东欧制定"科技进步综合纲要"。

法国、西欧制订了"尤里卡计划"。

日本制订了"振兴科技政策大纲"。

......

1986年3月，王大珩、王淦昌、杨嘉墀、陈芳允四位科学家提出了关于跟踪高技术发展的建议。3月5日，邓小平批示："这个建议十分重要"，"找些专家和有关负责同志讨论，提出意见，以凭决策。此事宜速作决断，不可拖延"。4月6日，他针对选择高技术发展项目是以发展国民经济为主还是以增强军事实力为主的不同意见，作出批示："我赞成'军民结合，以民为主'的方针。"10月6日，邓小平又在关于高技术研究发展计划的报告上批示："我建议，可以

1964年11月5日至13日，周恩来率党政代表团赴苏参加十月革命47周年纪念活动。图为周恩来回国后在机场受到毛泽东、朱德、刘少奇的欢迎

这样定下来，并立即组织实施。如有缺点或不足，在实施中可以修改和补充。"在邓小平的支持和推动下，同年11月，中共中央、国务院批准了《高技术发展计划纲要》，简称"八六三"计划。计划中选择对中国未来经济和社会发展有重大影响的生物技术、航天技术、信息技术、先进防御技术、自动化技术、能源技术和新材料技术的一些领域作为突破重点，在几个重要的高技术领域跟踪世界水平。1987年3月这个计划开始组织实施。1991年4月23日邓小平又为全国八六三计划工作会议作了"发展高科技，实现产业化"的题词。

按照OECD（经济合作与发展组织）的定义，知识经济是包括以现代科学技术为核心的、建立在知识和信息的生产、存储、使用和消费之上的经济。自1993年以来，美国工业生产增长的45%是由信息产业带动的。作为信息领域高科技的代表，美国微软公司在发展的最快时期每周

志。科学越来越广泛地运用于工农业生产，通过对生产力各个要素的作用，促进生产力的发展。马克思指出："生产力里面也包括科学在内。"（《政治经济学批判大纲（草稿）》第三分册，人民出版社，1963年版，第350页）生产力是社会生产中最活跃最革命的因素，在社会生产发展过程中起主要的决定的作用。产业革命在18世纪60年代开始于英国，首先从纺织业开始，80年代因蒸汽机的发明和采用而得到了进一步的发展，遍及化学、采掘、冶金、机器制造等部门。继英国之后，在19世纪，法、德、美等国也相继完成产业革命。机器大工

305

1967年6月17日，中国第一颗氢弹在西部上空爆炸成功。图为氢弹爆炸后形成的蘑菇云

业的建立，为先进工业国家奠定了物质技术基础，社会的发展迅速处于世界前列，提高了生产社会化程度，国际资本的内在矛盾，使它加紧了对内对外的掠夺与争斗。

1971年9月10日，中国第一枚洲际火箭发射成功

增加资产4亿美元。目前全世界共拥有电脑1.4亿台以上，全世界因特网使用者约7000万人，据估计，信息高速公路建成后，知识对经济增长的贡献率将可能由20世纪初的5％—20％上升到90％。在知识经济时代，智能的物化产品已登上经济发展的舞台，快速扩张的软件早已成为当前最为夺目的朝阳产业，其他智能商品和智能服务也大放异彩。产品、产业结构的智能化、高级化成为现代社会发展的大趋势。在知识经济时代，知识大于资本。邓小平关于"科学技术是第一生产力"的光辉论断，是知识经济时代的科学概括。

1984年10月7日，邓小平来到中国科学院高能物理研究所，参加北京正负电子对撞机国家实验室奠基典礼。四年之后，1988年10月16日，电子对撞机第一次实现了正负电子对撞。《人民日报》以显著位置刊登报道，称之为"我国继原子弹氢弹爆炸成功、人造卫星上天之后，在高科技领域的又一重大突破性成就"。"它的建成和对撞成功，为我国粒子物理和同步辐射应用开辟了广阔的前景，揭开了我国高能物理研究的新篇章。"早在1979年元月邓小平访美时，就与美国总统卡特签署了《中美科学技术合作协定》。这为中美高能物理合作奠定了基础。随之，方毅代表国家科委与美国能源部签订了《在高能物理领域进行合作的执行协议》，并成立了中美高能物理联合委员会。中美高能物理合作，不仅为我国培养了一批高能物理高能加速器建造方面的骨干，同时还引进了国外的先进技术和仪器设备，对缩短对撞机工程的建造时间起了很大作用。作为热爱祖国的炎黄子孙，李政道博士在中美高能物理合作和帮助建造对撞机方面尽了自己的力量，他曾组织美国五大实验室的一流专家给该工程以诸多帮助。10月24日，中国科学院院长周

光召向邓小平等中央领导汇报了有关工程情况，邓小平仔细听着，偶尔插话询问一些具体情况。当介绍到对撞机工程得到了国际高能物理界同行们的大力支持时，邓小平带头鼓起掌来。面对国内、国外的专家以及有关负责同志，邓小平作了简短的讲话："说起我们这个正负电子对撞机工程，我先讲个故事。有一位欧洲朋友，是位科学家，向我提了一个问题：你们目前经济并不发达，为什么要搞这个东西？我就回答他，这是从长远发展的利益着眼，不能只看到眼前。""世界上一些国家都在制定高科技发展计划，中国也制定了高科技发展计划。下一个世纪是高科技发展的世纪。""过去也好，今天也好，将来也好，中国必须发展自己的高科技，在世界高科技领域占有一席之地。如果六十年代以来中国没有原子弹、氢弹，没有发射卫星，中国就不能叫有重要影响的大国。就没有现在这样的国际地位。这些东西反映一个民族的能力，也是一个民族、一个国家兴旺发达的标志。""现在世界的发展，特别是高科技领域的发展一日千里，中国不能安于落后，必须一开始就参与这个领域的发展。搞这个工程就是这个意思。还有其他一些重大项目，中国也不能不参与，尽管穷。因为你不参与，不加入发展的行列，差距越来越大。现在我们有些方面落后，但不是一切都落后。这个工程本身也证明了这一点。当然，有李政道和其他国际朋友的帮助，使我们少走弯路。但是这个工程不完全是照搬过来的，中间也还有我们自己的东西，有自己的创造。总之，不仅这个工程，还有其他高科技领域，都不要失掉时机，都要开始接触，这个线，不能断了，要不然我们很难赶上世界的发展。"[244]

307

1980年5月18日，中国成功地向太平洋预定海域发射了第一枚运载火箭

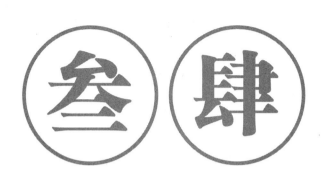

从恩格斯的"量变引起质变"的辩证法到"二野三野联合作战"

淮海战役是二野三野联合作战，从1948年11月6日至1949年1月10日，共歼灭国民党军55万人，解放了长江中下游以北广大地区。邓小平在1983年3月视察江苏等地回北京后对几位中央负责同志说：

解放战争时，毛泽东同志主张第二野战军和第三野战军联合起来作战。他说，两个野战军联合在一起，就不是增加一倍力量，而是增加好几倍的力量。经济协作也是这个道理。经济协作有许多思想问题要统一，但现在要开步走。

恩格斯（1820—1895年）。马克思主义的创始人之一，马克思的亲密战友，全世界无产阶级的伟大导师和领袖。生于普鲁士莱茵省巴门市，父亲是个纺织厂

从1948年11月至1949年1月，华东野战军和中原野战军发动淮海战役。图为淮海战役中被解放军摧毁的"汽车防线"。该防线是机械化装备优良的黄维兵团用800辆汽车在双堆集东南构筑的

1989年11月20日，邓小平在对二野历史的回顾中说："淮海战役是二野三野联合作战，用毛主席的话说，二野三野联合作战，不只是增加一倍两倍的力量，数量变，质量变，这是一个质的变化。淮海战役成立了总前委，由五个人组成，其中三个人是常委，我当书记。毛主席说对我说：'我把指挥交给你。'这是毛主席亲自交代给我的。"[245]

二野是解放战争时期人民解放军的主力部队之一，刘伯承任司令员，邓小平任政治委员。它是由抗日战争时期八路军129师逐步发展而建立起来的，解放战争初期称晋冀鲁豫野战军，1948年5月改称中原野战军。1949年2月，根据中央军委统一全军部队组织番号的指示，中原野战军改称第二野战军。1950年4月，中共中央决定撤销野战军和兵团番号，第二野战军所属部队归西南军区建制。三野是解放战争时期人民解放军的主力部队之一，陈毅任司令员兼政治委员。它是由抗日战争时期在华中的新四军大部和在山东的八路军一部逐步发展而建立起来的。解放战争初期，进到山东的新四军主力一部和留在山东的八路军一部组成山东野战军，留在华中的新四军部队组成华中野战军，1947年1月，山东野战军、

1945年，邓小平、刘伯承两家人合影

华中野战军合并为华东野战军。1949年2月，根据中央军委统一全军部队组织番号的指示，华东野战军改称第三野战军，1950年4月，中共中央决定撤销野战军和兵团番号，第三野战军所属部队归华东军区建制。

　　二野三野联合作战，给敌人心理造成了很大影响，黄维兵团的一名指挥官在黄维兵团长驱直入，进军十分顺利时对黄维说："共军作战，向来是在各自战场上行事，如今刘陈联璧，我军如入无人之境，会不会中诱军之计？"淮海战役，刘陈邓60万大军歼敌刘峙集团另加黄维兵团70万大军主力55.5万余人，按毛泽东军事思想中的一条基本规律；集中至少三倍以上于敌的优势兵

八路军战士在打草鞋

主，1837年中学还没毕业，就被父亲逼着去经商。在不来梅供职时，接近了激进的文学团体"青年德意志"，并在其刊物《德意志电讯》上发表文章，强烈反对君主政体、等级制度、贵族特权等。1841年去柏林服兵役，在此期间经常到柏林大学去听课，参加了青年黑格尔派小组，写了《谢林和启示》等著作，对谢林的反动神秘主义观点进行了批判。1842年9月服役期满后到英国曼彻斯特他父亲同别人合营的企业里工作。在这里，经常到工厂和工人住宅区去调查研究工人阶级的状况，同英国宪章运动的活动家来往，同时还为《莱茵报》和其他报刊撰稿。1844年2月在《德法年鉴》上发表了《政治经济学批判大纲》，从社会主义观点出发，对资本主义经济制度提出了批判，这时的著作表明他已由革命民主主义转向共产主义，由唯心主义转向唯物主义。

　　1844年8月底，恩格斯从英国回国，途经巴黎时会见了马克思，从此，两位伟

311

大的导师为全世界无产阶级解放事业并肩战斗到终生。恩格斯在巴黎和马克思合写了《神圣家族》，批判了青年黑格尔派的唯心主义哲学，阐明了人民群众是历史的创造者。1845年3月写完了《英国工人阶级状况》，揭示了资产阶级对工人的残酷剥削，第一次说明无产阶级不只是一个受苦的阶级，而且是能够争取自身最终解放的阶级，还提出了社会主义要与工人运动相结合的思想。1845年在布鲁塞尔和马克思合写了《德意志意识形态》，进一步批判青年黑格尔派的唯心主义，揭露德国"真正的社会主义"的真实面目，阐述历史唯物主义的基本原理。1847年同马克思一起加入共产主义者同盟，并领导该同盟。之后为同盟第二次代表大会起草了纲领草案，即《共产主义原理》。1847年12月至1848年1月，和马克思合写了科学共产主义的纲领性文献《共产

力打歼灭战，这60万大军也就是至少相当于210万大军，这不但使毛泽东十分高兴，而且惊动斯大林，斯大林曾在记事本上写道："六十万战胜了八十万，奇迹，真是奇迹！"新中国成立后，斯大林还让苏联驻华大使尤金了解和学习淮海战役胜利的原因，并向中国表示，淮海战役打得好，是中国革命战争史上的奇迹，也是世界战争史上少见的。[246]

淮海战役最初设想是在徐州以东的淮阴、淮安、海州等地打一个"淮海战役"，这被称为"小淮海"。后来到1948年11月中旬，变成"大淮海"，"攻取宿县"，"控制徐蚌段断敌退路"，"歼灭刘峙主力"，"再加上后来歼灭赶来增援的黄维兵团"，敌人共有70万，大炮2000门，飞机476架。淮海战役1948年11月6日打响，

1949年10月，邓小平参加开国大典后，踏上进军大西南的征途。这是他乘火车途经郑州

全歼黄伯韬兵团之后，于12月15日发起总攻，全歼黄维兵团；1949年1月6日对杜聿明集团发起总攻，到10日，杜集团被歼，淮海战役结束，全歼国民党军55万人，解放了长江中下游以北广大地区，使蒋介石的精锐主力丧失殆尽，国民党反动统治的中心南京以及上海、武汉等地，处于人民解放军直接威胁之下。

淮海战役胜利的消息传到西柏坡，毛泽东欣喜异常，立即以中共中央的名义发来贺电。后来毛泽东又十分高兴地对邓小平等人说："淮海战役打得好！好比一锅夹生饭，还没有完全煮熟，硬被你们一口一口地吞下去了。"消息传到南京，蒋介石大惊失色，痛苦不已，他撕心裂肺地吼道："完了！一切全完了！"说完，口吐鲜血。果然，淮海战役结束后的第11天，蒋介石便

为《新一代最可爱的人》一书题词（1983年）

党宣言》。《宣言》总结了以往无产阶级斗争的经验，论述了无产阶级革命和无产阶级专政的极其重要的思想，完整、系统而严密地阐明了他们的伟大学说，成为世界各国无产阶级运动的指南。在1877—1878年，第一次系统地论述了马克思主义的三个组成部分，发表《反杜林论》。从19世纪70年代初至1883年，致力于研究自然科学中的哲学问题，并作了许多札记，对当时的自然科学的最重要成就作了辩证唯物主义的概括，批判了自然科学中的形而上学和唯心主义观点，逝世后这些札记被辑录成《自然辩证法》一书。在该书中，恩格斯精辟地阐述了对立统一，否定之否定，量变引起质变等辩证规律。

1883年3月马克思逝世后，恩格斯从事整理和出版《资本论》的工作。1888年写了《路德维希·费尔巴哈和德国古典哲学的终结》。1895年8月5日恩格斯在伦敦病逝。

313

以"因故不能视事"为由,宣布"引退",随即离开南京,一去不复返。

1983年3月,邓小平视察江苏等地回北京后说:"搞经济协作区,这个路子是很对的。我主张不只是搞上海和山西两个经济协作区,也不要老是试点。老是在一些具体问题上试点,几年解决不了几个问题,这就太慢了。解放战争时期,毛泽东同志主张第二野战军和第三野战军联合起来作战。他说,两个野战军联合在一起,就不是增加一倍力量,而是增加好几倍的力量。经济协作也是这个道理。经济协作有许多思想问题要统一,但现在要开步走。"[247]

从明治维新到四川土话："运气来了，门板都挡不住"

316

明治维新是从1868年起在日本明治年间发生的资产阶级性质的改革运动，明治是日本天皇睦仁的年号。这次改革废除了封建割据的幕藩体制，建立了统一的中央集权国家，并且通过了一系列改革措施、逐步实现了资本主义的现代化。

邓小平在1977年5月同中央两位同志谈话时说：日本人从明治维新就开始注意科技，注意教育，花了很大力量。明治维新是新兴资产阶级的现代化，我们是无产阶级，应该也可能干得比他们好。

1977年5月24日，邓小平复出前夕，曾对中央两位同志说："日本人从明治维新就开始注意科技，注意教育，花了很大力量。明治维新是新兴资产阶级干的现代化，我们是无产阶级，应该也可能干得比他们好。"〔248〕三个月之后，即1977年7月，邓小平复出了，中国从此开始了一个改革开放的崭新的时代，其声势，其规模，其意义，远远超过了明治维新。邓小平开辟的改革开放事业，刷新了中国和世界的面貌。这场深刻的社会变革，以不可逆转之势，迅猛地向前发展着。历史学家汤因比曾写过十二卷辉煌历史巨著，全面展现人类社会有史以来曾经产生过的多个文明，并惊叹为什么唯有中华文明恒久不衰。然而，关于中国改革开放崛起之谜更值得人们研究，只是截至目前，还没有一部著作能够说得清楚这个问题。

邓小平的女儿毛毛在《我的父亲邓小平：文革岁月》中写道："父亲总爱说一句四川土话：'运气来了，门板都挡不住。'"〔249〕中国改革开放的成功，在于邓小平抓住了机遇。

邓小平是博弈大师。对于改革开放，他像打仗一样有章有法，不慌不忙，先求稳当，次求变化。在他刚刚复出的时候，"凡是派"还抱着

改革开放年代，一次拍卖会现场。中国的拍卖业一登场亮相，便身手不凡

"左"的一套不放，因此，尽管当时已确定发展经济是重点，可是邓小平仍然花了大量的时间和精力来扳倒"凡是派"，扫除发展现代化道路上的阻力。另外，他紧紧抓住拨乱反正这件事，把阶级斗争这根弦拨到恰如其分的位置，使全国人民顺了气，将包括所谓地、富、反、坏、右、叛徒、特务、走资派、知识分子九大类及其亲属，来了一个实事求是的大解决，使上亿的人松了绑，使全国人民看到了希望。好日子从此就要开始了！改革千头万绪，先从农村破题，然后是城市，然后是国营企业、各条战线、各行各业……来了一个全方位的改革。从地域上来讲，先是四个沿海特区加上14个开放城市开放，后来又提出打上海王牌，形成沿海、沿边、沿江"三边"开放热潮。1991年10月英国《经济学家》载文称赞邓小平从沿海到内地的开放战略："现在中国南部沿海不仅经济搞活了，而且它还是一个从东亚延伸到东南亚的中华民族网络的核心，这个华人网已使海外华侨成为该地区一股仅次于日本人的商业力量。金钱、工厂、管理人员以及贸易正在通过用语言和血统所开辟的渠道源源不断地流入中国。"现在改革开放已在全国每一个角落进行，西部大开发成为重点……

"坚持改革开放是决定中国命运的一招。"邓小平如是说。[250]在改革开放的整个过程中，他经常说：抓住机遇！抓住机遇！抓住改革开放！

1979年3月30日，邓小平在党的理论工作务虚会上说："社会主义现代化建设是我们当前最大的政治，因为它代表着人民的最大的利益，最根本的利益。"[251]

1982年10月14日，邓小平对国家计委负责同志说："准备有个抢时间的问题，不能不认真对

317

明治维新，是日本近代史上划时代的资产阶级改革运动。明治天皇（1852—1912），名睦仁。1867年即位，1868年改元明治。即位初期，日本发生维新运动，推翻了江户幕府统治，建立了天皇制专制政权。19世纪上半期，日本封建统治危机加深。1854年美国用武力强迫日本打开门户后，江户幕府相继同美、英、荷、俄、法等国签订不平等条约，促使阶级矛盾和民族矛盾尖锐化。此后，农民起义和市民暴动连绵不断，反对幕府统治和外国侵略，要求实行资本主义改革的"尊王攘夷"、"尊王倒幕"运动也迅速展开。1866年，萨摩（今九州鹿儿岛县）、长州（今本州山口县）两藩，在资产阶级化的下级武士领导下，结成联盟，展开倒幕运动。同时，农民和城市贫民的武装起义遍及全国，幕府统治完全陷于瘫痪状态。1868年1月，倒幕派发动政变，宣布"王政复古"，迫使将军德川庆喜把政权交给

深圳的蓬勃和特区证明，我们建立经济特区的政策是正确的。

邓小平 一九八四年 月廿二日

邓小平为深圳经济特区题词（1984年）

天皇睦仁。接着，倒幕军在京都附近打败幕府军，不久又进占江户（后改名东京）。从此统治日本二百余年的江户幕府被推翻，天皇制专制政府掌握了全国政权。新政府进行了一些资产阶级性的改革，如"版籍奉还"（版是指领地，籍指户籍）、"废藩置县"、"地税改革"等，促进了日本经济、社会的发展，通过改革，日本废除了封建幕藩体制，摆脱了殖民地危机，建立了近代的民族国家，生产力大为发展，工业化的进程大为加速。

待。哪些项目早上，哪些晚上，要有个安排，不能挤到一起。能早上的就集中资金早上，早上一年早得利一年，不然要拖到下个世纪去了。"[252]

1985年7月11日，邓小平说："我们要抓住时机，现在是改革的最好时机。"[253]

1987年5月12日，邓小平在会见荷兰首相吕贝尔斯时说："最近，我们党的总书记辞职，这样的事在你们那里不算一个问题。大概由于我们过去开放不够，一有变化好像就是中国发生大问题了。其实没有发生什么大事，我们很快就解决了。……我们现行的政策不会有任何变化，开放政策只会更加开放。"[254]

1990年3月3日，邓小平说："要实现适当的发展速度，不能只在眼前的事务里面打圈子，要用宏观战略的眼光分析问题，拿出具体措施。机会要抓住，决策要及时，要研究一下哪些地方条件更好，可以更广大地开源。比如抓上海，就算一个大措施。上海是我们的王牌，把上海搞起来是一条捷径。"[255]

1990年4月7日，邓小平对泰国客人说："中国人要振作起来。大陆已经有相当的基础。我们还有几千万爱国同胞在海外，他们希望中国兴旺发达，这在世界上是独一无二的。我们要利用机遇，把中国发展起来，少管别人的事，也不怕制裁。"[256]

1991年8月20日，邓小平对几位中央负责同志说："现在世界发生大转折，就是个机遇。……我们不抓住机会使经济上一个台阶，别人会跳得比我们快得多，我们就落在后面了。要研究一下，我总觉得有这么一个问题，机会难得呀！"〔257〕

　　为了抓住机遇搞改革开放，邓小平发明了一个不搞争论的高招。邓小平说："不搞争论，是我的一个发明。不争论，是为了争取时间干。一争论就复杂了，把时间都争掉了，什么也干不成。不争论，大胆地试，大胆地闯。农村改革是如此，城市改革也应如此。"〔258〕两千多年前老子曾经说过："以其不争，故天下莫能与之争。"这个不争论，不是单指国内，也是指国

　　1997年8月23日和24日，北京市公交公司在月坛公园举行下岗职工招聘会，招聘370名汽车司机，头一天开始不到两个小时就有上万人拥进会场，参加报名咨询

1996年5月15日，在贵州西南贫困山区，一个矿工在为赫章县野马川镇的小煤窑业主韩士辉（站立者），从半公里多的斜道井下一次拉上来225公斤重的煤。按协议，小业主付给矿工13元工钱

320

际。反正不跟你争，不以意识形态画线，放弃冷战思维。不争论，是为了埋头苦干，是为了前进，为了抓住机遇，为了改革开放的更大成功。甚至姓社姓资也不要争。

邓小平在视察南方的谈话要点中说："改革开放迈不开步子，不敢闯，说来说去就是怕资本主义的东西多了，走了资本主义道路。要害是姓'资'还是姓'社'的问题。判断的标准，应该主要看是否有利于发展社会主义社会的生产力，是否有利于增强社会主义国家的综合国力，是否有利于提高人民的生活水平。"[259]因此，他大声疾呼："要抓住机会，现在就是好机会。我就担心丧失机会。不抓呀，看到的机会就丢掉了，时间一晃就过去了。"[260]不要争论姓"社"姓"资"，努力发展中国的四个现代化，这是邓小平改革开放智慧的点睛之笔，它已经而且将会继续加速推进中国特色社会主义的胜利进程。

改革开放20多年了，农村实行家庭联产承包制，农民收入大为增加，乡镇企业异军突起，几亿农民奔小康。城市的改革逐步推进。1979年7月，国务院发文对企业的计划权、财务权、销售权、外贸权、劳动权作了相应的扩大；1984年5月，又在生产经营、销售、产品价格、物资采购、资金使用、资产处理、机构设置、劳动人事、工资奖励、联合经营等十个方面进一步扩大企业自主权。1988年4月通过《中华人民共和国全民所有制工业企业法》，企业开始与政府部门脱钩，实行政企分开；同时，多种经济成分并存的局面开始出现，允许个体、私营、外资、独资等非公有经济成分存在，土地的使用权可以依法转让，于是有了农村土地的有偿承包，有了城市的房地产市场。邓小平是最早洞悉中国城乡迅速活跃奥秘的。早在1985年10月23日，邓小平在会见美国时代公司组织的美国高级企业家代表团时就说过："把计划经济和市场经济结合起来，就更能解放生产力，加速经济发展。"随着改革开放的深层次、全方位推进，股市、证券、期货等等发展社会经济行之有效的种种经济现象出现了，据世界银行估算，1997年我国的经济总量

中国第一个参加两届奥运会的女子体操选手——刘璇，在悉尼奥运会上夺取平衡木金牌，给自己的体操生涯画上了一个圆满的句号

已跃居世界第七位，排在美国、日本、德国、法国、英国和意大利之后，中国的改革开放事业，取得了举世瞩目的成就，如今，小康目标已基本达到，20年来，国内生产总值由1978年的3624亿元猛增至1999年的82054亿元，按可比价格计算，平均每年增长9．1％。改革开放20年，是我国真正集中力量进行社会主义现代化建设的20年，是我国经济发展最快、国力增强最多、人民得到实惠最多的20年。[261]

1989年，美国前总统尼克松又一次来到中国北京。在回忆与邓小平的会见时，尼克松说，当摄影记者走了以后，邓小平"变得活跃了许多。当时，这位中国身经百战幸存下来的年长的领导者已几乎完全失去听力。他谈话有一种超现实的性质，翻译把我的话翻译成汉语，对着他的左耳大声喊，而他的女儿又用尖嗓音把这些话传进他的右耳。尽管他在听力上有困难，但作为他

2000年9月6日至8日，主题为"21世纪联合国的作用"的联合国千年首脑会议在纽约联合国总部举行。图为9月6日参加会议的各国领导人在纽约联合国总部合影留念

的国家的最高领导人，他却毫无困难地认识到自己的责任。他告诉我说，中国在经过若干年对外国人卑躬屈膝之后，现在是团结的和独立的，中国人民永远不会饶恕他们的领导者向另一个国家道歉。中国由于其巨大的自然资源和人力资源，不可避免地会在下一个世纪成为经济和军事超级大国。那时，我们需要中国作为我们的朋友。""拿破仑曾经把中国叫做'沉睡的巨人'。今天中国已经成为觉醒的巨人，永远抛弃了它在六十年代奉行的自我孤立政策，在可以预见的将来成为世界事务中的一个主要的边缘政治中心力量。"〔262〕

解铃还需系铃人。邓小平抓住机遇，要美国人采取主动，解开美中关系之结。

邓小平这种机敏的智慧由来已久。只有经验丰富的政治家和久经风浪的革命家才会感受到林彪机毁人亡后的时机对于他们的价值。当年，在

1980年1月1日，邓小平、宋庆龄、邓颖超、罗叔章出席全国政协举行的新年茶话会

江西新建县拖拉机厂劳动的邓小平得知这一信息之后，马上表态声讨林彪，并且"希望有一天还能为党做点工作，当然是做一点技术性质的工作"〔263〕。邓小平给毛泽东的信有了回音，在邓小平复职之后，毛泽东还派他到联合国大会去作了"中国永远不做超级大国"的著名发言。邓小平第三次复出之后，国际国内形势允许他放开手脚大干一番，于是他兢兢业业、踏踏实实进行了一次比日本明治维新更为深刻的改革。

"邓小平前无古人"。如是在评价中国历史上的这位伟人时说。〔264〕

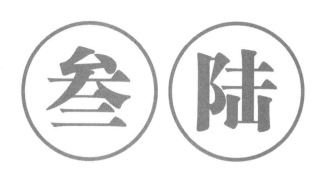

从孙中山的"建国方略"到"用中国的历史教育青年"

孙中山（1866—1925年），广东香山（今中山市）人。我国伟大的革命先行者，早年行医于澳门、广州，1905年在日本组织同盟会，被推为总理，提出三民主义学说。1911年辛亥革命时，被十七省代表推选为中华民国大总统，1913年起兵讨伐袁世凯，1917年在广州召开国会非常会议，誓师北伐。1921年就任非常大总统，1924年宣布实行联俄、联共、扶助农工三大政策，1925年在北京逝世。

1987年2月，邓小平同加蓬总统邦戈会谈时说，中国从鸦片战争起沦为半殖民地半封建社会，中国人成了世界著名的"东亚病夫"。从那时起的近一个世纪，我国有识之士包括孙中山都在寻求中国的出路。这个历史告诉我们，中国走资本主义道路不行，中国除了走社会主义道路没有别的道路可走。

孙中山（1866—1925）我国伟大的革命先行者。名文。字逸仙，广东香山（今中山）人。1892年在香港西医

1987年2月18日，邓小平提出要用中国的历史教育青年。

邓小平说：

"中国从鸦片战争起沦为半殖民地半封建社会，中国人成了世界著名的'东亚病夫'。从那时起的近一个世纪，我国有识之士包括孙中山都在寻求中国的出路。孙中山开始就想学习西方，所谓西方即资本主义。后来，孙中山觉得资本主义西方不行了，提出'以俄为师'，学习十月革命后的俄国，开始了国共合作，导致北伐战争的胜利。孙中山逝世以后，国民党的统治使中国继续处在半殖民地半封建社会的悲惨地位，在日本侵华期间大片国土沦为殖民地。在帝国主义、封建主义和后来发展起来的官僚资本主义压迫下，中国继续穷下去。这个历史告诉我们，中国走资本主义道路不行。中国除了走社会主义道路没有别的道路可走。"〔265〕

1943年，邓小平在《太行区的经济建设》的文章中说：

"我们的减租减息和交租交息的政策，给发展生产开辟了一条广阔的道路。凡是减了租息的地方，广大劳动人民的抗战热情和生产积极性都

旧时不堪重税的四川饥民

孙中山与宋庆龄

大大增强了。而在减租减息之外，政府还规定必须交租交息。以减租减息交租交息政策稳定各阶层的关系，加强各阶层的团结，号召各阶层人民努力生产积蓄，由自给自足向着丰衣足食的道路前进。为了达到这个目的，政府还颁布了重要法令，规定'存粮存款不负担'，'雇工工资一半不负担'，'羊群不负担'，'负担照抗战后平年应产粮计算，多收产粮归人民自己'等等，并奖励劳动英雄和'吴满有运动'的参加者，这就是限制封建剥削下促进国民经济发展的方针。这也是孙中山先生给我们指示出的道路。"〔266〕

孙中山曾经形容中国为一盘散沙。

1980年1月16日邓小平说：

"中国一向被称为一盘散沙，但是自从我们

书院毕业后，行医于澳门、广州，早年即有志反清。1894年北上上书李鸿章，提出革新政治主张，被拒绝，于是赴檀香山组织兴中会。次年在香港设机关，准备在广州起义未成，1900年派人至惠州、三洲田发动起义，失败后继续在国外开展革命活动。1905年在日本领导兴中会联合华兴会和光复会组成中国同盟会，被推为总理，确定"驱除鞑虏，恢复中华，建立民国，平均地权"的资产阶级革命纲领，提出"三民主义学说"，创办《民报》，宣传革命，同当时的中国改良派激烈论战。此后在国内外发展革命组织，联络华侨、会党和新军，多次发动武装起义。

辛亥革命之后，1912年1月1日上午10时，孙中山乘沪宁铁路专用花车起行，临南京宣誓就任临时大总统。上海各界万余人在车站送行，车抵南京下关，停泊在长江江面的军舰发炮二十一响。

孙中山宣读誓词说：颠覆满洲专制政府，巩固中华民国，图谋民生幸福，此国民之公意，文实遵之，以忠于国，为众服务。至于专制政府既倒，国内无变乱，

党成为执政党，成为全国团结的核心力量，四分五裂，各霸一方的局面就结束了。只要我们党的领导是正确的，那就不仅能够把全党的力量集合起来，而且能够把全国人民的力量集合起来，干出轰轰烈烈的事业。资本主义国家的多党制有什么好处？那种多党制是资产阶级互相倾轧的竞争状态所决定的，它们谁也不代表广大劳动人民的

同盟会员秋瑾在日本拍摄的男装照

民国卓立于世界，为列邦公认，斯时文当解临时大总统之职。

. 1913年3月因袁世凯派人刺杀宋教仁，即主张起兵讨袁，但因党内意见分歧，在袁出兵进攻时仓促应战，旋即失败。1914年在日本建立中华革命党，次年发表《讨袁宣言》。1916年又发表《第二次讨袁宣言》。1917年段祺瑞解散国会，他在广州召开国会非常会议，组织护法军政府，当选为大元帅，誓师北伐。1918年因受桂系军阀和政学系的挟制，被迫去职，至上海，次年创办《建设》杂志，发表《实业计划》，并将中华革命党改组为中国国民党。1920年回广东，次年就任非常大总统。1922年因陈炯明叛变，退居上海。屡经失败，陷入绝望境地。俄国十月社会主义革命胜利和中国共产党的成立，给了他以新的希望，他实行了联俄、联共、扶助农工三大政策，改组国民党。1924年4月12日，孙中山制定《国民政府建国大纲》。

《大纲》规定：

国民政府本革命之三民主义、五权宪法，以建

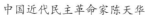
中国近代民主革命家陈天华

329

利益。在资本主义国家，人们没有也不可能有共同的理想，许多人就没有理想。这种状况是它们的弱点而不是强点，这使它们每个国家的力量不可能完全集中起来，很大一部分力量互相牵制和抵消。"[267]

1987年2月邓小平说："历史告诉我们，中国走资本主义道路不行，中国除了走社会主义道路没有别的道路可走。一旦中国抛弃社会主义，就要回到半殖民地半封建社会，不要说实现'小康'，就连温饱也没有保证。所以了解自己的历史很重要。青年人不了解这些历史，我们要用历史教育青年，教育人民。"[268]

设中华民国。大纲规定民主主义的建设是建国的首要任务，政府要和人民协力解决全国人民的衣食住行四大需要；民权主义建设是由政府训导人民，提高政治知识能力，行使选举、罢免、创制、复决四种权力；民族主义建设是政府要扶植国内弱小民族，使之自决自治，对外抵御帝国主义的侵略，修改不平等条约，恢复国际平等和国家独立。大纲把建国程序分为军政、训政、宪政三个时期。《国民政府建国大纲》是孙中山建立一个资产阶级民主共和国的设想。1924年11月，孙中山应邀北上讨论国是，提出"召开国民会议和废除不平等条约"两大号召，同帝国主义和北洋军阀段祺瑞、张作霖等做斗争，1925年5月12日孙中山在北京逝世。

孙中山遗嘱主张："革命尚未成功，同志仍须努力。……必须唤起民众，及联合世界上以平等待我之民族，共同奋斗。"孙中山在哲学上，提出"知难行易说"，批判了"知之非艰，行之惟艰"的保守思想，遗著编为《中山全集》或《总理合集》多种。

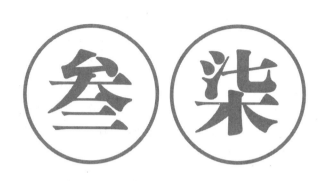

从批评"阿Q主义者"到党员的民主政治斗争的常识与锻炼

1941年4月，邓小平在中共中央北方局《党的生活》杂志上撰文，指出有些共产党人错误地估计了形势，过去我们有些高唱优势的同志，认为共产党员占多数了，天下是我们的了，因而可以为所欲为了，于是许多错误由之而生，中间分子对我不满，进步分子非常不安，群众对党的舆论也不好，除了阿Q主义者，谁能说党已经有了优势！

鲁迅（1881—1936），原名周树人，字豫才，浙江绍兴人，中国现代文学家、思想家和革命家。出身于破落的封建家庭。1902年去日本留学，原学医，后从事文艺工作，企图用以改变国民精神。1905至1907年，以孙中山为首的革命派和以康有为、梁启超为首的改良派展开大论战时，鲁迅站在革命派一边，发表了《摩罗诗力说》、《文化偏至论》等重要论文。1909年回国，先后在杭州、绍兴任教，辛亥革命后，曾任南京临时政

1941年4月，邓小平呕心沥血建边区，致力于抗日民主政权建设。进入1941年后，华北敌后抗战进入了最艰苦的阶段。经过百团大战的沉重打击的日军把侵华的重点转到敌后，在华北推行所谓治安强化运动，实行"三光"政策，"囚笼"政策，到处设立据点，连续不断进行扫荡，太行根据地日益缩小，由1939年的104000千平方公里降到1941年的81000平方公里，冀南区的人口减少了二分之一，部队大量减员，农业生产也因天灾和敌人的频繁扫荡而歉收，军民生存感到极大困难，有人开始对抗战的前途产生了怀疑。邓小平在《党与抗日民主政权》一文中说："几年来，'以党治国'的思想曾经统治了某些区域，甚至有些区域的领导同志还长期存在着这种顽固的思想，它所造成的恶果也不小……这些同志误解了党的优势，以为党员包办就是绝对优势，不了解真正的优势要表现在群众拥护上。把优势建筑在权力上是靠不住的。'一二九'北平学生运动时，宋哲元用了自己的权力——军队、监狱、警察、大刀、水龙去对付革命的学生，试问能说当时的优势是在宋哲元手上吗？这当然是说不通的。过去我们有些高唱优势的同志，认为共产党员占多数了，天下是我们的了，因而可以为所欲为了，于是许多过左的错误由之产生，中间分子对我不满，进步分子非常不安，群众对党的舆论也不好。除了阿Q主义者，谁能说党已经有了优势！"[269]

邓小平在这里所批评的阿Q主义者，是指那些缺乏现实感，自我陶醉，整日躺在虚幻的优胜、优势上过日子的人。在抗日战争最艰苦的阶段，误解了党的优势，以为党员包办就是优势，结果造成了许多"左"的错误，使得中间分子对我们不满，进步分子非常不安，群众对党的舆论

也不好，鉴于这种状况，邓小平告诫这些领导人，把优势建筑在权力上是靠不住的。

邓小平在这篇文章中所批评的阿Q主义者，他们以为在三三制的政权机构中，只要组织成分上占了多数，以为一切问题只要党占多数，一举手万事皆迎刃而解，殊不知这是麻痹党腐蚀党，使党脱离群众的最好办法。邓小平提出："优势从何而得？一方面从组织成分上去取得，这在三三制原则本身是包含着的，但更基本的是从民主政治斗争中去取得，即是说，主要从依靠于我党主张的正确，能为广大群众所接受、所拥护、所信赖的政治声望中去取得。"〔270〕

邓小平所批评的阿Q主义者，"他们误解了党的领导，把党的领导解释为'党权高于一切'，遇事干涉政府工作，随便改变上级政府法令，不通过行政手续，随便调动在政权中工作的干部；有些地方没有党的通知，政府法令行不通，形成政权系统中的混乱现象，甚有把'党权高于一切'发展成为'党员高于一切'者，党员可以为非作歹，党员犯法可以宽恕，其结果呢？结果非党干部称党为'最高当局'（这是最严酷的讽刺，不幸竟有人闻之沾沾自喜！），有的消极不敢讲话，有的脱离我们以至反对我们，进步分子则反为我忧虑。结果群众认为政府是不中用的，一切要决定于共产党。于是要钱的是共产党，要粮的是共产党，政府一切法令都是共产党的法令，政府一切错误都是共产党的错误，政府没有威信，党也脱离了群众，这实在是最大的蠢笨！〔271〕"

为什么产生上述问题呢？邓小平认为这与国情有关。邓小平指出："假如说中国是一个半封建的缺乏民主的国家，则反映到党内的是：共产党员一般缺乏民主的习惯，缺乏民主政治斗争的

1936年10月19日，鲁迅病逝，图为晚年的鲁迅

府和北京政府教育部部员、佥事等职，兼在北京大学、女子师范大学等校授课，1918年5月，第一次用鲁迅的笔名，发表中国现代文学史上第一篇白话小说《狂人日记》，对"人肉的筵席"般的封建制度进行了控诉，奠定了新文学运动的基石。五四运动前后，参加《新青年》杂志的工作，站在反帝反封建的新文化运动的最前列，并同早期共产主义者李大钊等取一致步调，坚决反对妥协投降，成为"五四"新文化运动的主将。1918年至1926年间，陆续创作出版了《呐喊》、《坟》、

《热风》、《彷徨》、《野草》、《朝花夕拾》、《华盖集》、《华盖集续编》等专集，表现出爱国主义和彻底的革命民主主义的思想特色。其中，1921年12月发表的中篇小说《阿Q正传》，是中国现代文学史上杰出的作品之一。在这一时期，鲁迅开始接触马列主义，1926年去厦门大学任教，1927年1月到当时革命中心广州，在中山大学任教。1927年

常识与锻炼。假如说西欧共产党带有若干社会民主党的不良传统，则中国党或多或少带有一些国民党的不良传统。某些同志的'以党治国'的观念，就是国民党恶劣传统反映到我们党内的具体表现。"[272]

为了理顺党与抗日民主政权的关系，邓小平认为：以党治国的观念必须尽快予以摒除。为此，邓小平提出：党对政权要采取指导和监督的政策。所谓指导，它的权力只限于"命令政府中党团和党员"、"必要时用党的名义向政府提出建议"，而"绝对没有命令政府"的权力。以"党的名义"提建议不是无条件的经常性的，而是"必要时"方可采用。此外，"只有党正式决定的代表才有权代表党说话，提议案，或与其他党派接头"，任何个人不得擅自以党的名义出面，"指导"的目的是为了"使党的主张能够经过政权去实行"。邓小平充分肯定了民主政治的

旧时中国南方城镇中的手工制茶工人

好处，认为"它能及时反映各阶级各方面的意见，使我们能够正确地细心地去考虑问题解决问题；它能够使我们从群众的表现中去测验我党的政策是否正确，是否为群众所了解所拥护；它能够使我们对事物感觉灵敏，随时具有高度的警惕性；它能够使我们党得到群众的监督，克服党员堕落腐化的危险，及时发现投机分子以及破坏分子而清洗出党；它能在民主政治斗争中提高党员的斗争能力，党更加接近群众，锻炼党使党成为群众的党。"〔273〕

在邓小平的直接领导下，从1941年4月开始，太行根据地开展了村选活动，经过宣传教育、发动、调查户口、登记公民、划分小组、民主选举几个步骤，产生出村政委员会和村长。随后选举边区临时参议会参政员。在此基础上，经过一段时间的筹备，7月7日，晋冀豫临时参议会在太行辽县桐裕开幕，邓小平以中共首席代表身份出席了会议。会上，由于同意把鲁西33个县划入，所以晋冀豫临时参议会改名为晋冀鲁豫临时参议会，同时成立晋冀鲁豫边区政府。制定和通过了《晋冀鲁豫边区临时参议会组织条例》、《晋冀鲁豫边区政府组织条例》和施政纲领。根据"三三制"原则，临时参议会选举中共党员申伯纯为议长，无党派人士宋维周和国民党员邢肇棠为副议长。晋冀鲁豫边区临时参议会和政府的成立，标志着太行根据地的政权建设进入了一个新的阶段，此后，在边区参议会和政府领导下，根据地的各项建设全面开展起来，对战胜困难、持久抗战起到了巨大的积极作用。

邓小平关于《党与抗日民主政权》构筑的思想和主张，反映出他的远见卓识，至今并未失去它的价值，读来仍使人振聋发聩，倍感亲切。这应该是半个世纪后，邓小平主张进行政治体制改

"四一二"蒋介石政变后，愤而辞去中山大学一切职务。其间，目睹青年中也有不革命和反革命者，受到深刻教育。从1930年参加左翼作家联盟起，鲁迅写下大量杂文，收辑在《而已集》、《三闲集》、《二心集》、《南腔北调集》、《伪自由书》、《准风月谈》、《花边文学》、《且介亭杂文》等专辑中，鲁迅学贯中西，学识渊博，见解犀利。另编著《中国小说史略》、《汉文学史纲要》，整理《嵇康集》，辑录《会稽郡故书杂集》、《古小说钩沉》、《唐宋传奇集》、《小说旧闻钞》等等。鲁迅逝世后，上海各界将其誉为"民族魂"。

335

《阿Q正传》是从1921年12月起，鲁迅以巴人的笔名陆续发表在北京《晨报》副刊的中篇小说，后收入《呐喊》。它以辛亥革命前后的社会为背景，通过雇工阿Q的典型形象，反映了一个中国式的堂吉诃德式的人物，他以精神胜利法为生

革，进一步发展扩大民主的最初思想源头。[274]

对阿Q式的人物，鲁迅的态度是"哀其不幸，怒其不争"；对抗战根据地中某些领导者阿Q式的愚蠢，邓小平除了辛辣地进行讽刺外，还提出了一系列纠正的办法。邓小平的态度，显示了一个成熟的政治家的政治智慧与风范。

活宗旨，进行阿Q式的"爱情"、阿Q式的"革命"、画阿Q式的圆。最后被绑赴刑场，他居然喊出阿Q式的口号："二十年后又是一条好汉！"鲁迅通过阿Q这一典型形象，暴露了中国国民性乃至整个人类人性的弱点。《阿Q正传》是中国现代文学史上奇书，是举世公认的名著。

336

20世纪20年代春初，各地"闹荒风潮"迭起。图为在北京施粥厂吃粥的三个孩子

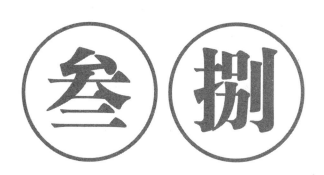

从当年"陕甘宁边区杀开一条血路"到办经济特区

1984年2月，邓小平指出："特区是个窗口，是技术的窗口，管理的窗口，知识的窗口，也是对外政策的窗口。"邓小平给深圳经济特区题词："深圳的发展和经验证明，我们建立经济特区的政策是正确的。"

陕，古地名，《公羊传·隐公五年》："自陕而东者，周公主之；自陕而西者，召公主之。"一说即战国陕陌，汉以后陕县，今河南陕县。陕西省简称陕或秦，在黄河中游，春秋战国时为秦地，秦为内史及上、汉中等郡，部分属北地郡。第二次国内革命战争时期，在陕北建有革命根据地。延安是革命圣地，1937年至1947年为中共中央所在地。陕甘革命根据地位于陕西北

陕甘宁边区纸币

1979年4月，邓小平听取了中共广东省委第一书记、省革委会主任习仲勋的汇报。习仲勋说："广东是祖国的南大门，毗邻港澳，国际交流频繁，是我国的主要口岸之一，在海外华侨有八百二十万人，可允许华侨、港澳商人直接投资办厂，或同他们举办合营企业和旅游等事业。"

邓小平插话："这个想法不错。"邓小平说："中国的改革开放，先从东南沿海地区搞起。东南沿海地区的改革开放，得先从广东、福建搞起，广东的改革开放，也得抓一个突破口，搞一个试验场，放开手搞，万一失败了，也不要紧，就那么一块小地方，关系不大。"

那么这一块地方，选在哪里？邓小平的手随着目光在移动，移向南方，移向东西方政治经济交汇处——深圳！叫工业区？贸易区？出口加工区？都不大准确，邓小平没有发话，叫大家考虑考虑再说。晚饭后，邓小平与习仲勋在中南海院内散步，散步是邓小平在江西新建县拖拉机修配厂劳动时养成的习惯。不过那时住的"将军楼"的院子太小了，不像中南海的院子这么大。他们边散步边回忆当年在延安的情景，那时习仲勋任中共陕甘宁边区特委代理书记。突然邓小平停住了脚步，回到了下午散会前未表态的问题上来："深圳，就叫特区吧！"习仲勋："特区？"邓小平斩钉截铁地说："对，那块地方就叫深圳特区。"邓小平讲到这里，对习仲勋说："你不记得呀，过去陕甘宁边区不就叫特区吗？你不是陕甘宁特委代理书记嘛。当时中央没有钱，不是你们自己去搞，杀出一条血路来的吗？"习仲勋连连点头称是："是的，今天，我们按小平同志指示，在深圳办一个特区，中央不给钱给政策，我们在那里杀出一条血路来。"[275]

特区办起来以后，争论就出来了，在特区是

1939年4月4日，陕甘宁边区颁布《土地条例》。这是毛泽东和延安杨家岭农民在亲切交谈

姓社还是姓资的问题上分歧特别尖锐。有位资历很长的"老革命"到深圳看了以后，满腔激愤，痛哭流涕，说深圳特区除了一面五星红旗以外，其余的什么都是资本主义的。果真是这么回事吗？诚然，深圳的夜总会多，酒吧多，女人穿得比较暴露，卖花小姑娘追逐着成双成对的恋人；深圳的外商多，外资多，深圳的蛇口，八卦岭，打工仔打工妹受雇于私营企业主，常常加班加点，有的出厂门要搜身，有人说这是"野麦岭现象"在中国的重演；深圳的银行多于米铺，深圳的发廊多，可是，这毕竟是表面现象，深圳经济特区深层次的变化并非如此。

1984年元月24日，距农历春节还有七天，紫荆在特区的路旁已绽开红色的花朵，象征吉祥喜庆的盆盆金橘摆上了特区人居室的阳台。在深圳特区诞生后的第五个春天的这个中午，邓小平迈着稳健的步伐，踏上了中国改革开放前沿地带的这片热土。王丛标的《邓小平与深圳特区》记下了这个生动的故事：

汽车驶向深圳特区迎宾馆桂园别墅。路上，邓小平按捺不住急切的心情，几次轻轻地拨开车窗的纱帘，注视着一掠而过的楼群、工地、人流……

邓小平说：经济特区是我的提议，中央的决

部和甘肃东部。包括陕甘和陕北两区。1928年春，共产党人刘志丹、谢子长在陕西渭南、华县一带领导群众举行谓华起义，组织工农革命军，开展游击战争，1932年成立中国工农红军第26军，开辟了以保安（今志丹）以南之南梁为中心的陕甘边区革命根据地。1934年，成立中国工农红军第27军，开辟了陕西革命根据地，1935年春，红二十六军和红二十七军配合，粉碎了国民党军对根据地的第二次"围剿"，解放了延川、延长、安塞、保安、安定、靖边等县，使陕甘、陕北两个根据地连成一片，建立了陕北工农民主政府，开展土地革命和游击战争。1935年10月，中共中央率中央红军长征到达陕北后，成为革命的中心根据地。1937年抗日民族统一

339

战线建立后，陕甘革命根据地改名为陕甘宁边区，共辖延安、鄜县（今富县）、甘泉、延川、延长、安定（今子长）、安塞、保安（今志丹）、靖边、神木、府谷、定边、栒邑（今旬邑）、淳化、环县、庆阳、合水、镇原、宁县、正宁、盐池、绥德、清涧、吴堡、米脂、葭县（今佳县）等二十余县，首府延安。整个抗日战争时期，党中央一直在边区领导全国人民进行抗战。陕甘宁边区成为全国抗战的中心和敌后抗日根据地的总后方。边区军民执行了抗日民族

抗战时，站岗放哨的儿童团员

定。五年了，到底怎么样，我要来看看……

下午，在迎宾馆六号楼会议室，邓小平听取深圳市委的工作汇报……

市委书记、市长梁湘站在特区规划示意图前，介绍着深圳特区自然状况。五年来引进外资的情况，基建工作进展的情况。特区拉起了一条铁丝网，梁湘说，几年来特区工农业产值、财政收入增长很快，1982年工业产值为3.6亿元，1983年达到7.2亿元……

"那就是一年翻了一番喽！比办特区前的1978年增长了十多倍，财政收入也比四年前增长了十倍，去年达到三亿多。"

邓小平满意地点点头。

听完市委的汇报，邓小平乘车来到刚刚竣工开业的国际商业大厦。在商场忙于采购年货的特区人发现了身穿深灰色便服的邓小平，喜出望外，热烈鼓掌欢迎。……

邓小平登上二十层高的国商大厦楼顶，俯瞰正在建设中的罗湖区新城、拔地而起的60多幢18层以上的高楼群……

对面，是正在施工的国贸大厦，这座后来被誉为深圳的象征的53层的现代化建筑，正以"三天一层楼"的速度升腾，赢得了蜚声中外的"深圳速度"的美称……

邓小平说："看见了，我都看清楚了……"

25日上午，邓小平访问了深圳河畔的渔民村，这个村子，人均年收入2800元，每个劳动力年收入5970元，劳动力月收入439元。这时，陪同人员对邓小平说："比您的工资还高呢。"

25日下午，邓小平参观了上步区深圳中航技术进出口公司，听取该厂关于电脑软件开发、发展智力密集型产品的企业发展情况，参观了人和计算机下象棋的表演……

26日上午，邓小平来到蛇口工业区办公大楼，听取袁庚的工作汇报。袁庚说，办特区之前，蛇口是个人口外流外逃的口子，办了特区之后，不但人员不外流了，相反，现在是人口回流，资金回流。几年来由客商独资或合资兴办了47家企业，其中30家已投产，10家赢利，企业职工工资水平已超过澳门，蛇口实行了一系列的改革……

在蛇口，邓小平视察了微波通讯站，而后到合资企业华益铝材厂和海上旅游中心参观，并为旅游中心题词："海上世界"四个字。

后来，邓小平走了，他去了珠海、厦门……

深圳特区的人们等待着邓小平的评价。在离开深圳到达广州后，邓小平题词了，表态了，特区的人们上上下下欣喜若狂，奔走相告。邓小平的题词是："深圳的发展和经验证明，我们建立经济特区的政策是正确的。"〔276〕

回到北京后，邓小平同几位中央负责同志说："我们建立经济特区，实行开放政策，有个指导思想要明确，就是不是收，而是放。

"这次我到深圳一看，给我的印象是一片兴旺发达。深圳的建筑速度相当快，盖房子几天就

统一战线政策，建立"三三制"政权，实行减租减息，开展大生产运动和经济，文化建设，发展武装斗争，战胜了国民党顽固派的军事包围和经济封锁，打退了日本侵略军的数次进攻，使陕甘宁边区成了模范的抗日根据地。1946年蒋介石发动全面内战后，党中央和毛泽东仍在边区指挥全国的解放战争，粉碎了胡宗南的进攻，推动了全国解放战争的胜利发展。

341

延安抗大的学员在排练合唱节目

是一层，一幢大楼没有多少天就盖起来了。那里的施工队伍还是内地去的，效率高的一个原因是搞了承包制，赏罚分明。深圳的蛇口工业区更快，原因是给了他们一点权力，五百美元以下的开支可以自己做主。他们的口号是'时间就是金钱，效率就是生命。'

"特区是个窗口，是技术的窗口，管理的窗口，知识的窗口，也是对外政策的窗口。从特区可以引进技术，获得知识，学到管理，管理也是知识。特区成为开放的基地，不仅在经济方面、培养人才方面使我们得到好处，而且会扩大我国的对外影响。听说深圳治安比过去好了，跑到香港去的人开始回来，原因之一是就业多，收入增加了，物质条件也好多了，可见精神文明说到底是从物质文明来的嘛。"[277]

关于邓小平为深圳特区题词，广东省委负责搞接待的关相生讲过一个故事：原来，小平同志在深圳听取市委汇报时，一直没有表态。深圳的同志当时不敢提出请小平同志题词，后来听说小平同志已为蛇口、珠海题了词，深圳的同志急了，希望小平同志也能为深圳题词。这时已是腊月三十（2月1日），小平同志已回到广州。深圳的领导同志马上派接待处处长张荣同志来请示。当时时间紧迫，考虑到如果按正常渠道费时费事，一道道关不容易通过，不如直接找毛毛帮助。毛毛非常高兴地对着小平同志说："老爷子，你到深圳参观，他们接待得很好。现在派人来请您题词。"小平同志听后说："好，拿笔来。"原来准备好供小平同志参考的内容，他都没有选用，拿起笔一挥而就："深圳的发展和经验证明，我们建立经济特区的政策是正确的。"落款时间是"1月26日"[278]。

1984年元月26日，邓小平在王震、杨尚昆、

在延安的土窑洞领导抗日斗争的毛泽东

342

刘田夫、梁灵光的陪同下，从深圳乘海军炮艇首次到珠海视察，市委领导吴健民、梁广大等人前往迎接，陪同视察了九洲港、毛纺厂、直升飞机场和石景山旅游中心。邓小平了解到珠海初步改变了昔日贫困落后的面貌，一个以工业为主，农渔牧业、商贸旅游业综合发展的现代化花园式海滨城市和经济特区已经初具规模。元月28日晚，邓小平接见了澳门的柯正平、郑华和港澳知名人士马万祺、霍英东。邓小平说：办特区是我倡议的，看来路子走对了。元月29日上午，邓小平视察特区电脑厂。当听到该厂负责人讲到我们中国人多，只要大胆引进机样，然后加强学习、消化、创新，是完全有条件大量生产软件，并引进智力输出时，邓小平不断点头表示意说："搞软件生产，咱们中国有条件。"

343

邓小平为珠海经济特区题词："珠海经济特区好。"

1984年2月7日，一列火车驶进鹭岛，邓小平来到了厦门。项南等省市领导人迎上前去："欢迎您，小平同志！"

在从火车站到宾馆的路上，邓小平边看边听项南等人的介绍，心情兴奋。1月下旬，邓小平视察了深圳、珠海，看到一片兴旺发达景象。2月8日，邓小平视察了东渡港码，集装箱、远洋货轮……使他强烈感到厦门经济特区的繁荣景象。离开东渡港，项南陪同邓小平登上"鹭江"号游艇。

项南对邓小平说："小平同志，厦门特区现在实际只有2.5平方公里，实在太小了，太束缚手脚了，即使很快全部建成，也没有多大的实际意义。"

"你们的意思是……"邓小平注视着项南等人。

"把特区扩大到全岛！"项南明确坚定地回

答,"使整个厦门岛都开放,这时引进外资和技术,对改造全岛的老企业,对加强海峡两岸的交往,都可以起到更大的作用。"

邓小平一边听,一边察看地图,肯定地说:"我看可以,这没得啥子问题嘛。"

在看到厦门离金门这样近时,邓小平问:怎样才能使两地直来直往?

项南回答:搞自由港。

项南说:"现在台湾人到大陆,都不是直来直去,要从香港或日本绕道来,这太麻烦了。如果把离台湾、金门最近的厦门变成自由港,实行进出自由,这对海峡两岸中国人的交往,会起很大的促进作用。"

王震在一旁说:"应该考虑这个问题。"

邓小平很快说:"可以考虑。"邓小平接着问:"自由港,实行哪些政策呢?"

项南回答说:"人员自由往来,货币自由兑换,货物自由进出。"

2月9日,邓小平视察了厦门湖里工业区,欣然挥笔题词:"把经济特区办得更快更好些。"

2月10日,邓小平在厦门万石岩植物园冒雨种下一棵樟树,登车北返。[279]

回到北京之后,邓小平说:"厦门特区划得太小,要把整个厦门岛搞成特区。这样就能吸收大批华侨资金、港台资金,许多外国人也会来投资,而且可以把周围地区带动起来,使整个福建省的经济活跃起来。厦门特区不叫自由港,但可以实行自由港的某些政策,这在国际上是有先例的。只要资金可以自由出入,外商就会来投资。我看这不会失败,肯定益处很大。"[280]

邓小平还说:"除现在的特区之外,可以考虑再开放几个港口城市,如大连、青岛。这些地方不叫特区,但可以实行特区的某些政策。"

344

党中央，国务院按照邓小平的意见，于3月下旬召开了沿海部分城市座谈会，正式批准了厦门特区制定的扩大特区的实施方案，决定开放上海、天津、大连、秦皇岛、青岛、烟台、连云港、南通、宁波、温州、福州、广州、湛江、北海这十四个沿海港口工业城市。

邓小平将特区的一些经验，推向了更大的范围。

此后，邓小平提出："开发海南岛。"他说："如果把海南岛的经济发展起来，那就是很大的胜利。"1987年6月12日，邓小平在会见南斯拉夫客人时，向国际社会发出了一个新的信号："我们正在搞一个更大的特区，就是海南岛经济特区。"1988年4月13日七届全国人大一次会议通过了关于设立海南省的决定和建立海南经济特区的决议。

1992年春天，邓小平再次视察深圳、珠海经济特区。

邓小平视察南方的讲话，掀起了中国新一轮改革开放的热潮。是建设中国特色社会主义的经典之作。

邓小平再次强调改革开放是决定中国命运的一招。邓小平说："改革开放迈不开步子，不敢闯，说来说去就是怕资本主义的东西多了，走了资本主义道路，要害是姓'资'还是姓'社'的问题。判断的标准，应该主要看是否有利于发展社会主义社会的生产力，是否有利于增强社会主义国家的综合国力，是否有利于提高人民的生活水平。"

"特区姓'社'不姓'资'。"[281]

1990年3月3日，邓小平提出要抓上海。他说："比如抓上海，就算一个大措施。上海是我们的王牌，把上海搞起来是一条捷径。"[282]

345

经济特区是一个有数百年历史的经济现象，是生产力发展日益国际化的产物。世界经济特区按其功能可分为四种模式：自由贸易区、加工出口区、科学工业园区、综合性特区。世界上第一个商业性的经济特区是1547年意大利的来亨港。此后欧洲的一些著名城市相继设置了一些经济特区。20世纪30年代美国设立对外贸易区。1959年爱尔兰在香农创办了世界上第一个出口加工区。亚洲、非洲和拉丁美洲许多发展中国家也开始建立各种经济特区。如新加坡的裕郎工业区，马来西亚的槟城自由港等。20世纪70年代末到80年代初，许多出口加工区升级，向技术知识密集型过渡。日本在1984年前后设立了14个技术城特别开发区。美国继"硅谷"之后，已建立70多个科技园区。据有关资料统计，20世纪80年代末，世界上120多个国家建立各种经济特区600多个，世界经济特区的对外贸易值，在世界贸易中的比重已经超过20％。[283]

把我国改革开放的窗口和试验场！在深圳、珠海、汕头、厦门以及后来的海南岛，体现了邓

90年代初，邓小平参观上海南浦大桥

小平长远的战略眼光和超凡的决策艺术。五个经济特区地处80年代世界经济特别活跃的地区——西太平洋经济圈的中心，有利于带动我国经济参与世界经济大循环。更重要的是这几个地方具有侨乡优势。据有关资料统计，我国在海外华侨共有1800多万人，侨乡主要分布在广东、福建和海南三省。广东潮汕地区在海外的华侨华裔600多万人，分布在世界40多个国家（地区），而80％在东南亚。此外港澳台不少同胞的家乡也在这些地方。在这样的多种优势下建立经济特区，无论是在吸收国外的资金、先进的技术、管理经验，还是发展对外贸易，乃至对促进祖国的统一等诸多方面，都有重大的意义。[284]

现在的深圳，已经由一个边陲小镇，变成一个拥有2020平方公里，人口400万的初具规模的现代化城市。1999年，深圳全市国内生产总值1436亿元，居全国大中城市第6位，人均3.5万多元，居全国首位；地方预算内财政收入185亿元，居全国第三位；外贸出口282亿美元，约占全国的七分之一；世界五百强企业已有78家落户深圳。[285]

总之，中国的改革开放，总体方向是一种市场取向的改革，而其始发点也是经济特区。特区是试验场，特区是排头兵，特区的先进技术和管理经验向内地辐射，从而带动了内地的经济发展。如果没有特区的探路，没有特区的示范作用，全方位的改革开放的格局便不能形成；正因为特区是凭着当年在陕甘宁边区"杀开了一条血路"的魄力兴办起来的，才使得中国这个世界人口最多国情最为复杂的泱泱大国兴旺发达起来。

邓小平在视察珠海时说："基本路线要管一百年，动摇不得。"

347

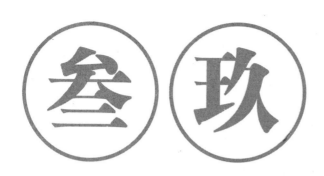

从"伙夫关心战略"到密切联系群众的光荣传统

邓小平说：毛泽东同志多次讲过这么一个例子，在红军过草地的时候，伙夫同志一起床，他不问今天锅里有没有米煮，却先问向南走还是向北走，向南走向北走是当时最重要的战略问题。这说明我们军队里的战士都是关心战略的。

二万五千里长征（1934年8—1936年10月），简称长征。第二次国内革命战争时期，中国工农红军主力从长江南北各根据地向陕北根据地进行的二万五千里的战略转移。由于王明"左"倾机会主义路线的错误领导，中央红军（第一方面军）未能打破国民党军第五次"围剿"，被迫退出根据地，进行长征。除陕北外，其他革命根据地的红军，也先后退出原来的根据地进行长征。1934年8月，红军第六军团从

1962年2月6日，邓小平在扩大的中央工作会议上说："我们党是一个密切联系群众的党。这也是我们一个好的传统。我们国家的人民是有高度的政治觉悟的人民。毛泽东同志多次讲过这么一个例子，在红军过草地的时候，伙夫同志一起床，他不问今天锅里有没有米煮，却先问向南走还是向北走。向南走向北走是当时最重要的战略问题。这说明我们军队里的战士都是关心战略的。"〔286〕

1935年6月，长征中的红一方面军在四川懋功（今小金）地区与红四方面军会师。当时中共中央确定了北上建立川陕根据地的战略方针。在红四方面军工作的张国焘不承认在北方建立根据地的可能，主张南下，向四川西康边境地区退却，并干扰北上方针的实施。南下、北上两种方针，关系革命全局和红军命运，所以备受红军指战员关注。

1935年8月6日，红十军团政委方志敏被国民党当局在南昌枪杀

中央红军长征出发地之一——江西瑞金武阳围渡口

邓小平密切联系群众，同群众打成一片。毛泽东在八届一中全会上推荐邓小平担任党中央总书记的发言中一再肯定邓小平这个人比较厚道，是个厚道人。1948年秋，中原野战军为指挥淮海战役，指挥部设在古城临涣集文昌宫。每逢集日，四十多岁的邓小平体格精悍，身穿着干净的半旧军装，沿着镇街走出南门，来到浍河岸边的鱼虾农贸市场码头，傍晚仍有人在这里说书唱戏卖鱼卖虾。邓小平时而看看鱼虾，问问价钱，时而走到戏场边听听戏，时而与闲步的人聊聊天，拉拉家常。那时，他周围经常跟着几个警卫战士，老乡们虽然不知道他的名字，却猜想他一定是位大首长，但他究竟大到哪一级呢？没人说得清楚。一天傍晚，邓小平去外面散步，刚走到院门前，恰巧碰到六十多岁的李大爷挑着水桶进来，凉水把他的军裤打湿了半截，李大爷慌忙搁下水挑就帮首长擦拭，但被邓小平拦住了，操着四川口音和蔼地问："大伯，您多大岁数？还能挑动这担水？"李大爷回答说："俺属小龙的，今年满68岁，这水是咱们院里用的。"

"噢！这水是给我们挑的。"邓小平沉吟

湘赣根据地开始长征，冲破国民党军层层围堵，于十月到达黔东根据地，同红军第二军团会合。1934年10月中央红军主力从福建的长汀、宁化和江西的瑞金、云都（今于都）等地出发长征。长征初期，由于"左"倾机会主义者实行逃跑主义，红军虽然英勇地连续突破敌人四道封锁线，转到湘西以西地区，却受到很大损失。这时，敌人重兵正向湖南西部武冈、城步地区集中，中央红军如仍按原计划北上同进到湖南西部永顺、桑植、桃源地区的第二、六军团会合，就有陷入敌之重围遭致覆灭的危险。在这危急关头，毛泽东力主改变方向，争取主动，向敌军兵力薄弱的贵州前进。中央红军依照毛泽东的这一行动方针，即向贵州前进，攻克黎平，强渡乌江，攻占遵义城。1935年1月遵义会议后，中央红军在毛泽东亲自指挥下，转战贵州、四川、云南边界地区，四渡赤水，迂回曲折地穿插于敌人重兵之间，歼灭大量敌人，随后出敌不意，

351

南渡乌江，直逼贵阳，乘虚进军云南，抢渡金沙江，摆脱了数十万敌军的围追堵截，取得了战略转移中具有决定意义的胜利。5月，由于执行了正确的民族政策，得到了彝族人民的支援，顺利通过大凉山地区，接着强渡大渡河，翻越终年积雪、空气稀薄的夹金山，6月13日到达川西懋功（今小金）。同年三月红军第四方面军退出川陕根据地开始长征，于6月5日先第一方面军到达懋功。两个方面军会合后，共同北上，翻越梦笔山、打鼓山等大雪山，到达毛儿盖地区，九月上旬又通过荒芜泥泞的草地，到达巴西、包座、阿坝地区。当时领导第四方面军的张国焘坚持退却逃跑路线，公然进行分裂活动，擅自率领第四方面军南下。中共中央和毛泽东对张国焘的分裂行为进行了严肃的斗争，坚持了北上抗日的方针，率领中央红军主力继续北上，攻占腊子口，突破渭水、西（安）兰（州）大道等封锁线，于1935年10月

着，突然伸手从李大爷胳膊上抓过扁担，一弓腰挑上了肩，健步朝炊事班走去。这一下李大爷傻了眼，他急忙追上去，左拦右挡，说："这些粗活我们干惯了，哪能劳累您呢？"

"劳累？"邓小平笑了笑，说："我们都是劳动人民的子弟，既会打仗，也习惯干粗活。"这时，一个警卫员跑过来，对邓小平说：为了缩小指挥机关的目标，防止敌特破坏和飞机轰炸，所以在当地请了几位挑水的，邓小平听完汇报，便给李大爷板凳，一同坐下，询问李大爷家几口人，生活过得怎么样，支前担架队组织了几个，怕不怕飞机轰炸等等。接着邓小平很动情地感谢道："您这样大的年纪还帮我们挑水，真是过意不去，等解放了，再来感谢您老人家。"李大爷一听，眼角都湿润了。不一会，邓小平又要开始工作了，李大爷请邓小平把打湿的裤子脱下来洗洗，邓小平摆着手说："没关系，没关系，身上热度高得很，一会儿就干了。"邓小平的话，说得大家都笑起来。李大爷挑水桶离开院门时，一边走一边猜：这个首长是谁？他当然不知道这是淮海战役总前委书记兼中原野战军政委邓小平。十多天后，总前委移驻到小李庄。这天，刘伯承和陈毅两位司令员从外面回来，看见十几个儿童围着邓小平吵吵嚷嚷，像是要什么，邓小平只是无可奈何地苦笑。陈毅问怎么回事，邓小平摇摇头，似乎有难言之隐，沉吟一下说："喂，二位司令员，请你们做点牺牲吧！"他把两个司令员邀到一边，讲述被孩子包围的原委，立时逗得刘伯承、陈毅大笑起来。原来，数日之前，烟台人民千里迢迢给总前委送来一些苹果，邓小平知道后，对警卫员说："我的身体不错，现在最需要营养的是为人民流了血的伤员，快把苹果让后勤部转给伤员吃吧！"警卫员无奈，把苹果送到后

勤部，后勤部的同志出了个主意，让警卫员给刘、邓、陈三位各带回去几个尝尝。谁知邓小平一个也没吃，又把苹果送给了房东家的孩子们，这件事不胫而走，很快在庄里传开，所以引来一群孩子要求邓小平"发"苹果。陈毅听罢，也无可奈何地笑了，对邓小平说："很对不起你哟，我和刘司令员的苹果已带回前线，送给了几个伤病员。"这些希望首长"发"苹果的孩子们虽然好奇、嘴馋，但还是懂事的。他们听了首长的谈话，便悄悄地散去，最后只剩下一个十三四岁的男孩，站在那里舍不得离开，邓小平送给了他一支自来水笔，摸着他的头说："很对不起呀，苹果是没有吃的了，把这支笔送给你，好好学习，长大要做革命的接班人啊！"〔287〕

　　1947年10月25日，刘邓令杨勇率部从武穴隐蔽折回高山铺，到界岭一带设伏，以口袋阵歼敌一万二千余人，刘伯承脸上露出欣慰之色："此战胜利后，蒋介石将给我们一个月时间，赶快做冬衣，如今已经是霜寒露重的季节了，我十万将士仍然是身着单衣衫啊！"刘邓认为，从解放区运送棉衣，不仅增加解放区的负担，而且要部队千里护送，通过敌人的重重封锁，耗费很大的力量，为了减轻中央的负担，节省人力物力，刘邓给中央发电，自己动手，就地解决冬装的困难。收到刘邓的电报后，毛泽东深深感动，连说了三遍："刘邓不简单！"〔288〕

　　决心易下，事实难为。全军10万人，住在大别山的小山沟里，去哪里找这样多的布匹？去哪里寻这么多的棉花？即使布匹和棉花有了，又去哪里找这样多的裁缝师傅？去哪里找这么多台缝纫机？但是，邓小平讲，我们这个军队还有一个最大长处，只要自己动手，没有克服不了的困难！人民解放军不仅采取战略行动，把部队展开

胜利到达陕北根据地的吴起镇，同第十五军团（由陕北红军和1934年11月从鄂豫皖根据地出发长征先期到达陕北的红军第二十五军组成）会合。第四方面军南下后，经半年苦战，终不能立足，被迫于1936年2月退向西康甘孜（今属四川）地区。1935年11月，第二、第六军团在两军团总指挥部率领下，从湘鄂川黔根据地开始长征，转战湖南、贵州、云南三省，于1936年3月攻占贵州盘县，基本摆脱了敌人重兵围追堵截；接着抢渡金沙江，翻越雪山，于六月到达甘孜地区，同第四方面军会师。会师后，第二、第六军团及其总指挥部和第三十二军组成第二方面军，在中共中央领导下，经过同张国焘错误路线的坚决斗争，捍卫了毛泽东的正确路线，两个方面军共同北上抗日，通过草地，翻越岷山，十月达到甘肃会宁地区，同第一方面军会师。至此，红军长征胜利结束。长征的胜利是中国革命新局面的开始。

353

在长江边上比较富庶的地区，一边打击敌人，一边解决布匹和棉花的来源，并把弄来的布匹和棉花分到各部队，由刘邓带头，自己动手做棉衣。有一位纵队司令员，出于对野战军首长的爱护，说首长们年纪大了，就不要自己动手做棉衣了，特地派人送来几套细布新棉衣，请首长御寒。刘邓收下几套棉衣，立即派人把这些衣服送到哨位上去，让轮流站哨的战士穿上新衣。刘、邓用稻草灰染布，用树枝弹棉花，自己动手缝衣服……刘邓亲自下到部队，指导部队做寒衣。刘伯承勉励着部队指战员说："我们是人民军队，没有克服不了的困难！我们再困难也要穿上军装，决不以烂为荣！缝衣也有窍门，荷包用勾针，线路要匀要密，扣门要用倒线，裁领口可以比一只军用瓷碗！"尽管首长说得非常具体，可是要战士们这双在家拿锄和当兵执枪的粗壮大手，拿起剪刀、顶针、缝衣针，这实在成了问题。战士们勉强而又为难地说："这不比消灭敌人轻松啊！"有的战士费了九牛二虎之力，衣服裁剪好，在上领口时，前边合不拢，后边背着个大包包……战士们往这个包包里放下一只大碗，他们正笑得不可开交时，刘邓首长双双走进院子。战士一见首长，有的吓了一跳，怕首长批评，尤其那个穿着窝窝囊囊的新棉衣的战士，立正站住连动也不敢动了。刘司令员走上前去，他根本没有批评一句，只在后领里掏出那只碗，再叫战士把衣服脱下，邓政委替他抻着袖子，刘司令员拿起剪刀，比着碗口，裁好了领口，其他同志又用针线细缝，一件棉衣终于做好了。邓小平这时也兴致勃勃地把那件刚做好的新军服试穿在自己身上，他笑得那样快乐，说："你们看，这穿在身上，不是很好吗？地道的中国手工艺品！"指战员们爆发出一阵欢乐的掌声。不久，全军在刘邓亲自带动下，穿起了新棉军衣。〔289〕11月初的一天，刘邓走进黄冈县县太爷朱怀冰宅中，中堂悬挂着的一幅字画引起了他们的兴趣。刘伯承指着这条幅念道："忽而在高山之高，忽而在深水之深……"张际春说："这不是讲的伯牙鼓琴，意在高山流水吗？"刘伯承说："这也可以说是在讲我们哩！我们从太行山上下来，过了滔滔黄河又上大别山，如今又在长江边上打了高山铺一仗，消灭了蒋介石五个团，部队打了胜仗，发动了群众，有了饱饭吃，又有了棉衣穿。我们和蒋委员长是越打越近乎，我们在他卧榻之旁打鼾，委员长在庐山上睡不好觉，连做梦也怕过江卒子逼上来，将他的军呢。"众人哈哈大笑。秋日过去，严冬来临，但是刘邓指挥的这支英雄部队已在大别山站稳了脚跟。〔290〕

355

1949年5月，邓小平在二野前委会上传达了党中央的战略部署，研究了随军干部的筹调计划。为解决进军西南的干部不足，邓小平提议在南京、上海、苏南一带招收一批青年知识分子到西南去服务。邓小平的提议获得陈毅的支持。由南京市军管会负责筹建的南京西南服务团（后称二团）于6月25日招收学员，7月28日与上海一团会合，苏南分团于8月31日也到了南京。还有二野军大、华北革大、华东革大的学员队伍，北京中央直属机关及东北局派来的干部队伍。编入西南服务团序列的共一万七千多人。这样，1949年八九月间，就形成了"八方风云会金陵"的局面。这期间，南京这个火炉正好升温，邓小平冒着酷暑先后为西南服务团和二野军大的干部、团员作了五场报告。应南京市委邀请，邓小平还到南京市各界人民代表大会作政治报告，为南京各个部门党支部书记和排以上干部上党课，动员整党。另外他在南京准备了稿子，8月初还到北京

1935年8月21日，红一、四方面军开始穿越草地

1937年2月6日，张国焘在延安向中共中央作出书面检讨。图为张国焘

在新政协筹备会上报告渡江作战和接管京、沪、杭大城市的工作。邓小平讲了进军西南的意义、办法和态度。邓小平说：解放和建设川、康、滇、贵四省是一个光荣而伟大的任务，是一次八千里的小长征，前途很大，困难很多。他还说，西南有七千万人口，是全国战略大后方。无论工业、农业、商业都有相当的基础，将来是中国大工业基地之一。但西南历来是封建军阀割据，地方军队多、土匪多、袍哥多、枪支多，封建势力大。再加蒋介石11年的统治和经营，现在又退缩在那里妄想作为复辟基地。西南最后解放，一切困难都落在西南。所以要充分估计进军西南的艰巨性。邓小平强调要正视困难，从实际出发，采取具体有效办法：一是搞好内部团结，搞好会师；二是依靠西南人民；三是搞好统一战线。要团结好工人、农民、小资产阶级、民族资产阶级。对敌人要像剥葱一样，一层一层地剥，先打击最主要的敌人，然后各个击破，以达到最后打倒敌人。以上三个法宝掌握得好，就可以减少困难，克服困难。进军西南的正确态度就是：准备吃苦，再加上好好学习，向西南人民学，向周围同志学，向毛主席、党中央指示学。邓小平要求干部们做合格党员和革命的好青年。邓小平把七大党章规定的党员标准概括为：努力学习、遵守决议、联系群众、模范作用。邓小平分析党的状况，从总体上讲党是可以信赖的，但从个别地方和分开来说，从一个个党员来说，水准不够的，不合格的党员是存在的。怎样使不合格的党员成为合格的党员？邓小平说：方法就是整党、教育，党员要接受教育，开展批评与自我批评，只要言行一致，忠诚与老实，就很容易成为真正的、合格的共产党员。邓小平教育青年要树立全心全意为人民服务的革命人生观，他语重心长地

对青年人说：一个革命者是不是忠于党、忠于人民，就看是不是老实，是不是实事求是。他用党的历史上的许多事实说明，不老实的人迟早要跌跤的，爬得越高，跌得越重。他勉励青年，要一辈子说老实话，办老实事，做老实人。[291]

　　1975年7月，邓小平在中共中央军委扩大会议上讲到密切联系群众的光荣传统的问题。他说："骄的问题我们军队历来就有，战争年代军队出力大，牌子硬，名誉好，就容易骄。这种情况，经过多年纠正，比较好了。但是应当指出，在"文化大革命"中又出现了新的情况。军队支左，权力大得很。大权在握，加上其他一些原因，在军队一部分人中，滋长了骄气。有的甚至不只是骄气，而是骄横。有的人喜欢指手画脚，把群众路线的优良传统也丢掉了。现在，军队的团结，军政、军民的团结，都存在不少问题。有

　　这是一支由翻身农民组成的随解放军开赴前线的远征民工担架队。解放战争之所以能够胜利，他们功不可没

的部队内部相互之间的关系相当紧张。军政之间、军民之间的关系也相当紧张。过去军队同志坐公共汽车，向来是给老人、带娃娃的妇女让座位的，现在有的不让了。有个战士坐车，一位妇女抱着娃娃，他不让座，娃娃哭了他也不理。旁边有位老人说，雷锋叔叔不在了。从这个事情上是可以看出问题的。我们军队在这个方面本来有很好的传统。现在，不讲团结，不讲纪律，三大纪律八项注意至少有某种程度的丧失。"〔292〕

1979年11月邓小平指出："发扬党的密切联系群众的传统作风，要靠我们老干部起模范带头作用。要培养、选拔一批年轻干部到各级领导岗位上来，老干部对他们要传帮带，要给他们树立一个好的作风，要使他们能够继承和发扬党的艰苦朴素、密切联系群众等优良作风。要使他们懂得，不只是年轻就能解决问题，不只是有了业务知识就能解决问题，还要有好的作风。密切联系群众，这是最根本的一条。不要做官当老爷，要反对'衙门作风'，这是毛泽东同志的一些根本的思想观点，现在我们还是应该按照这些思想观点去办事。"〔293〕

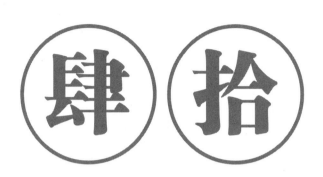

从"赫鲁晓夫全盘否定斯大林"到"把毛主席的像永远挂在天安门前"

邓小平的智源

赫鲁晓夫（1894—1971）在担任苏共中央第一书记、苏联部长会议主席期间，全盘否定和恶意诋毁斯大林。1980年8月邓小平在答意大利记者奥琳埃娜·法拉奇的提问时说：我们不但要把毛主席的像永远挂在天安门前，作为我们国家的象征，要把毛主席作为我们党和国家的缔造者来纪念，而且还要坚持毛泽东思想。我们不会像赫鲁晓夫对待斯大林那样对待毛主席。

360

1980年8月邓小平在答意大利记者奥琳埃娜·法拉奇问时说："我们要对毛主席一生的功过作客观的评价。我们将肯定毛主席的功绩是第一位的，他的错误是第二位的。我们要实事求是地讲毛主席后期的错误。我们还要继续坚持毛泽东思想。毛泽东思想是毛主席一生中正确的部分。毛泽东思想不仅过去引导我们取得革命的胜利，现在和将来还应该是我们党和国家的宝贵财富。所以，我们不但要把毛主席的像永远挂在天安门前，作为我们国家的象征，要把毛主席作为我们党和国家的缔造者来纪念，而且还要坚持毛泽东思想。我们不会像赫鲁晓夫对待斯大林那样对待毛主席。"〔294〕

1956年2月14日，苏共第二十次代表大会开场。在这次会议上，赫鲁晓夫作了反斯大林的秘密报告，提出了反个人迷信、个人崇拜和反教条主义等口号，推行了和平过渡、和平竞赛的路线。他在《个人迷信及其后果》的秘密报告里，称斯大林是"迫害狂"、"严酷的专横"、"走了大规模迫害的道路，走上了恐怖的道路"，"只是从电影上来研究国内的情况和农业问题，按照地球仪来指挥战役"，斯大林的领导"造成了苏维埃社会发展道路上的严重障碍"等等。

1980年8月21日和23日，邓小平接受意大利女记者奥琳埃娜·法拉奇的采访

1980年，当中央决定对"文化大革命"中的最大冤案——刘少奇一案给予平反时，对毛泽东进行公开全面的评价已经是不可避免了。如果刘少奇是正确的，受冤屈的，那就证明"文化大革命"从出发点到根本的指导思想都是错误的，证明毛泽东一生所做的两件大事有一件是错事。邓小平冷静地分析了当前的形势："十一届五中全会为少奇同志平反的决定传达下去以后，一部分人中间思想相当混乱。有的反对给刘少奇同志平反，认为这样违反了毛泽东思想；有个别人认为，既然给刘少奇同志平反，就说明毛泽东思想错了。"邓小平认为"这两种看法都是不对的"。显然，要澄清这些思想混乱，就必须对一些重大的历史问题，特别是对"文化大革命"和毛泽东思想，给出权威的说法。这就是邓小平决心作出《关于建国以来党的若干历史问题的决议》的原因。鉴于评价毛泽东同志的复杂性，当时有人提出：这个决议是不是不急于搞？邓小平说："不能再晚了，晚了对我们不利。"因为"党内外都在写，都在注意我们怎么说"。"你不拿出一个东西来，重大的问题就没有一个统一的看法。"〔295〕而没有一个统一说法，就会有各种各样不同的看法。这样，轻则造成思想混乱，重则影响安定团结。再说，这时邓小平已取得对"凡是派"的决定性的胜利，也就是说，已经掌握了对毛泽东思想的绝对解释权，有什么必要再去回避评价毛泽东呢？邓小平的评价毛泽东的工作包含着两个不太容易一致的基本意向：既坚持了毛泽东思想，又批评了毛泽东晚年的错误。邓小平希望通过这两个方面的辩论综合，向世人表明新的领导人所要坚持的毛泽东思想是什么。实际上这是以党的决议的形式郑重地告别一个旧时代，庄严地宣告一个新时代的诞生。这当然是一

斯大林

斯大林（1879—1953年），伟大的马列主义者，原姓朱加施维里，生于格鲁吉亚的哥里城。父亲是农民出身的皮鞋匠，1894年进梯弗里斯（今第比利斯）正教中学，读书时开始参加革命活动，1898年加入俄国社会民主工党的梯弗里斯组织。在这个时期努力钻研马克思、恩格斯和列宁的许多著作，并在工人小组从事宣传，组织罢工活动。1899年因参加革命被学校开除，此后就成为一个职业革命家。从1900年12月列宁在国外创办《火星报》时起，斯大林就完全拥护该报的主张，认定列宁是真正马克思主义政党的创立者和领袖。1901年11月斯大林当选为俄国社会民主工党梯弗里斯委员会委

361

员，在南高加索一带积极贯彻列宁《火星报》的路线，同各种反马克思主义派别和社会主义派别进行斗争，建立并领导了南高加索列宁火星派即布尔什维克的组织。1903年被选进俄国社会民主工党高加索联盟委员会。1904年12月领导了巴库石油工人大罢工。从1901年3月到1917年二月革命，先后被捕七次，流放六次，从流放地逃出五次。在这期间从未间断过反对沙皇制度和传播马克思主义的斗争，1912年在党的第六次代表会议（布

362

中共十一届六中全会一致通过《关于建国以来党的若干历史问题的决议》

项十分严肃而又艰巨的政治任务，只能做好，不能做坏。即将产生的这个文件在许多方面堪称世界文章史上之最。邓小平亲自挂帅，胡耀邦主持，胡乔木主笔，下面是20多人组成的起草委员会。文件起草过程中，经过了四个人的讨论，最后是几十个人的讨论，政治局扩大会议的讨论，十一届六中全会预备会议的讨论，仅大型讨论就有这四次。定稿只有两万多字，起草就花了15个月（从1980年3月到1981年6月），中间经过了不知多少稿，此种慎重程度超过了起草一部国家宪法。邓小平像关注一场决定生死存亡的大战役那样关注着文章的每一个细节。他就文件的起草工作先后至少发表了九篇讲话，亲自为每一重大历史事件，历史人物提供了评价尺度及其应掌握的分寸。从全文的指导思想，基本原则甚至文章的语气特色和篇幅长短，邓小平都作了详细的指导。邓小平一生做过不少文章，然而这篇文章可能是他一生中做得最认真、最仔细的一篇。为什么这么重视？因为邓小平希望这个文件能够"起到一九四五年那次历史决议所起的作用"〔296〕。这次的决议，比35年前的决议多"建国以来"四个字，它的目的是要把全党的思想统一到更长的历史跨度上来，统一到实事求是地恢复历史本来面

貌上来，统一到开创新时期、确定改革开放的历史方位上来。简言之，"以此确定后毛泽东时代即邓小平时代的历史方位"。

1980年3月，文件起草小组提出了决议的初步设想，3月19日，邓小平对决议的总的原则、总的指导思想、总的要求，以及写作方法，谈了几条指导性的意见：一、毛泽东同志的历史地位，坚持和发展毛泽东思想，这是最核心的一条。二、对建国三十年来历史上的大事，哪些是不正确的，哪些是错误的，要进行实事求是的分析，包括一些负责同志的功过是非，要做出公正的评价。三、通过这个决议对过去的事情做个基本的总结。这个总结宜粗不宜细。总结过去是为了引导大家团结一致向前看。〔297〕

1980年4月1日，邓小平又对决议稿的整体设计提出了意见，并谈了自己对于建国后到"文化大革命"前17年历史的看法。〔298〕

1980年6月27日，邓小平对决议草稿提出了重要的修改意见，强调"重点要放在毛泽东思想是什么，毛泽东同志正确的东西是什么这方面。错误的东西要批评，但是要很恰当。单单讲毛泽东同志本人的错误不能解决问题，最重要的是一个制度问题"〔299〕。

拉格代表会议）上，缺席当选为布尔什维克党中央委员会委员，并受党的委托，领导俄国中央局的工作。1912年春，遵照列宁的指示，创办了《真理报》，1912年至1913年初写了著名的《马克思主义和民族问题》一文，阐明马克思主义关于民族问题的理论和纲领，得到列宁的很高评价。第一次世界大战期间，在战争、和平与革命的问题上，坚持了列宁的国际主义立场，1917年二月革命后，斯大林从流放地回到彼得格勒，领导《真理报》的工作，并参加了全俄布尔什维克党第七次代表会议（四月代表会议），当选为党中央委员会政治局委员。同年七八月，在俄国社会民主工党（布尔什维克）第六次代表大会上，作了中央委员会的总结报告，捍卫了列宁关于社会主义可能在俄国获得胜利的学说，阐述并坚持了列宁的武装起义和

1949年3月，邓小平在中共七届二中全会上发言

争取无产阶级专政的方针，同年十月在党中央委员会扩大会议上被选进党领导起义的总部。十月革命胜利后，斯大林任民族事务人民委员、国家监察部人民委员等职。先后写了《十月革命和民族问题》、《再论民族问题》等论文，阐明了殖民地半殖民地的民族解放运动已经变成无产阶级社会主义革命的一部分的理论。在1918—1920年外国武装干涉和国内革命战争时期常被派到最重要的战线上去工作。1922年4月在党的十一次代表大会上，当选为联共（布）中央委员会总书记。同年12月在全苏维埃第一次代表大会上作了关于成立苏维埃社会主义共和国联盟（苏联）的报告，并在成立各共和国联盟方面做了大量的工作。1924年6月21日列宁逝世后，斯大林代表全党在全苏维埃第二次代表大会举行的追悼会上宣读了坚决贯彻列宁遗训的伟大誓词。在列宁逝世以后，作为党和国家的主要领导者，继承和捍卫

1980年10月，决议草稿又在四千名高级干部中讨论了20天，50多名主要负责人分别就草稿发表了意见。在讨论中，大家畅所欲言，其中有不少很好的意见，如主张补写粉碎"四人帮"以后的历史；压缩篇幅，突出重点等等。但也有一些不大正确的意见，如有的同志主张，关于毛泽东思想的部分干脆不要写。针对这些看法，1980年10月25日，邓小平在同中央负责同志谈话时指出："不提毛泽东思想，对毛泽东同志的功过评价不恰当，老工人通不过，土改时候翻身的贫下中农通不过，同他们相联系的一大批干部也通不过。毛泽东思想这个旗帜丢不得，丢掉了这个旗帜，实际上就否定了我们党的光辉历史。……决议稿中阐述毛泽东思想的这一部分不能不要。这不只是个理论问题，尤其是个政治问题，是国际国内的很大的政治问题。如果不写或写不好这个部分，整个决议都不如不做。"不写或不坚持毛泽东思想，我们要犯历史性的大错误。对于"毛泽东同志的错误，一定要毫不含糊地进行批评，但是一定要实事求是，分析各种不同的情况，不能把所有的问题都归结到个人品质上。毛泽东同志不是孤立的个人，他直到去世，一直是我们党的领袖"[300]。根据邓小平的意见，决议起草小组又作了修改。1981年3月，决议稿的轮廓基本定下来，邓小平赞同胡耀邦的主张，认为应多听听老干部、政治家，包括黄克诚，李维汉等同志的意见。3月18日，邓小平同决议起草小组负责同志谈话，指出新中国成立头17年的成绩是大家一致公认的，"文化大革命"前的十年，应当肯定，总的是好的，基本上是在健康的道路上发展的。这中间有过曲折，犯过错误，但成绩是主要的。关于"文化大革命"这一部分，邓小平赞成胡乔木的意见，认为要写得概

括。〔301〕"文革"同以前17年中的错误相比，是严重的，全局性的错误。它的后果极其严重，直到现在还在发生影响。3月24日，陈云对修改决议稿提了两条意见，一是专门加一篇话，讲讲新中国成立前党的历史，写党的六十年。六十年一写，毛泽东同志的功绩、贡献就会概括得更全面，确立了毛泽东同志的历史地位，坚持和发展毛泽东思想，也就有了全面的根据。二是建议中央提倡学习，主要是学习马克思主义哲学，重点是学习毛泽东同志的哲学著作，受益很大。毛泽东同志亲自给他讲过要学哲学。他在延安的时候，把毛泽东同志的著作认真读了一遍，这对他后来的工作关系极大。现在我们的干部中很多人不懂哲学，很需要从思想方法、工作方法上提高一步。《实践论》、《矛盾论》、《论持久战》、《战争和战略问题》、《论联合政府》等著作，选编一下。还要选一些马恩列斯的著作。总之，很需要学习马克思主义哲学就是了。也要学点历史。青年人不知道我们的历史，特别是中国革命、中国共产党的历史。1981年4月7日，邓小平同决议起草小组负责同志谈话时谈了对"文化大革命"中的一些问题的看法。邓小平指出，如果现在否定了党的八届十二中全会和九大的合法性，就等于说我们有一段时间党都没有了，这不符合实际。邓小平还谈到，"文化大革命"期间，外事工作取得很大成绩。《决议》创造性地提出坚持毛泽东思想，纠正毛泽东晚年错误这样一个科学的命题，以历史的辩证的锐利眼光拨开错综复杂的矛盾现象，在罕见的两难之中作出了一个合实情、得民心、有远见的正确选择。它鲜明地指出："文化大革命"使党、国家和人民遭到新中国成立以来最严重的挫折和损失，毛泽东关于"文化大革命"的主要论点既不符合马克思

了列宁主义的事业，领导了苏联共产党和苏联人民同国内外阶级敌人进行坚决的斗争，保卫并巩固了世界上第一个无产阶级专政的国家，在国内，坚持了社会主义路线1941年5月至1953年3月，斯大林先后担任苏联人民委员会主席和部长会议主席。在苏联伟大的卫国战争时期，担任国防委员会主席、国防人民委员、武装力量最高统帅，领导苏联人民和苏联军队进行了艰苦卓绝的斗争，取得了反法西斯战争的伟大胜利。1950年写了《马克思主义和语言学问题》，论证了基础与上层建筑、语言、民族发展前途等问题，1953年因病逝世。斯大林的一生，功大于过，正如毛泽东所说："总而言之，斯大林的成绩是主要的，缺点、错误是次要的。"（《毛泽东选集》第五卷，人民出版社1977年版，第477页）

赫鲁晓夫（1894—1971年），1918年加入布尔什维克，1929年到莫斯科工业学院学习，1934年起，任

365

党中央委员会委员，1939年任中央政治局委员，1952年任苏共中央主席团委员和中央委员会书记。斯大林逝世后，篡夺党政大权，担任苏共中央第一书记（1953年—1964年）和苏联部长会议主席（1958—1964）等领导职务。任内借口反对个人迷信，全盘否定和恶意诋毁斯大林。

列宁主义，也不符合中国实际。"文化大革命"不是也不可能是任何意义上的革命或社会进步。这些科学论断把毛泽东的晚年错误同我们党一贯坚持的毛泽东思想区别开来，把毛泽东同林彪、"四人帮"区别开来，既否定了"文化大革命"，又正确地维护了毛泽东，维护了毛泽东思想。1981年5月，在中国共产党诞生60周年前夕，中共中央政治局邀请四十多位同志对决议稿进行讨论。在此基础上，起草小组的二十几位同志又进行了反复多次的修改，终于拿出了一个较成熟的稿子。5月19日，邓小平在中央政治局扩大会议上说，这个决议，过去也有同志提出，是不是不急于搞？不行，不能再晚了，晚了不利。当然，需要一个好的稿子，现在这个稿子，在我看来，起码是有一个好的基础。邓小平提出："为了早一点拿出来，再搞四千人讨论不行了，也不需要。因为四千人的意见已经充分发表出来了，而且现在的修改稿子也充分吸收了他们的意见。现在的方法，就是开政治局扩大会议，七十几个人，花点时间，花点精力，把稿子推敲得更细致一些，改得更好一些，把它定下来；定了以后，提到党的十一届六中全会。"[302]邓小平设想在党诞生六十周年之际发表。根据邓小平的意见，中央政治局又邀请了70多名党员领导干部对决议稿进行讨论修改。紧接着130名各民主党派代表受中央政治局之邀，各抒己见，提出了自己的看法和意见，就这样，讨论稿基本成熟和完善，提交到1981年6月十一届六中全会预备会上讨论。邓小平在会上讲话，认为决议实现了高举毛泽东思想的伟大旗帜、实事求是地、恰如其分地评价"文化大革命"，评价毛泽东同志的功过是非的要求，起到了像一九四五年那次历史决议所起的作用，达到了总结经验、统一思想、团

1959年10月1日，天安门广场上隆重举行中华人民共和国成立10周年庆祝大典。图为毛泽东、赫鲁晓夫、刘少奇等走上北京天安门检阅台

367

结一致向前看的目的。核心问题是对毛泽东同志的评价，稿子的分寸是掌握得好的。其次，为什么我们这次要强调恰如其分？就是在前一段时间里，对毛泽东同志有些问题的议论讲得太重了，应该改过来。这样比较合乎实际，对我们整个国家、整个党的形象也比较有利。第三，我们这个决议里面写上华国锋同志的名字，指出他的错误，对于全党，对于人民有利，对华国锋同志本人也有极大的好处。[303]

这个决议，给历史、给现实、给将来以明确的说法。时隔二十多年了，这个决议扎住了根，站住了脚。这与赫鲁晓夫全盘否定斯大林有着霄壤之别。

党的十一届六中全会经过充分的讨论，一致通过了邓小平主持起草的《关于建国以来党的若干历史问题的决议》。《决议》既对多年以来的"左"倾错误作了科学的分析和批评，同时又坚决顶住了否定毛泽东和毛泽东思想的错误思潮，维护了毛泽东的历史地位，肯定了毛泽东思想的指导作用，从而分清了大是大非，纠正了当时存在的"左"的和右的错误观点，统一了全党和全国人民的思想，为维护全党和全国人民的团结，为社会主义建设事业的健康发展，提供了根本的保证。[304]

这是一个巨人评价另一个巨人。这是一个时代接替另一个时代。

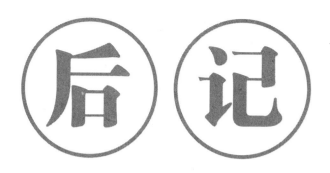

　　本书从选题、策划、编辑及付梓印刷，其间经过一年零三个月的时间。编写过程中，参阅了大量有关小平同志的回忆录、传记、年谱以及党史、军史、国史资料、《辞海》等文献和工具书，选用了中央文献研究室、新华通讯社联合编辑的《邓小平》画册中的部分图片，并得到了刘丽华、王磊、野夫、高远等同志的支持和帮助。谨此一并表示诚挚谢意。

　　小平同志的崇高形象在历史的长河中熠熠生辉。愿本书从"智源"的视角，为邓小平理论的学习提供一份形象、生动、直观的参考资料。

作者
2002年12月17日

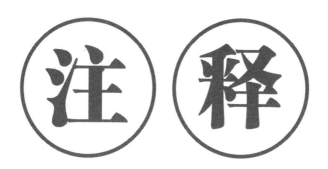

〔1〕邓小平：《邓小平文选》第二卷，第385页。人民出版社1989年5月第1版。

〔2〕邓小平：《邓小平文选》第二卷，第221、227页。

〔3〕邓小平：《邓小平文选》第三卷，第145页。

〔4〕邓小平：《邓小平文选》第二卷，第192页。

〔5〕邓小平：《邓小平文选》第三卷，第92页。

〔6〕陈联：《老一辈革命家的心声》。转引自《邓小平的历程》第777—779页。解放军文艺出版社1996年2月第1版。

〔7〕邓小平：《邓小平文选》第三卷，第323页。

〔8〕邓小平：《邓小平文选》第三卷，第380页。

〔9〕邓小平：《邓小平文选》第三卷，第380页。

〔10〕邓小平：《邓小平文选》第三卷，第334页。

〔11〕邓小平：《邓小平文选》第三卷，第286页。

〔12〕陈先奎：《为邓小平辩护》，第350页。西苑出版社1999年6月第1版。

〔13〕邓小平：《邓小平文选》第三卷，第382页。

〔14〕陈先奎：《为邓小平辩护》，第114页。

〔15〕转引自中共中央宣传部编《讲学习、讲政治、讲正气》，学习出版社1996年版。

〔16〕邓小平：《邓小平文选》第一卷，第311页。

〔17〕毛毛：《我的父亲邓小平（上卷）》，第353页。中央文献出版社1993年8月第1版。

〔18〕毛毛：《我的父亲邓小平（上卷）》，第496页。

〔19〕苗冰舒：《淮海战场上的总前委》。转引自《邓小平的历程》第387页。

〔20〕邓小平：《邓小平文选》第三卷，第54页。

〔21〕薄一波：《若干重大决策与事件的回顾》，第268—270页，中共中央党校出版社1991年5月第1版。

〔22〕邓小平：《邓小平文选》第三卷，第354页。

〔23〕邓小平：《邓小平文选》第一卷，第66—67页。

〔24〕邓小平：《邓小平文选》第一卷，第71页。

〔25〕毛毛：《我的父亲邓小平（上卷）》，第616—617页。

〔26〕叶雨蒙：《邓小平在西南》。转引自《邓小平的历程》第469页。

〔27〕邓小平：《邓小平文选》第二卷，第293页。

〔28〕李君如主编：《细说邓小平》，第462页。河南人民出版社2001年9月第1版。

〔29〕毛毛：《我的父亲邓小平：文革岁月》，第62页。中央文献出版社2000年6月第1版。

〔30〕毛毛：《我的父亲邓小平：文革岁月》，第44页。

〔31〕邓小平：《邓小平文选》第三卷，第319页。

〔32〕毛毛：《我的父亲邓小平：文革岁月》，第288页。

〔33〕邓小平：《邓小平文选》第三卷，第359页。

〔34〕邓小平：《邓小平文选》第三卷，第370页。

〔35〕邓小平：《邓小平文选》第三卷，第248页。

〔36〕邓小平：《邓小平文选》第三卷，第227页。

〔37〕邓小平：《邓小平文选》第三卷，第228页。

〔38〕邓小平：《邓小平文选》第三卷，第360页。

〔39〕邓小平：《邓小平文选》第三卷，第127页。

〔40〕毛毛：《我的父亲邓小平：文革岁月》，第235页。

〔41〕〔42〕刘强伦、汪太理：《邓小平卓越智慧》，第297、336页。当代中国出版社2001年4月第1版。

〔43〕毛毛：《我的父亲邓小平：文革岁月》，第301页。

〔44〕宫力：《中美关系的新篇章——邓小平美国之行》。转引自《邓小平的历程》第815—823页。

〔45〕邓小平：《邓小平文选》第二卷第353页。

〔46〕毛毛：《我的父亲邓小平》（上卷），第101页。

〔47〕裴之倬：《邓小平传奇（上）》，第456页。广东人民出版社2000年8月第1版。

〔48〕裴之倬：《邓小平传奇（上）》，第481页。

〔49〕毛毛：《我的父亲邓小平：文革岁月》，第217页。

〔50〕裴之倬：《邓小平传奇（上）》，第508页。

372

〔51〕毛毛：《我的父亲邓小平：文革岁月》，第410页。

〔52〕苗冰舒：《淮海战场上的总前委》。转引自《邓小平的历程》第388页。

〔53〕杨国宇：《刘邓麾下十三年》，第153页。

〔54〕甘惜分：《会议桌前的邓小平同志》。转引自《邓小平的历程》第498—501页。

〔55〕毛毛：《我的父亲邓小平（上卷）》，第417页。

〔56〕毛毛：《我的父亲邓小平（上卷）》，第627页。

〔57〕萧诗美：《邓小平谋略》，第318页。红旗出版社1996年3月第1版。

〔58〕邓小平：《邓小平文选》第三卷，第186页。

〔59〕苗冰舒：《刘邓在中原前线》。转引自《细说邓小平》第269—274页。

〔60〕唐平铸：《刘邓大军南征记》。转引自《邓小平的历程》第325—332页。

〔61〕毛毛：《我的父亲邓小平（上卷）》，第565页。

〔62〕邓小平：《邓小平文选》第三卷，第340页。

〔63〕邓小平：《邓小平文选》第一卷，第193页。

〔64〕戎子和：《邓小平同志在财政部》。转引自《细说邓小平》第438—441页。

〔65〕邓小平：《邓小平文选》第一卷，第194页。

〔66〕邓小平：《邓小平文选》第一卷，第149页。

〔67〕邓小平：《邓小平文选》第一卷，第145页。

〔68〕毛毛：《我的父亲邓小平：文革岁月》，第150页。

〔69〕裘之倬：《邓小平传奇（上）》，第437页。

〔70〕同上。

〔71〕毛毛：《在江西的日子里》转引自《邓小平的历程》第609页。

〔72〕毛毛：《我的父亲邓小平：文革岁月》，第150页。

〔73〕毛毛：《我的父亲邓小平：文革岁月》，第44页。

〔74〕刘强伦：汪太理：《邓小平卓越智慧》，第279页。

〔75〕邓小平：《邓小平文选》第三卷，第53页。

〔76〕邓小平：《邓小平文选》第三卷，第64页。

〔77〕邓小平：《邓小平文选》第三卷，第143页。

〔78〕邓小平：《邓小平文选》第三卷，第374、第383页。

〔79〕邓小平：《邓小平文选》第三卷，第141页。

〔80〕邓小平：《邓小平文选》第二卷，第40页。

〔81〕邓小平：《邓小平文选》第二卷，第66页。

〔82〕邓小平：《邓小平文选》第二卷，第67、71页。

〔83〕钟岩：《小平您好》。转引自《细说邓小平》，第773—781页。

〔84〕刘强伦、汪太理：《邓小平卓越智慧》，第256页。

〔85〕邓小平：《邓小平文选》第二卷，第50、52、53页。

〔86〕邓小平：《邓小平文选》第三卷，第369页。

〔87〕邓小平：《邓小平文选》第二卷，第400页。

〔88〕计泓赓：《半个世纪的深情——记荣毅仁与我党领导人的交往》。转引自《细说邓小平》，第737—748页。

〔89〕胡思升：《人才，就在你面前》。转引自《邓小平与六十人》，第237—241页。上海人民出版社2000年4月第1版。

〔90〕邓小平：《邓小平文选》第一卷，第323页。

〔91〕李和文：《邓小平的故事》。转引自《细说邓小平》第509—511页。

〔92〕邓小平：《邓小平文选》第三卷，第382页。

〔93〕邓小平：《邓小平文选》第二卷，第315页。

〔94〕邓小平：《邓小平文选》第二卷，第315页。

〔95〕邓小平：《邓小平文选》第三卷，第291页。

〔96〕高放：《社会主义世界和中国》，第175—194页。云南人民出版社1993年版。

〔97〕〔98〕邓小平：《邓小平文选》第二卷，第302、314页。

〔99〕邓小平：《邓小平文选》第三卷，第83页。

〔100〕邓小平：《邓小平文选》第三卷，第83页。

〔101〕邓小平：《邓小平文选》第三卷，第202页。

〔102〕邓小平：《邓小平文选》第三卷，第372页。

〔103〕邓小平：《邓小平文选》第二卷，第201页。

〔104〕邓小平：《邓小平文选》第三卷，第166页。

〔105〕邓小平：《邓小平文选》第三卷，第373页。

〔106〕陈锡添：《东方风来满眼春——邓小平同志在深圳纪实》。转引自《细说邓小平》，第916—934页。

〔107〕〔108〕邓小平：《邓小平文选》第三卷，第72、297页。

〔109〕于长治：《刘邓挥泪肃军纪》。转引自《细说邓小平》，第301—311页。

374

〔110〕邓小平：《邓小平文选》第三卷，第298页。

〔111〕邓小平：《邓小平文选》第二卷，第99页。

〔112〕邓小平：《邓小平文选》第二卷，第32页。

〔113〕邓小平：《邓小平文选》第二卷，第26页。

〔114〕邓小平：《邓小平文选》第三卷，第275页。

〔115〕邓小平：《邓小平文选》第三卷，第91页。

〔116〕邓小平：《邓小平文选》第二卷，第50页。

〔117〕邓小平：《邓小平文选》第三卷，第120页。

〔118〕据《中国新闻》。转引自《邓小平的历程》第653—654页。

〔119〕日本《世界日报》2002年4月29日社论，转引自《参考消息》2002年5月3日第4版。

〔120〕毛毛：《我的父亲邓小平：文革岁月》，第47页。

〔121〕毛毛：《我的父亲邓小平：文革岁月》，第44页。

〔122〕毛毛：《我的父亲邓小平：文革岁月》，第55页。

〔123〕毛毛：《我的父亲邓小平：文革岁月》，第45页。

〔124〕裘之倬：《邓小平传奇（上）》，第424页。

〔125〕邓小平：《邓小平文选》第二卷，第132页。

〔126〕郑晓国等：《我是中国人民的儿子——邓小平1977—1992活动实录》。转引自《邓小平的历程》第801—814页。

〔127〕邓小平：《邓小平文选》第三卷，第367页。

〔128〕毛毛：《我的父亲邓小平：文革岁月》，第318页。

〔129〕〔130〕邓小平：《邓小平文选》第三卷，第237、266页。

〔131〕邓小平：《邓小平文选》第二卷，第40页。

〔132〕邓小平：《邓小平文选》第三卷，第379页。

〔133〕邓小平：《邓小平文选》第三卷，第383页。

〔134〕邓小平：《邓小平文选》第二卷，第38页。

〔135〕邓小平：《邓小平文选》第二卷，第45页。

〔136〕毛泽东：《毛泽东选集》第三卷，第579页，人民出版社1968年版。

〔137〕邓小平：《邓小平文选》第二卷，第126页。

〔138〕邓小平：《邓小平文选》第二卷，第146页。

〔139〕邓小平：《邓小平文选》第二卷，第189页。

〔140〕邓小平：《邓小平文选》第一卷，第330页。

〔141〕刘复之：《"严打"就是专政》。转引自《邓小平的历程》第766页。

〔142〕邓小平：《邓小平文选》第三卷，第33页。

〔143〕邓小平：《邓小平文选》第三卷，第152页。

〔144〕邓小平：《邓小平文选》第三卷，第163页。

〔145〕邓小平：《邓小平文选》第三卷，第313页。

〔146〕邓小平：《邓小平文选》第三卷，第327页。

〔147〕裘之倬：《邓小平传奇（下）》，第640页。

〔148〕邓小平：《邓小平文选》第三卷，第378页。

〔149〕邓小平：《邓小平文选》第一卷，第137页。

〔150〕吴克斌：《总前委书记在大江南北》。转引自《邓小平的历程》第413页。

〔151〕陆庆良：《邓小平建国前夕在南京》。转引自《细说邓小平》第338—339页。

〔152〕邓小平：《邓小平文选》第一卷，第135、136、138页。

〔153〕邓小平：《邓小平文选》第三卷，第262页。

〔154〕张衍：《刘邓与二野军大》。《邓小平的历程》第451—452页。

〔155〕陈鹤桥：《难忘的元旦感谢电》。同上书，第512—515页。

〔156〕吴启权：《率师回川饮誉西南》。转引自《细说邓小平》第413—414页。

〔157〕毛毛：《我的父亲邓小平（上）》，第193页。

〔158〕苗宁：《邓小平发明的"蚊帐"》。转引自《邓小平的历程》第85—86页。

〔159〕邓小平：《邓小平文选》第三卷，第368页。

〔160〕邓小平：《邓小平文选》第三卷，第371页。

〔161〕肖战国：《邓政委话药源》转引自《邓小平的历程》第248页。

〔162〕裘之倬：《邓小平传奇（下）》，第729页。

〔163〕毛毛：《我的父亲邓小平：文革岁月》，第128页。

〔164〕《邓小平与六十人》，第10页。

〔165〕毛毛：《我的父亲邓小平：文革岁月》，第267页。

〔166〕毛毛：《我的父亲邓小平：文革岁月》，第427、528页。

〔167〕毛毛：《我的父亲邓小平：文革岁月》，第426页。

〔168〕毛毛：《我的父亲邓小平：文革岁月》，第526页。

〔169〕邓小平：《邓小平文选》第一卷，第336页。

〔170〕邓小平：《邓小平文选》第二卷，第413页。

376

〔171〕邓小平：《邓小平文选》第一卷，第261、第269页。

〔172〕刘强伦、汪太理：《邓小平卓越智慧》，第353页。

〔173〕邓小平：《邓小平文选》第三卷，第369页。

〔174〕李君如主编：《细说邓小平》，第675页。

〔175〕邓小平：《邓小平文选》第二卷，第406页。

〔176〕邓小平：《邓小平文选》第三卷，第160页。

〔177〕邓小平：《邓小平文选》第三卷，第192页。

〔178〕邓小平：《邓小平文选》，第22页。

〔179〕刘强伦、汪太理：《邓小平卓越智慧》，第350页。

〔180〕邓小平：《邓小平文选》第二卷，第19页。

〔181〕邓小平：《邓小平文选》第二卷，第406页。

〔182〕邓小平：《邓小平文选》第三卷，第117页。

〔183〕邓小平：《邓小平文选》第三卷，第238页。

〔184〕萧诗美：《邓小平谋略》，第187页。

〔185〕刘强伦、汪太理：《邓小平卓越智慧》，第202页。

〔186〕刘强伦、汪太理：《邓小平卓越智慧》，第203页。

〔187〕萧诗美：《邓小平谋略》，第188页。

〔188〕邓小平：《邓小平文选》第三卷，第355页。

〔189〕邓小平：《邓小平文选》第三卷，第275页。

〔190〕邓小平：《邓小平文选》第三卷，第312页。

〔191〕邓小平：《邓小平文选》第三卷，第90—91页。

〔192〕邓小平：《邓小平文选》第三卷，第371页。

〔193〕邓小平：《邓小平文选》第三卷，第83页。

〔194〕姚达添、周继胜：《"你们的事业一定成功"——记邓副主席与哈默博士的会见》。转引自《邓小平的历程》第723—727页。

〔195〕邓小平：《邓小平文选》第三卷，第51页。

〔196〕邓小平：《邓小平文选》第三卷，第98页。

〔197〕邓小平：《邓小平文选》第三卷，第368页。

〔198〕《邓小平历程》，第281—288页。

〔199〕邓小平：《邓小平文选》第三卷，第336页。

〔200〕杨国宁、陈斐琴：《第二野战军纪事》。转引自《细说邓小平》第228页。

〔201〕邓小平：《邓小平文选》第三卷，第337页。

〔202〕苗冰舒：《刘邓在中原前线》。转引自《邓小平的历程》第281—288页。

〔203〕〔204〕邓小平：《邓小平文选》第二卷，第35页。

〔205〕毛毛：《我的父亲邓小平：文革岁月》，第400页。

〔206〕毛毛：《我的父亲邓小平：文革岁月》，第403页。

〔207〕《邓小平文选》第二卷，第37页。

〔208〕邓小平：《邓小平文选》第三卷，第81页。

〔209〕《二野战史》《中国人民解放军第二野战军战史》第一卷，第221页。

〔210〕毛泽东：《毛泽东选集》第三卷，第880页。人民出版社1991年版。

〔211〕毛毛：《我的父亲邓小平（上卷）》，第471页。

〔212〕邓小平：《邓小平文选》第二卷，第397页。

〔213〕袁厚春：《百万大裁军——中国人民解放军精简整编掠影》。转引自《细说邓小平》第829—833页。

〔214〕邓小平：《邓小平文选》第三卷，第49页。

〔215〕萧诗美：《邓小平谋略》，第309页。红旗出版社，北京，1996

〔216〕陈先奎：《为邓小平辩护》，第386页。

〔217〕邓小平：《邓小平文选》第三卷，第12页。

〔218〕邓小平：《邓小平文选》第三卷，第14页。

〔219〕萧美诗：《邓小平谋略》，第325页。

〔220〕萧美诗：《邓小平谋略》，第328—329页。

〔221〕邓小平：《邓小平文选》第三卷，第97页。

〔222〕邓小平：《邓小平文选》第三卷，第357—358页。

〔223〕官力、周敬青、张曙：《邓小平在重大历史关头》。转引自《细说邓小平》第895—902页。

〔224〕邓小平：《邓小平文选》第三卷，第354页。

〔225〕付耀祖、陈均生等编著：《邓小平的外交艺术》。转引自《细说邓小平》第893页。

〔226〕邓小平：《邓小平文选》第三卷，第413—414页。

〔227〕官力、周敬青、张曙：《邓小平在重大历史关头》。

〔228〕邓小平：《邓小平文选》第三卷，第311页。

〔229〕邓小平：《邓小平文选》第三卷，第331页。

〔230〕邓小平：《邓小平文选》第三卷，第344页。

〔231〕邓小平：《邓小平文选》第三卷，第350页。

〔232〕邓小平：《邓小平文选》第三卷，第359页。

〔233〕邓小平：《邓小平文选》第二卷，第352页。

〔234〕高红军、宋晓光：《邓小平在三年自然灾害时期（下）》。转引自《细说邓小平》第501页。

〔235〕毛毛：《我的父亲邓小平：文革岁月》，第105页。

〔236〕毛毛：《我的父亲邓小平：文革岁月》，第295—297页。

〔237〕毛毛：《我的父亲邓小平：文革岁月》，第298页。

〔238〕毛毛：《我的父亲邓小平：文革岁月》，第309页。

〔239〕邓小平：《邓小平文选》第二卷，第86—87页。

〔240〕邓小平：《邓小平文选》第三卷，第274页。

〔241〕邓小平：《邓小平文选》第三卷，第275页。

〔242〕邓小平：《邓小平文选》第二卷，第90页。

〔243〕邓小平：《邓小平文选》第二卷，第87页。

〔244〕《邓小平文选》第三卷，第279—280页。转引自《细说邓小平》第789—791页。

〔245〕邓小平：《邓小平文选》第三卷，第341、342页。

〔246〕刘强伦、汪太理：《邓小平卓越智慧》，第435页。

〔247〕邓小平：《邓小平文选》第三卷，第25页。

〔248〕邓小平：《邓小平文选》第二卷，第40页。

〔249〕毛毛：《我的父亲邓小平：文革岁月》，第225页。

〔250〕邓小平：《邓小平文选》第三卷，第368页。

〔251〕邓小平：《邓小平文选》第二卷，第163页。

〔252〕邓小平：《邓小平文选》第三卷，第16页。

〔253〕邓小平：《邓小平文选》第三卷，第132页。

〔254〕邓小平：《邓小平文选》第三卷，第235页。

〔255〕邓小平：《邓小平文选》第三卷，第355页。

〔256〕邓小平：《邓小平文选》第三卷，第358页。

〔257〕邓小平：《邓小平文选》第三卷，第369页。

〔258〕邓小平：《邓小平文选》第三卷，第374页。

〔259〕邓小平：《邓小平文选》第三卷，第372页。

〔260〕邓小平：《邓小平文选》第三卷，第375页。

〔261〕中央文献出版社：《中国国情报告》（1949–1999）第172页。

〔262〕齐欣等：《世界著名政治家、学者论邓小平》，第42页。上海人

民出版社版。

〔263〕毛毛：《我的父亲邓小平：文革岁月》，第210页。

〔264〕陈先奎：《为邓小平辩护》，第82页。

〔265〕邓小平：《邓小平文选》第三卷，第205页。

〔266〕邓小平：《邓小平文选》第一卷，第79页。

〔267〕邓小平：《邓小平文选》第二卷，第267页。

〔268〕邓小平：《邓小平文选》第三卷，第206页。

〔269〕邓小平：《邓小平文选》第一卷，第10页。

〔270〕邓小平：《邓小平文选》第一卷，第9页。

〔271〕邓小平：《邓小平文选》第一卷，第11页。

〔272〕邓小平：《邓小平文选》第一卷，第10页。

〔273〕邓小平：《邓小平文选》第一卷，第12页。

〔274〕温乐群：《邓小平之初》。转引自《邓小平的历程》第206—210页。

〔275〕裘之倬：《邓小平传奇（下）》，第613页。

〔276〕王丛标：《邓小平与深圳特区》。转引自《邓小平的历程》第741—748页。

〔277〕邓小平：《邓小平文选》第三卷，第51页。

〔278〕关相生：《伟人风采永留心中》。转引自《邓小平的历程》第730页。

〔279〕蒋映光：《厦门：自由港之梦》。转引自《邓小平的历程》第749—755页。

〔280〕邓小平：《邓小平文选》第三卷，第52页。

〔281〕邓小平：《邓小平文选》第三卷，第372页。

〔282〕邓小平：《邓小平文选》第三卷，第355页。

〔283〕刘强伦、汪太理：《邓小平卓越智慧》，第219页。

〔284〕同上。

〔285〕同上。

〔286〕邓小平：《邓小平文选》第一卷，第300页。

〔287〕姚天志：《正值枫红果香时》。转引自《邓小平的历程》第404—406页。

〔288〕宁志一：《刘伯承、邓小平在1947年秋》。转引自《细说邓小平》第283页。

〔289〕苗冰舒：《刘邓在中原前线》。转引自《邓小平的历程》第352—354页。

〔290〕宁志一：《刘伯承、邓小平在1947年秋》。转引自《细说邓小平》第284页。

〔291〕陆庆良：《邓小平建国前夕在南京》。转引自《邓小平的历程》第435—438页。

〔292〕邓小平：《邓小平文选》第二卷，第18页。

〔293〕邓小平：《邓小平文选》第二卷，第230页。

〔294〕邓小平：《邓小平文选》第二卷，第347页。

〔295〕萧诗美：《邓小平谋略》，第90—94页。

〔296〕邓小平：《邓小平文选》第二卷，第217页。

〔297〕邓小平：《邓小平文选》第二卷，第292页。

〔298〕邓小平：《邓小平文选》第二卷，第294页。

〔299〕邓小平：《邓小平文选》第二卷，第297页。

〔300〕邓小平：《邓小平文选》第二卷，第298页。

〔301〕邓小平：《邓小平文选》第二卷，第302页。

〔302〕邓小平：《邓小平文选》第二卷，第306页。

〔303〕邓小平：《邓小平文选》第二卷，第307—310页。

〔304〕王洪模等：《改革开放的历程》。转引自《邓小平的历程》第687页。